CHOIX

DE

VOYAGES MODERNES

CHOIX

DE

VOYAGES MODERNES

POUR L'INSTRUCTION ET L'AMUSEMENT

DES DEUX SEXES.

Contenant une variété de faits utiles et agréables, relatifs aux expéditions et aux principales découvertes faites autour du monde, ainsi que la description des mœurs et usages des peuples.

Par John ADAMS.

Traduits de l'Anglais par J. F. André.

TOME SECOND.

———

A PARIS,

CHEZ HENRY TARDIEU.

———

AN VIII.

CHOIX
DE
VOYAGES MODERNES.

CHAPITRE PREMIER.

Naufrage de l'Antelope aux iles Pélew, au mois d'aout 1783.

L'Antelope n'avoit aucune découverte pour objet. Elle étoit commandée par le capitaine Henri Wilson, et montée par un certain nombre d'hommes, dont la plupart sont retournés en Angleterre, et peuvent encore attester la vérité des choses que je vais rapporter.

Ils firent naufrage sur cette côte qui étoit presque inconnue : ils y souffrirent des malheurs inouis ; enfin, ils trouvèrent une nouvelle race d'hommes, qui fait honneur au genre humain. Ce fut à leur bonté naturelle qu'ils durent le plaisir de revoir leur patrie et leurs amis. Tels sont les habitans des îles Pélew : dans leur ignorance, guidés par la simple nature, ils ont porté leurs mœurs à un haut degré de civilisation.

Il est en quelque sorte remarquable que ces îles aient jusqu'alors été inconnues aux Européens, puisqu'elles ne sont pas à une très-grande distance de la navigation ordinaire pour aller en Chine : cependant elles n'étoient pas absolument inconnues. On trouve dans les *Lettres édifiantes et curieuses*, un détail de cet archipel, dont les îles Palos ou Pélew font la cinquième division. Les îles connues aujourd'hui sous le nom des *nouvelles Carolines*, forment les quatre autres divisions. Le père Cantora nous dit qu'ayant fait naufrage sur une des Carolines, il s'étoit informé des autres, et qu'on lui avoit appris que dans les îles Pélew les habitans étoient inhumains et sauvages ; qu'hommes et femmes y étoient entièrement nuds, et s'y nourrissoient de chair humaine ; que les habitans des Carolines ne les voyoient qu'avec horreur, comme des ennemis du genre humain, avec qui il étoit dangereux d'avoir aucune espèce de liaison.

Il paroît, d'après ces détails et autres informations qu'on peut se procurer, que, pendant une longue suite d'années, les habitans des îles Pélew ont été séparés du reste du genre humain, même de ceux qui leur sont le plus contigus. Ils ignoroient qu'il existât une race d'hommes qui fussent blancs ; ce qui prouve invinciblement qu'ils étoient entièrement étrangers à l'Europe.

Les Espagnols ont donné à ces îles le nom de *Palos* : c'est celui qui fut d'abord donné à toutes les îles Carolines. Il paroît qu'il est emprunté des hauts palmiers dont elles sont couvertes, et qui à une certaine distance leur donnent l'apparence de mâts de vaisseaux. Palos, en espagnol, signifie un mât.

CHAPITRE II.

*L'*Antelope *fait voile de Macao, et touche quelque temps après sur un roc.*

Le capitaine Henri Wilson partit de Macao en Chine, le 20 juillet 1783, pour retourner en Angleterre. Il montoit l'*Antelope*, vaisseau du port de trois cens tonneaux, auservice de la compagnie des Indes orientales ; elle avoit à bord cinquante-un hommes d'équipage, dont seize Chinois destinés à compléter le service. Le 21, ils avoient gagné la mer, et renvoyé le pilote et quelques amis qui les avoient accompagnés pendant quelques lieues. Du 23 juillet au 8 août, le vent fut si variable et si orageux, que leur petit hunier éclata, et que tout leur bétail mourut. Le 9, le vent devint plus modéré ; ensorte qu'ouvrant les portes, ils séchèrent le vaisseau, examinèrent leurs provisions, et continuèrent leur voyage, se flattant que les dangers étoient passés ; hélas ! ils ignoroient qu'ils ne tarderoient guère à en courir de plus grands.

Le 10 octobre au matin, une forte brise s'éleva, accompagnée de beaucoup de pluie, de tonnerre et d'éclairs. Le capitaine Wilson s'étoit couché à minuit, et M. Benger, le contre-maître, commandoit sur le pont. Pendant que les matelots étoient occupés à plier les voiles, l'homme de quart s'écria : *brisans* ! à peine eût-il prononcé ce mot, que le vaisseau toucha. Il n'est pas facile de rendre la consternation qui s'ensuivit : tous ceux qui étoient couchés au-dessous montèrent aussitôt sur le pont, alarmés du bruit et de la confusion. Ils ne surent que trop tôt leur affreuse situation. Dans moins d'une heure le vaisseau s'ouvrit, et l'eau gagna jusqu'au franc tillac et vers les écoutilles. Pendant cette scène d'horreur et d'effroi, les matelots supplièrent le capitaine avec instance de les diriger, et qu'ils rempliroient ses ordres avec le plus vif empressement.

Les premiers ordres que donna Wilson furent de mettre en lieu de sûreté la poudre et les petites armes, de monter sur le pont le pain et les provisions sujettes à être gâtées par l'eau, et de les couvrir avec des tentes goudronnées, etc., afin de les préserver de la pluie. Comme l'eau faisoit pencher le vaisseau à mesure qu'elle le remplissoit, il y avoit tout lieu de craindre qu'il ne se renversât : pour prévenir ce malheur, qui eût été irréparable, il fit abattre le mât de misaine, le grand et le petit hunier, et abaisser la grande vergue et celle d'avant, pour soulager le vaisseau. Il fit mettre en mer les bateaux avec des provisions ; on y mit aussi une boussole, de la munition, et deux hommes dans chacun, avec ordre de les tenir loin du vent du vaisseau, et pour être prêts à recevoir leurs compagnons, en cas que le vaisseau vînt à se séparer par la violence des vagues et du vent; car il souffloit horriblement fort.

Après avoir fait tout ce que la prudence pouvoit dicter dans une situation aussi critique, les officiers et autres se retirèrent sur le tillac, cette partie étant la plus élevée au-dessus de l'eau, et la plus à couvert de la pluie et de la mer par ses rebords : là, ils attendirent le jour, dans l'espérance de découvrir la terre; car ils n'en avoient encore vu aucune. Pendant cet affreux intervalle, dont l'horreur et les anxiétés sont plus faciles à imaginer qu'à décrire, le capitaine Wilson chercha à ranimer les esprits abattus de son équipage. Il leur rappela que le naufrage étoit un malheur auquel tous les navigateurs sont exposés; qu'à la vérité, le leur avoit cela de plus triste et de plus difficile, en ce qu'il arrivoit dans une mer inconnue; que cependant cette circonstance, toute douloureuse qu'elle étoit, loin de les abattre, ne devoit servir qu'à relever leur courage, afin de surmonter un danger aussi imminent, il les pria sur-tout de se rappeler que dans toutes ces occasions critiques, la division et le désespoir n'avoient fait qu'ajouter à la grandeur du péril. Il les conjura donc séparément et ensemble d'être fermes dans leur union, et de bien se garder de toucher à aucune liqueur spiritueuse. Tous y consentirent, et il eut la satisfaction de voir que tous tinrent leur parole.

L'excès de la fatigue les avoit épuisés. Il fit donner à chacun de ses hommes deux verres de vin et du biscuit, en attendant qu'il fît jour, et qu'on découvrît la terre. Cependant on s'encourageoit mutuellement ; d'après l'avis du capitaine, on se pourvut du plus d'habillemens qu'il fut possible à chacun d'en porter, pour en tirer parti si on avoit le bonheur d'échapper.

CHAPITRE III.

Découverte d'une île à la pointe du jour.

QUAND l'aube parut, ils aperçurent une petite île à la distance de trois ou quatre lieues au sud; et le jour, en s'augmentant, leur en fit voir plusieurs autres à l'est.

Alors ils commencèrent à concevoir des

craintes de la part des naturels, dont ils ne pouvoient connoître les dispositions. Cependant, après avoir mis des hommes sur les bateaux et les choses généralement utiles, ils dirigèrent vers la petite île, sous la direction de M. Benger, le contre-maître, qui fut prié d'établir, s'il étoit possible, quelque communication favorable avec les habitans du pays, et d'éviter avec le plus grand soin tout sujet de troubles, à moins d'y être réduits par la nécessité la plus urgente.

Quand les chaloupes se furent éloignées, ceux qui étoient restés s'occupèrent à descendre les mâts et à faire un radeau qui pût les recevoir si le vaisseau venoit à se séparer pièce à pièce, comme on avoit lieu de s'y atte e d'un moment à un autre. Leurs appréhensions se portoient aussi sur les chaloupes où reposoient toutes leurs espérances; ils avoient à craindre pour elles non seulement les naturels, mais aussi le vent qui continuoit de souffler avec beaucoup d'impétuosité.

Cependant leurs craintes se dissipèrent dans l'après-midi. Les chaloupes, revinrent et rapportèrent l'heureuse nouvelle qu'elles avoient mis leurs provisions en lieu de sûreté sous la garde de cinq hommes ; qu'il n'y avoit pas d'apparence que l'île fût habitée ; qu'ils avoient trouvé tout à-la-fois un port sûr et de l'eau. A ce récit favorable, ils reprirent courage, et après avoir pris un autre verre de vin et du biscuit, ils se remirent à achever leur radeau. Cependant cette journée ne se passa point sans un grand malheur : comme il se trouva que le mât de misaine étoit auprès de la poupe du vaisseau, et qu'une partie des agrès étoit accrochée à la misaine, Godefroy Minkt fut chargé de les débarrasser, et malheureusement il glissa dans la mer pendant qu'il y travailloit. Ce fut vainement que les chaloupes allèrent à son secours.

Le radeau fini, ils y descendirent, ainsi que dans la chaloupe et la pinasse, autant de provisions qu'ils en pouvoient contenir, eu égard au nombre d'hommes qui devoient y être. Et comme le jour s'avançoit, le capitaine ordonna à tout son monde de se rendre à bord. Ils s'etoient donné tant de peines pour recueillir tout ce qu'ils purent de leur naufrage, que ce travail dut leur coûter beaucoup. Mais quand il fallut abandonner l'Antélope, pour une terre incertaine, ils sentirent la douleur la plus vive. Les hommes les plus forts furent mis dans la pinasse qui, toua le radeau et le fit lentement avancer, jusqu'à ce qu'ils se fussent délivrés de l'écueil, pendant que la chaloupe, qui ne pouvoit être que d'une petite utilité au radeau, gagna le rivage où elle avoit laissé ses compagnons le matin. Ils trouvèrent une tente dressée pour les recevoir, et un endroit préparé pour les provisions.

La situation de ceux qui montoient la pinasse et le radeau fut terrible, pendant tout le temps qu'ils dépassoient l'écueil. La mer étoit si grosse qu'à chaque instant ils se perdoient de vue : ceux du radeau furent obligés de s'attacher aux planches avec des cordes, pour n'être pas emportés par les vagues. Les Chinois, peu accoutumés aux tempêtes, ajoutoient encore à l'horreur de cette situation par leurs cris.

Lorsque l'écueil fut franchi, ils trouvèrent une eau profonde et unie dans le canal qui coule entre le récif et les îles. Mais, à l'approche de la terre, ils rencontrèrent un courant rapide qui les chassa loin du vent. Bientôt ils s'aperçurent qu'ils ne pourroient résister à son impétuosité. Après avoir attaché le radeau à la pinasse, tous les hommes y passèrent pour aider les rameurs. Cependant le capitaine Wilson, après avoir conduit la chaloupe à terre, et y avoir déposé les effets qu'elle contenoit, revenoit avec elle au secours de la pinasse. La nuit alors étoit obscure : le capitaine les entendant à une certaine distance, les recria. Ceux de la pinasse charmés du secours qui leur venoit, répondirent aux cris du capitaine d'une manière si extraordinaire, qu'il en conclut que c'étoit les naturels du pays. Il étoit d'autant plus fondé à le croire, qu'on venoit de lui dire à terre qu'on y en avoit observé des vestiges récens ; en conséquence il se hâta de regagner le rivage. Cette crainte fut bientôt dissipée par l'arrivée de la pinasse et par les embrassemens mutuels d'hommes qui avoient craint de ne plus se revoir. On servit un léger souper : du fromage, du biscuit et de l'eau en firent tous les frais. On fit du feu, par le moyen d'un pistolet, pour faire sécher les habits et se chauffer. Mais on dormit peu, toute la nuit le vent fut orageux, et tous les esprits étoient dans l'inquiétude que le vaisseau venant à se mettre en pièces, ils ne pussent sauver une foule de choses nécessaires à leur salut. Après avoir posé des sentinelles de peur d'une surprise de la part des naturels, ils dormirent un peu, chacun à son tour. Mais quel sommeil ! entre une mer qui n'offroit qu'une mort certaine et une terre dont on présumoit avoir tout à craindre !

Le lendemain avant midi, le vent continua d'être à la tempête. Vainement essaya-t-on d'amener le radeau, on fut obligé de l'abandonner, après en avoir ôté les voiles et les autres provisions. Le vent baissa un peu dans l'après-midi, on envoya les chaloupes enlever du vaisseau tout ce qu'elles pourroient, pendant que ceux restés au rivage tinrent les petites armes en état.

Les bourasques du vent redoublèrent à l'approche de la nuit; et comme les chaloupes ne revinrent du vaisseau que vers les dix heures, tous furent dans de grandes alarmes, et quand à leur retour, on apprit que le vaisseau auroit bien de la peine à tenir jusqu'au lendemain, les esprits n'en furent guères plus soulagés. En effet quelle situation plus désespérante ! Quel concours d'événemens et de circonstances plus affligeant ! Ils n'avoient pour unique ressource que ce vaisseau qui étoit encore à flot, et qui menaçoit de se disperser en debris. En le réparant, ils pouvoient encore se flatter de retourner à la Chine, et maintenant cet espoir, le seul qu'ils eussent, est sur le point de s'évanouir. Ils ignorent où ils sont, quel peuple ils verront, s'il leur est encore donné de voir des créatures humaines. Séparés de leurs femmes, de leurs enfans, de leur patrie, ou plutôt du genre humain, si peut-être on en excepte une race de sauvages, comme ils devoient naturellement le supposer. Ainsi dénués de tous secours, tremblant sous les coups d'une tempête plus forte encore que celle de la veille, peut-on se former l'idée d'une situation plus affreuse que la leur, et plus capable d'exciter la pitié, même long-temps après cette scène de désolation !

Le vent fut si fort le matin, que les bateaux ne pûrent se rendre auprès du vaisseau. On employa donc le temps à sécher les provisions, à former de meilleures tentes avec les matériaux apportés la veille. Sur les huit heures du matin, comme l'équipage étoit ainsi occupé, et à éclaircir le terrain du bois qui étoit derrière les tentes, le capitaine Wilson, qui recueilloit les filets d'eau tombans des rochers, avec tom Rose, Malais qu'il avoit embarqué à Macao, il aperçut deux canots qui doubloient la pointe pour entrer dans la baie ; à cette vue, on fut si alarmé que tout le monde courut à ses armes. Cependant, comme ces deux canots portoient peu d'hommes, le capitaine Wilson pria les siens de se tenir cachés, mais prêts à tout, jusqu'à ce qu'il vissent quel accueil il en recevroit. Bientôt ils s'aperçurent que les naturels avoient vu le capitaine et tom Rose ; car en parlant ils tenoient constamment leurs regards fixés sur le terrain où ils étoient. Les naturels s'avancèrent vers eux avec beaucoup de précaution ; et quand ils furent à portée d'en être entendus, le capitaine dit à tom Rose de leur parler dans son langage, qu'ils parurent d'abord ne pas comprendre. Mais ils arrêtèrent leurs canots, et bientôt l'un d'eux demanda en malais, de quelle nation ? s'ils étoient amis, ou ennemis ? Rose eut ordre de répondre qu'ils étoient Anglais ; qu'ils avoient perdu leur vaisseau sur les récifs ; mais qu'ils avoient sauvé leurs vies, et qu'ils étoient amis.

Là-dessus, ils parurent se concerter un moment, ensuite sortant de leurs canots, ils entrèrent dans l'eau et s'avancèrent au rivage. Le capitaine Wilson s'y jeta aussitôt pour aller à leur rencontre, et après les avoir embrassés de la manière la plus amicale, il les conduisit au rivage et les présenta à ses officiers et à ses malheureux compagnons. Ils étoient au nombre de huit, dont il y en avoit deux qui étoient, comme on le sut après, frères du rupack, ou roi des îles voisines. Un troisième étoit Malais de nation, et il avoit fait naufrage sur un vaisseau qui appartenoit à un Chinois résidant à Ternate. Il avoit, dit-il, reçu un accueil favorable du roi de ces îles, qui avoit le cœur bon; il rendoit aussi le même témoignage à ses sujets. Il ajouta qu'un canot, étant sorti pour aller à la pêche, avoit vu le mât d'un vaisseau, et que le roi en ayant été informé, avoit envoyé ces deux canots, à quatre heures du matin, pour savoir ce qu'étoit devenu l'équipage, et qu'ayant connoissance du port dans lequel les Anglais se trouvoient, ils s'y étoient rendus directement.

C'étoit à-peu-près l'heure du déjeûner. Le capitaine Wilson, tom Rose et quelques-autres déjeûnèrent avec eux. Dans le cours de la conversation, le Malais, à la prière qui lui en fut faite, raconta par quel accident il se trouvoit dans ces îles. Il parloit un peu d'Anglais et de Hollandois, ensorte qu'il put leur apprendre qu'il avoit autrefois commandé un vaisseau chinois pour le commerce, et qu'il y avoit environ dix mois qu'étant parti pour Amboyne, il avoit été jeté sur une côte voisine, d'où il étoit venu à Pélew. Ce récit quoique vraisemblable, fut cependant trouvé faux dans la suite. Le Malais ajouta aussi qu'un des canots pêcheurs avoit eu connoissance de leur naufrage, et qu'en conséquence on avoit dépêché ces deux canots, pour secourir les marins, si on les trouvoit. Ils paroissoient ne pas aimer le thé ; mais le biscuit étoit fort de leur goût. Ils se familiarisèrent promptement, et parurent se plaire avec les Anglais. Après le déjeûner, le capitaine Wilson les présenta à plusieurs de ses officiers, et leur apprit que la manière-anglaise de saluer étoit de toucher la main ; dans la suite on observa qu'ils ne s'écartoient jamais de cet usage quand ils rencontroient quelques Anglais.

Ces insulaires sont d'une taille médiocre, mais d'une proportion admirable et très-musculaire. Ils ont la chevelure longue et noire, qu'ils roulent jusqu'à la tête, d'une manière très-élégante. A l'exception du plus jeune des deux fils du roi, aucun d'eux n'avoit de barbe. En général, ils ont soin de se l'arracher. Ils sont tout nuds, et leur peau est de couleur de cuivre foncé.

On les conduisit tout le long de la baie, et au grand étonnement des Anglais, on les vit marcher sur les éclats de rochers, les coquilles, et les plantes épineuses, avec la plus grande facilité.

Les deux Malais servant d'interprètes, on put s'entretenir de part et d'autre, et s'expliquer les apparences différentes qui occasionnoient une surprise mutuelle.

Comme jamais ces habitans n'avoient vu d'hommes blancs, on conçoit quelle dût être leur surprise, la vue des habillemens étoit aussi nouvelle pour eux; et il seroit difficile de déterminer si dans les premiers momens ils ne les considéroient point comme une partie de leur substance.

Mais rien ne leur causa plus d'étonnement que de voir deux gros chiens qui appartenoient au vaisseau, et qui se mirent à abboyer bien fort quand ils en approchèrent. Ils eurent tant de plaisir à les entendre, qu'ils répondirent à leurs abboiemens par des cris presque aussi forts. Ces animaux leur firent d'autant plus de plaisir, qu'à l'exception de

quelques rats gris, il n'y a point de quadrupèdes dans l'île.

Le capitaine Wilson ne savoit comment
leur cacher l'usage et la nature des armes à
feu. Mais l'un d'eux ayant par hasard pris
une balle, étonné de sa pesanteur, en demanda la cause au Malais qui en expliqua
l'effet par la décharge d'un mousquet. Ils
parurent vivement desirer d'emmener un
Anglais avec eux, pour le présenter au roi,
afin qu'il pût juger de ces étrangers. Tout
l'équipage convenoit que rien n'étoit plus
juste, ni plus nécessaire. Mais qui devoit-on
charger d'une chose aussi délicate? Comme
les débats s'élévoient là-dessus le capitaine
Wilson en fit la proposition à son frère
Mathieu, qui y consentit volontiers. Ainsi, l'un
des canots sortit du port vers midi avec lui.
L'autre canot resta auprès des Anglais avec
quatre personnes, parmi lesquelles étoit Raa-
Kook, l'aîné des frères du roi, et qui étoit
aussi général de ses armées.

Le capitaine chargea son frère de dire au
roi qui ils étoient; de lui raconter, comme
il le pourroit, la nature de leur infortune;
de solliciter son amitié et sa protection, et la
permission de construire un vaisseau pour

les reconduire dans leur patrie. Il le chargea aussi de lui présenter de sa part ce qui lui restoit d'une pièce de drap bleu, une boîte de thé, une autre de sucre candie, et une jarre de biscuits. Ce dernier article fut ajouté à la demande particulière des deux frères du roi.

Pendant l'absence de Mathieu Wilson, on eut occasion de faire une connoissance plus intime avec Raa-Kook; et certes on le trouva d'un caractère très-aimable. Comme il portoit à son poignet une pièce d'os poli, on lui en demanda l'objet. Il répondit que c'étoit parmi eux une marque de grande distinction, qui ne s'accordoit qu'aux personnes de la famille royale et aux premiers officiers de l'état, et qu'il en jouissoit en qualité de frère du roi et de commandant en chef de ses forces de terre et de mer. On redoubla donc de soins et d'attentions pour cultiver l'amitié de Raa-Kook; et il y répondit par les marques d'une politesse qui ne se démentoit point. Il imitoit en tout les actions des Anglais, et leur témoignoit, à chaque occasion, quelle grande opinion il en avoit conçue. Le Malais, tout en arrivant, avoit demandé qu'on lui donnât quelques habillemens à son usage : ce qui lui fut accordé. On présenta aussi à Raa-Kook un habit uniforme avec des pantalons. Il s'en habilla, mais il fut bientôt las de les porter. Il examinoit jusqu'aux actions les plus minutieuses; et ce ne fut pas sans peine qu'il apprit du cuisinier à se servir du soufflet pour allumer le feu.

Le matin du quatorzième jour, les deux canots revinrent avec Arra-Kooker, un autre frère, et un des fils du roi. Ils dirent au capitaine Wilson que son frère étoit en route; mais que le canot dans lequel il étoit n'avoit pu faire autant de chemin que le leur. Ils dirent que le roi vouloit bien les accueillir dans ses états; qu'il les assuroit de sa protection et de son amitié; qu'ils pouvoient se construire un vaisseau dans la partie de l'île qu'ils voudroient choisir, et que ses sujets leur fourniroient tous les secours qui seroient en leur pouvoir. Raa-Kook prit alors son neveu, et le présenta au capitaine et à ses officiers, le conduisit le long de la baie, lui expliqua tout ce qu'il avoit appris lui-même, et parut charmé de l'étonnement de son ami. Ce jeune homme étoit très-bien fait; mais il étoit un peu défiguré par une fente au nez, qui lui venoit probablemen d'une blessure reçue dans un combat.

On avoit envoyé au vaisseau deux chaloupes, et avant midi elles y trouvèrent environ vingt canots employés à l'examiner. C'étoit déja l'effet des soins de Raa-Kook ; et dans cette circonstance, comme dans toute autre occasion, il fit tout ce qui dépendoit de lui pour convaincre les Anglais de sa protection et de son amitié.

Cependant Arra-Kooker étoit pour l'équipage un objet agréable qui fit diversion à tant de malheurs. Comme il possédoit à un degré extraordinaire l'art de contrefaire, et qu'il étoit d'une humeur enjouée, il leur représentoit au naturel la terreur de Mathieu Wilson, pendant qu'il étoit à Pélew, et certes, il y avoit eu de très-grandes craintes ; mais bientôt il parut lui-même, et voici à-peu-près comme il rendit compte de son ambassade.

« A l'approche du canot dans lequel j'arrivai dans l'île où le roi fait sa demeure, une foule d'habitans sortirent de leurs maisons pour me voir sur le rivage. Le frère du roi me prit par la main, et me conduisit jusqu'à la ville, où l'on me fit asseoir sur une pierre carrée, après y avoir étendu une natte. Le roi parut un moment après, et son frère me l'ayant montré, je me levai, et le saluai d'après la manière des Orientaux, en élevant mes mains au-dessus de la tête, et pliant mon corps en avant ; mais il parut y faire fort peu d'attention. Je lui offris donc les présens que mon frère lui avoit envoyés, et il les reçut d'une manière agréable ; alors son frère se mit à lui parler, et autant que je peux comprendre, il l'informa de notre malheur et de notre nombre. Après quoi le roi mangea du sucre candie qui parut lui faire plaisir, et dont il fit part à plusieurs de ses généraux ; ensuite il envoya le reste à sa maison ; après quoi, il me fit offrir des rafraîchissemens.

Bientôt je fus environné d'une grande foule qui témoignoit son empressement à examiner mes habits et ma personne ; mais comme il commençoit à se faire tard, le roi, son frère, moi et plusieurs autres, nous nous retirâmes dans une grande maison où l'on nous servit à souper des yams bouillis, d'autres bouillis et battus ensemble, comme nous faisons pour les pommes de terre. Il y avoit aussi quelques coquillages dont j'ignore l'espèce.

Je passai le lendemain à faire le tour de l'île, et à en observer les produits, qui consistoient particulièrement en yams et en cocotiers. Ils cultivent les premiers avec beaucoup de soin, ils en forment de grandes plantations qui sont toutes dans un terrain humide et marécageux, tel que le riz dans l'Inde.

CHAPITRE IV.

Visite du roi de Pélew, manière dont il est reçu, sa conduite.

Quelques temps après, on dit aux Anglais que le roi s'approchoit, et dans moins d'une heure, ils virent un grand nombre de canots tourner la pointe qui formoit le port. Aussitôt que le roi fut entré dans la baie, il fit retirer une escadre de canots armés, sur le derrière de l'île, dans la crainte sans doute qu'un si grand nombre d'hommes armés ne répandît l'alarme parmi les étrangers.

Alors il s'avança accompagné d'une suite aussi nombreuse que brillante, aussi loin que la marée pouvoit le permettre. Les frères du roi dirent alors au capitaine Wilson d'aller au-devant de lui. En conséquence, deux hommes de son équipage le prirent sur leurs épaules, et le portèrent, à travers les flots, jusqu'au canot du roi qui le pria d'y entrer. Abba-Tulle, (ainsi se nommoit le roi) et le capitaine Wilson s'embrassèrent.

Le capitaine alors lui fit le récit de son infortune, par le moyen des deux Malais, en le priant de lui permettre de construire un vaisseau pour regagner sa patrie. Le roi y consentit, soit qu'ils voulussent le faire dans l'île où ils étoient, ou dans celle où il faisoit sa résidence. Mais il leur recommanda cette dernière, parce que celle où ils avoient abordé n'étoit point salubre, c'étoit même pour cette raison qu'elle n'étoit point habitée. Il appréhendoit qu'ils n'y tombassent malades, quand un autre vent commenceroit à souffler.

Le capitaine lui répondit qu'ils avoient parmi eux une personne dont la seule affaire étoit de guérir les malades ; qu'il y auroit infiniment d'inconvéniens pour eux à s'éloigner de leur vaisseau, parce qu'ils y trouveroient beaucoup de choses qu'ils ne pourroient se procurer sans de grandes peines, et sans perdre beaucoup de temps. Le roi céda à ses raisons, et faisant signe qu'il vouloit descendre à terre, le capitaine se fit porter au rivage, et Abba-Thulle le suivit en marchant dans l'eau.

En descendant au rivage, il regarda par-tout autour de lui, comme s'il avoit eu des soupçons qui cependant furent bientôt dissipés. Raa-Kook s'avança vers lui, on étendit une voile par terre, selon leur usage. Les chefs qui l'accompagnoient s'assirent avec lui, formant entre eux une espèce de carré, qui fut aussitôt environné par près de trois cents autres hommes de sa suite, tous assis de manière cependant qu'ils pouvoient se lever dans un clin d'œil. Le capitaine Wilson lui fit présent d'une pièce de drap et de quelques rubans qui parurent lui faire beaucoup de plaisir. Il étoit tout nud, comme ses frères ; mais il n'avoit point d'os à l'entour du poignet, ni aucune autre espèce d'ornement. Il portoit une hache de fer sur l'épaule, et elle y étoit si bien adaptée, qu'elle ne le gênoit aucunement.

Le capitaine Wilson présenta au roi tous ses officiers et tous ses hommes. Comme il lui dit que M. Benger commandoit après lui, le roi l'appela Kickaray-Rupack, supposant que Wilson étoit roi dans quelques pays. Mais quand on lui eut fait entendre qu'il appartenoit à une souveraineté puissante, et qu'il n'en étoit que le capitaine, il saisit aisément ce mot de *Capitaine*, et dès ce moment il le salua constamment par ce nom, et M. Benger, par celui de Kickaray capitaine. Le roi demanda au capitaine Wilson quelle étoit la marque de sa dignité ; question qui l'auroit embarrassé si M. Benger heureusement ne lui eût glissé sa bague. Dès que Abba-Thulle l'eut vue, il parut en être d'autant plus charmé, que la manière de la porter avoit quelque rapport à l'os qui servoit d'ornement et de dignité dans le pays.

Raa-Kook, après avoir examiné, comme nous l'avons déja dit, tout ce qui appartenoit aux Anglais, avec la plus grande attention, prit beaucoup de peine à le faire observer au roi. Lui et sa suite parcouroient les tentes où chaque chose étoit pour eux un objet de surprise. La différence entre les Chinois et les Anglais ne leur échappa point. Raa-Kook fit entendre à son frère qu'il y avoit différentes nations et espèces d'hommes sur la terre, qu'elles avoient souvent la guerre entre elles, comme dans les îles voisines. Abba-Thulle parut mépriser les Chinois à l'excès, parce qu'ils n'avoient point de mousquets.

Mais rien ne parut faire plus d'impression sur Abba-Thulle que les armes à feu, que Raa-Kook chercha à lui faire connoître, sur le desir qu'il témoigna d'en voir l'usage. Le capitaine Wilson fit aussitôt prendre les armes, il pria M. Benger de faire ranger les marins sur le rivage de la mer, pendant qu'il en expliqueroit les mouvemens. Il leur fit faire différentes évolutions avec beaucoup d'agilité, et elles furent terminées par trois décharges.

Il n'est pas facile de se figurer l'étonnement et la surprise des natifs, au bruit des mousquets. A la vérité, ils y répondirent par des cris qui n'étoient guères moins bruyans. Wilson crut devoir se permettre, en cette occasion, une petite prodigalité de poudre, pour donner à ces insulaires une idée plus forte de la puissance des Anglais, et il réussit parfaitement dans son intention. Mais, pour leur montrer encore mieux les effets de ces armes, M. Benger se fit apporter un des pigeons qu'ils tenoient en réserve pour leurs vivres, le fit envoler, et lui tira un coup de fusil. Il tomba aussitôt avec l'aîle et la cuisse cassées. Ce dernier trait leur parut au-dessus de tout ce qu'ils avoient vu, leur étonnement alloit jusqu'au vertige.

Raa-Kook avoit, dans assez peu temps pris connoissance de tous les objets que les Anglais avoient avec eux, et il avoit grand soin de les faire observer au roi son frère : une des choses qui fixa le plus leur attention, ce fut une meule qu'ils avoient beaucoup de plaisir à tourner, en observant l'effet qu'elle produisoit sur le fer. Ils examinèrent aussi les tentes et quelques objets destinés à la cuisine ; mais ils ne se lassoient point d'admirer les chiens qu'ils se plaisoient à faire abboyer continuellement. Ils en étoient si enchantés, et leur faisoient faire tant de bruit, qu'on jugea nécessaire de les renfermer. Le roi examina aussi les provisions de bouche. Les Anglais lui firent présent d'un jambon et d'une oie vivante.

Abba-Thulle parut très-flatté de tout ce qu'il avoit vu, cependant il proposa de se retirer. L'ordre du départ fut donné, un de ses officiers le fit entendre par un cri si aigu, que les Anglais en furent alarmés. Tous les insulaires furent aussitôt en mouvement, et se précipitèrent vers leurs canots, où le roi se rendit, après avoir pris congé des Anglais.

Raa-Kook, le fils du roi, et quelques personnes de leur suite, demeurèrent avec les Anglais pendant la nuit. Le capitaine Wilson fit dresser deux tentes, l'une pour les personnes principales, et l'autre pour la foule. Il resta avec Raa-Kook et sa suite, après avoir posé une garde pour quelques heures. Les natifs dans leur tente plus éloignée, se disposèrent à chanter pour honorer ces étrangers qui étoient venus les visiter.

La dissonance et la rudesse de leurs chants firent croire aux Anglais que c'étoit leur chant de guerre, ou un signal au roi de les attaquer. Aussitôt vous eussiez vu chaque Anglais sauter à son fusil et courir à la tente où se tenoit le capitaine Wilson, croyant qu'il y étoit dans le plus grand danger. Se voyant détrompés heureusement, ils se mirent à écouter la chanson qui étoit conduite de la manière suivante. Un guide, ou le conducteur du chant entonnoit un vers, dont une partie du chœur s'emparoit jusqu'à ce que le vers fût achevé. Ce dernier vers se chantoit en commun, après quoi la première division du chœur le reprenoit, et y ajoutoit un autre vers. Leurs chants continuèrent pendant quelque temps, ensuite ils firent signe aux Anglais de chanter à leur tour. Cette dette fut payée par un jeune garçon appelé *Cobbledick*. Il s'en acquitta à leur grande satisfaction. On parla, dans la suite, au roi, de la manière dont ce jeune homme chantoit. Il voulut l'entendre, et cela lui fit tant de plaisir, que toutes les fois qu'il le rencontroit, il le faisoit chanter.

Nous allons rapporter une circonstance, où les habitans de Pélew sont présentés sous un jour difficile à concevoir; circonstance qui, d'une part, nous fait voir les sentimens les plus délicats dans la nature, pour ainsi dire encore vierge, et qui, d'autre part, fait en quelque sorte rougir les nations éclairées. Les Anglais n'avoient d'autre moyen de revoir leur patrie, qu'en faisant un autre petit vaisseau, et pour y parvenir, ils n'avoient qu'un petit nombre d'instrumens qu'ils avoient sauvés du naufrage. Le hasard fit connoître à un des chefs le lieu où on les tenoit renfermés, et il demanda un coutelas au capitaine Wilson qui n'osa le lui refuser, dans la crainte que ce refus n'eût des conséquences fâcheuses. Comme ils sortoient de la tente, Raa-Kook vit avec peine un don qu'il croyoit superbe, le lui reprit et le rendit au capitaine Wilson.

Quelques heures après, le Malais étant venu au rivage, dit au capitaine qu'il avoit fait une action d'un grand scandale, en donnant un coutelas à un officier inférieur, pendant que le roi et ses frères n'en avoient pas. Pour réparer cette faute, le capitaine Wilson crut qu'il valoit mieux leur donner du drap et des rubans. Ces présens furent reçus froidement, et c'étoit un grand malheur que cette disgrace. Le roi, dans l'après-dîner, revint de la partie opposée de l'île, où il avoit passé la nuit, et le capitaine Wilson sortit dans la chaloupe avec tom Rose, pour aller à sa rencontre. Abba-Thulle, qui avoit paru si satisfait le jour précédent, avoit maintenant un air triste et réservé; et les pauvres Anglais trembloient dans la crainte de lui avoir déplu, pensant que déja il méditoit les moyens de leur faire éprouver son ressentiment. Ils étoient dans une grande erreur. Ce trouble n'étoit autre chose que l'embarras de leur demander une faveur, et ils craignoient que des étrangers que le naufrage avoit mis à leur merci, ne considérassent comme un ordre ce qu'ils ne vouloient obtenir que comme une grace. De là cette réserve et cet air de tristesse, et cette oppression dans leur cœur.

Une nation voisine les avoit outragés; et comme ils avoient intention de lui livrer bataille sous quelques jours, ils sentoient quels avantages le secours des Anglais et de leurs armes à feu pourroit leur procurer. A la fin, Abba-Thulle dit en rougissant, au capitaine Wilson, l'objet de sa visite, et le capitaine lui répondit sans hésiter, que dans tous les temps il pouvoit commander à tous ses hommes, que tous étoient entièrement à son service. L'interprête lui expliqua cette réponse, et aussitôt la joie reparut sur son visage. Le roi conféra immédiatement au capitaine la dignité d'un frère Rupak; il le pria de lui envoyer, dans la partie de l'île où il demeuroit, une portion de son monde, afin d'y prendre les provisions dont ils avoient besoin, et finit par l'assurer que son peuple étoit entièrement à son service, tant pour l'aider à reconstruire un vaisseau, que pour tout autre objet qui seroit en leur pouvoir.

Il se retira aussitôt vers le côté opposé de l'île, promettant de revenir le lendemain matin, pour le transport des hommes. Les Anglais furent aussi charmés que les naturels, de l'arrangement de cette affaire. La crainte d'avoir encouru le déplaisir de ceux-ci, dont la faveur leur étoit si nécessaire, les avoit jetés dans un grand trouble, et chacun à l'envi montroit son empressement d'être choisi pour le service que le roi se promettoit de leur courage.

CHAPITRE V.

Visite du capitaine Wilson à Pélew ; détails sur les habitans.

Le 31 août, le capitaine Wilson se rendit à Pélew, accompagné de son frère et de MM. Sharp et Devis; les Anglais dans leur chaloupe, Raa-kook et les autres natifs dans un canot.

Ils arrivèrent à Pélew, vers une heure, tirèrent six coups de fusil à-la-fois, et plantèrent leur étendard où ils débarquèrent. Raa-kook les conduisit à une maison où ils attendirent l'arrivée d'Abba Thulle. Dans l'intervalle, les habitans entroient en foule dans la maison, pour voir leurs hôtes, portant avec eux divers rafraîchissemens et des confitures. L'instant d'après on annonça le roi; et malgré la foule, on observa le plus grand silence. A son arrivée, le capitaine Wilson l'embrassa, comme il avoit fait à leur première entrevue, et il lui présenta différentes bagatelles qui furent très-bien accueillies.

Abba Thulle alors proposa de les conduire

à la ville, éloignée d'un quart de mille du lieu où l'on avoit débarqué. Les Anglais, pour se donner un air de cérémonie et de dignité, suivoient leur étendard. On passa à travers un bois avant de parvenir à une belle chaussée, où l'on remarquoit de larges pierres dans le milieu, et de plus petites sur les côtés. Elle les conduisit à la ville, où ils furent menés sur une place bien pavée, environnée de maisons. Il y en avoit une dans le centre, plus vaste que les autres; elle fut destinée aux Anglais. Il y avoit nombre de femmes d'un rang supérieur; c'étoient les épouses des Rupacks, ou principaux officiers de l'état. Elles les reçurent avec beaucoup de politesse, et leur offrirent des cacaos et des boissons douces dont elles prirent leur part.

Ensuite le roi, après avoir fait agréer ses excuses au capitaine Wilson, se retira pour aller prendre un bain. La reine les envoya prier de se rendre chez elle, où elle seroit flattée de jouir de leur compagnie. Aussitôt ils y furent conduits, et on les fit asseoir sur une petite place qui étoit devant la maison. Il parut que cette dame étoit la femme principale d'Abba Thulle (car il en avoit d'autres); tous avoient pour elle les attentions les plus respectueuses. C'étoit dans sa maison que le roi faisoit sa demeure habituelle. Elle parut à la fenêtre avec Raa-Kook qui lui expliquoit ce qui sembloit l'intéresser plus particulièrement dans les Anglais. Elle leur envoya un pigeon bouilli ; ce qui est la plus grande rareté que l'île produit, et ce qu'on y estime le plus. Il n'est permis qu'aux Rupacks et à leurs femmes d'en goûter.

Lorsqu'elle eut satisfait sa curiosité, le général les conduisit à sa maison, où ils reçurent un accueil bien plus cordial. Ils eurent occasion de voir dans la vie domestique de ce digne homme, toute la bonté de son cœur. Ils y furent traités avec la plus grande amitié et les marques les plus expressives d'un accueil sincère : mais ils ne virent pas, sans l'intérêt le plus touchant, sa conduite à l'égard de sa femme et de ses enfans. Il caressoit ces derniers sur ses genoux, et leur témoignoit toute sa tendresse paternelle. La nuit étoit déja fort avancée, quand ils se retirèrent dans leur maison, où le général, qui étoit leur ami, n'épargna aucune peine pour la leur rendre agréable. Il leur fit donner des nattes pour reposer, et fit allumer des feux pour éloigner les moucherons et dissiper l'humidité. Il fit placer à l'autre bout plusieurs de ses gens, afin d'empêcher qu'ils ne fussent troublés, pendant leur sommeil, par les natifs que la curiosité n'auroit pas manqué d'y amener en foule. Le lendemain, Raa-Kook vint, comme à son ordinaire, leur tenir compagnie; et, après une petite promenade, ils se rendirent à l'invitation du roi, pour déjeûner chez la reine où ils avoient été la veille.

On observa, à leur égard, une étiquette particulière qui ne le fut que pour cette seule fois. Toute la maison ne formoit qu'un appartement. A l'une des extrémités, des nattes étoient suspendues et formoient comme une espèce de toile. En se levant, elles laissèrent à découvert le roi et la reine assis sur leur trône. Le déjeûner fut agréable; on servit des *yams* et différentes espèces de poissons. Après le déjeûner, M. Sharp, chirurgien, partit avec M. Devis, pour aller voir l'enfant d'Arra-Kooker, qui étoit malade. Sa maison étoit à la distance de trois milles. Ce petit voyage leur donna occasion d'examiner le pays, qu'ils n'avoient pas encore eu le temps de voir. Cette visite fit infiniment de plaisir au Rupack, qui ne savoit comment leur en témoigner sa reconnoissance. M. Sharp examina le corps de l'enfant, qui étoit presque tout couvert d'ulcères; mais n'ayant point de drogues, il ne put lui prescrire aucuns remèdes. Il approuva le traitement qu'ils avoient adopté; il consistoit particulièrement en des fomentations. Arra Kooker fit mettre des provisions abondantes dans des paniers, qu'il chargea ses domestiques de transporter jusqu'aux bateaux; et il promit aux Anglais tous ses pigeons, quand ils quitteroient l'île, pour retourner dans leur patrie. Ceci prouve assez de quelle vive reconnoissance il étoit pénétré, et quelle estime il avoit conçue pour les Anglais. Et certes, le lecteur a déja pu observer, en plusieurs occasions, de quelle délicatesse de sentimens ce peuple étoit susceptible. Il possédoit au plus haut degré les vertus qui honorent l'humanité. Elles étoient naturelles, et comme reléguées dans ces îles. Le même soir, Sharp et Devis retournèrent à Pélew.

La demande de dix hommes qu'Abba-Thulle avoit déja faite, fut alors soumise à un conseil de Rupacks, qui la réitéra formellement au capitaine Wilson, pour tenter un second engagement à Artingall. Cette demande fut accordée de bon cœur. Cependant le capitaine exposa, en même temps, que ce seroit l'obliger beaucoup, que de ne les retenir que le moins de temps possible, pour ne pas nuire aux progrès de leur vaisseau. Abba-Thulle répondit que son intention étoit bien éloignée de les retenir plus qu'il n'étoit nécessaire ; que cependant, après qu'ils lui auroient rendu ce service important, il se proposoit bien de les garder auprès de lui un jour ou deux pour se réjouir avec eux. Ce fut l'après-dîner, que le conseil se rassembla pour terminer cette affaire. Chaque Rupack, ou chef, étoit assis sur une pierre. Celle du roi étoit plus élevée que les autres. Les orateurs parlèrent, selon l'occasion, sans qu'il parût qu'il y eût un ordre fixé pour la parole. La majorité des votes décida l'affaire, d'où l'on peut conclure, que ce gouvernement a beaucoup de rapports avec le gouvernement Anglais.

Le reste du temps que les Anglais passèrent à Pélew fut agréablement employé. M. Devis, qui savoit supérieurement dessiner, se trouva un jour avec un grand nombre d'insulaires ; il prit son crayon, et s'amusa à dessiner une femme qui avoit attiré son attention. Elle s'en aperçut ; mais comme elle ignoroit son intention, elle se retira toute confuse.

Il y avoit un chef à côté de lui qui remarqua le dessin; comme il lui faisoit beaucoup de plaisir, il le montra au roi qui fit aussitôt approcher deux femmes, qui se placerent auprès de M. Devis, afin qu'il pût en prendre la ressemblance. Lorsque M. Devis eut fini ses dessins, il les présenta au roi qui en fut charmé, mais bien moins encore que les deux dames à qui il montra leurs portraits. Abba-Thulle pria M. Devis de lui donner son crayon et du papier; ensuite il traça quelques figures, grossières à la vérité, mais qui prouvoient assez qu'il concevoit ce qui venoit de se faire. Ainsi tout en montrant combien il étoit inférieur à l'artiste, il donnoit en même-temps des preuves évidentes qu'il savoit l'apprécier, et combien il auroit voulu posséder des talens qui lui faisoient tant de plaisir.

Le capitaine Wilson et ses compagnons allèrent avec eux à l'endroit où ils bâtissoient leurs canots. Ils eurent occasion par-là d'en voir quelques-uns qui revenoient d'une escarmouche, dans laquelle ils avoient été victorieux. Ils avoient enlevé un canot, et c'étoit pour eux une victoire aussi marquée, qu'en Angleterre quand on prend à l'ennemi un vaisseau de ligne. Dans cette circonstance, les Anglais eurent occasion d'observer leur manière de célébrer ces actions, et d'en faire des réjouissances. Il y avoit un grand festin préparé pour les guerriers. Il fut précédé par des danses, dont voici la description. Ils s'étoient ornés de feuilles de plantain dont ils avoient découpé les bords en raies à-peu-près pareilles à celles de nos rubans. Comme elles sont de couleur jaune, elles faisoient un effet assez agréable sur leur peau qui est noire. Ensuite ils se formèrent en cercle, s'entremêlant l'un avec l'autre, et l'un des plus âgés commençoit une chanson, ou une longue phrase, et quand elle étoit finie, tous les danseurs se joignoient au concert, et dansoient tout le temps que duroit le couplet. Alors on en prononçoit un autre également accompagné de danses, et l'on continuoit ainsi jusqu'à ce que chacun eût chanté, et que son couplet ait eu sa danse.

Leur manière de danser est moins remarquable par les sauts, et autres traits d'agilité, que par une certaine méthode de pencher leurs corps et de se balancer. On servit des rafraîchissemens pendant tout le temps de la danse, et la fête se termina par un souper élégant.

M. Sharp conduisit le capitaine Wilson

chez Arra-Kooker, son favori, qui les reçut avec de grandes démonstrations d'une joie sincère. Ils virent dans cette petite excursion, plusieurs plantations dont la culture les étonna. Ils observèrent un arbres que les natifs appellent *Ri à mall*, que les Anglais prirent pour un arbre à pain. Après l'accueil le plus agréable, ils revinrent à Pélew, enchantés de leur petit voyage. Dans le cours de leurs observations, ils trouvèrent des hommes entièrement occupés à faire des dards, creuser des arbres, etc, pendant que les femmes soignoient les yams, faisoient des nattes et des corbeilles, nourrissoient leurs enfans, et préparoient le manger.

Le jeudi 4 septembre, ils sortirent de Pélew, comblés de présens, au milieu des acclamations d'un peuple nombreux. Ils arrivèrent sains et saufs à la baie, vers les neuf heures du soir et trouvèrent leurs compagnons, tous en bon état, et avançant dans leur ouvrage avec beaucoup d'allégresse. Le capitaine leur apprit aussitôt la demande des dix hommes que les natifs du pays lui avoient faite : tous vouloient être de ce nombre ; cependant on se détermina sur le choix, et on les avertit de se tenir prêts pour le moment où ils seroient appelés.

CHAPITRE VI.

De la bataille d'Artingall.

Comme le roi avoit, quelques jours auparavant, fait dire à Artingall, qu'il se proposoit d'attaquer, si on n'acceptoit pas les conditions de paix qu'il offroit, il envoya un canot avec quatre hommes vers cette île, pour réitérer l'offre de la bataille ou de la paix.

Les messagers revinrent avec la nouvelle, qu'ils refusoient les conditions qui leur étoient offertes. Alors Abba-Thulle fit sonner la conque, et agita son sceptre en l'air, ce qui étoit le signe de former la bataille.

En même-temps l'ennemi rassembloit ses canots, se tenoit au rivage, et faisoit voir évidemment qu'il ne se soucioit pas d'en venir à une bataille.

Abba-Thulle avoit mis l'habit d'écarlate que le capitaine Wilson lui avoit donné, et avoit auprès de lui un Anglais dans son canot. Les neuf autres étoient dispersés sur autant de canots à travers la flotte, avec leurs mousquets, coutelas, baïonnettes et pistolets.

Voyant que l'ennemi ne vouloit pas avancer, et que la situation n'étoit pas favorable à l'attaquer, le roi envoya une partie de ses canots se blottir sous un cap qu'ils tournèrent. Ensuite il fit lancer quelques dards contre l'ennemi; après quoi il simula une retraite précipitée, dans l'espérance de l'attirer loin de ses rivages, entre sa flotte et les canots qu'il avoit fait cacher.

Ses ordres furent donnés et envoyés à toute la flotte avec beaucoup de promptitude, par le moyen de plusieurs canots très-agiles qui fendoient les vagues avec une vîtesse étonnante. Son stratagême lui réussit à volonté. L'ennemi, trompé par cette fuite apparente, s'élança du rivage, et fut intercepté par les canots qui accoururent de l'endroit où ils se tenoient cachés. Alors ceux qui fuyoient, firent volte-face, et, par le moyen des armes à feu, ils jetèrent l'ennemi dans la terreur et dans la confusion. Le bruit des mousquets, les hommes qui tomboient morts, sans qu'on sût d'où partoit le coup, et les cris triomphans des natifs de Pélew, le mirent entièrement en déroute. Il se retira avec précipitation, en se jetant entre les canots qui étoient entre eux en petit nombre et le rivage, et par ce moyen ils échappèrent tous, à l'exception de six canots et de neuf personnes que l'on prit. La victoire fut envisagée comme complète. Il est rare qu'il y ait des canots de pris ; on fait tout au plus deux ou trois prisonniers. On emporte les morts, dans la crainte que le vainqueur ne s'en empare et ne les expose.

CHAPITRE VII.

Mort et funérailles du fils de Raa-Kook.

Raa-Kook, un peu avant ce combat, avoit prié M. Sharp de l'accompagner à Pélew, pour voir le pied de son fils dangéreusement blessé d'une lance qui s'y étoit brisée comme on vouloit l'en arracher. La pointe qui y étoit restée, avoit pénétré entre les petits os, et on ne pouvoit l'en extraire. Cependant l'enflûre étoit devenue prodigieuse, et le jeune homme en appréhendoit les suites. Un des natifs, réputé pour un des hommes les plus habiles, avoit commencé à couper les chairs : mais après lui avoir ainsi mutilé le pied d'une horrible manière, le sang étoit venu en si grande abondance, qu'il se vit forcé de renoncer à cette opération. On eut recours aux fomentations, et M. Sharp en conseilla l'usage, jusqu'à ce qu'il pût revenir le voir, étant pour le moment obligé de donner ses soins à trois des personnes les plus habiles, qui étoient malades.

Voici le détail que M. Sharp a donné de son excursion. Lorsqu'il eut débarqué, il alla directement chez le père qui le reçut dans la plus grande consternation. M. Sharp lui dit qu'il étoit venu voir son fils, et qu'il avoit apporté des instrumens propres à le soulager. Il sourit à cette espérance, et le conduisit chez lui, où Abba Thulle et plusieurs autres officiers étoient assemblés. Après leur avoir présenté ses respects, M. Sharp apprit que, pendant le séjour de Raa Kook à Oroolong, les fomentations avoient diminué l'enflûre, et qu'on avoit profité de cette circonstance pour ôter la pointe de la lance, en la faisant traverser tout le pied. Ce moyen violent leur avoit paru le seul propre à l'extraction de ce corps étranger. C'étoit dans le temps que toute l'armée étoit sur pied pour la plus grande expédition. Le jeune homme ne put soutenir l'idée d'un combat où il n'assisteroit point. Il insista donc à ce qu'on le transportât dans son canot, pour y combattre, quoiqu'il ne pût se tenir debout ; mais il suffisoit à son courage de pouvoir s'élever assez haut pour lancer un trait. En conséquence il vint à bord, et, dans les premiers momens du combat, il tomba victime de sa grandeur d'ame. Il reçut un coup de lance à la gorge, et il mourut aussitot. Il est impossible de passer sous silence le destin malheureux de ce jeune guerrier. L'histoire n'a point de caractère plus héroïque. Il y a plus de grandeur, plus de valeur réelle dans cette action que le hasard, pour ainsi dire, met au jour, qu'il n'y en a eu dans plusieurs exploits qui ont fait l'admiration de plusieurs générations.

Ceci nous fournit aussi l'occasion de parler des funérailles usitées chez ces insulaires : M. Sharp en fut témoin. Raa-Kook le pria de l'accompagner avec le contre-maître, jusqu'au rivage où deux canots l'attendoient. Ils y entrèrent avec environ vingt Rupacks qu'ils n'avoient pas encore vus ; parce qu'ils étoient d'une autre île, quoique amis d'Abba-Thulle. M. Sharp ignoroit où l'on alloit, mais il se laissoit conduire par son ami. Ils se rendirent à une île éloignée de Pélew d'environ quatre milles. De là ils gagnèrent un petit village où il n'y avoit que quatre ou cinq maisons.

Après s'y être arrêtés pendant une heure, ils partirent pour se rendre à une ville qui n'étoit qu'à un demi-mille. Beaucoup de personnes des deux sexes s'y étoient rassemblées, et on y trouva un repas préparé. Lorsqu'il fut achevé, les femmes se retirèrent, et bientôt l'on entendit des sons plaintifs à quelque distance. C'étoient des femmes en pleurs qui s'avançoient en gémissant. Raa-Kook prit M. Sharp par la main, et le conduisit vers le lieu d'où partoient ces cris lugubres. Ils trouvèrent une grande multitude de femmes qui accompagnoient un corps mort proprement enveloppé dans une natte, et porté par quatre hommes. Les lamentations ne discontinuoient pas, et l'on étoit sur le point de déposer le corps, quand les étrangers se joignirent au convoi. Le corps fut aussitôt déposé dans la tombe, sans aucune cérémonie, pendant que les hommes qui l'avoient apporté, se hâtèrent de le couvrir de terre. Alors les femmes s'agenouillèrent, et leurs cris sembloient menacer d'arracher à la terre le corps qu'on venoit d'y déposer.

Une pluie abondante qui survint dans ce moment, força M². Sharp à s'éloigner d'une scène aussi intéressante, pour chercher un abri ; mais il ne put dans cette occasion pénétrer la cause de la conduite que tint Raa-Kook. C'étoit son fils qu'on pleuroit, et qu'on enterroit sous ses yeux. Il avoit constamment témoigné pour lui la tendresse la plus touchante ; et quand tout l'invite à la plus profonde douleur, il garde un silence aussi ferme, que s'il eût paru étranger à cette calamité. Etoit-ce, parmi ces peuples, l'usage d'affecter cette élévation d'ame qui fait regarder comme indigne d'un homme, tout sentiment qui trahit la foiblesse du cœur humain? Raa-Kook, dans toutes les circonstances, paroissoit soutenir cette dignité.

La nuit fut très-orageuse, ensorte qu'on ne put retourner à Pélew; il fallut rester avec Raa-Kook. Le lendemain il conduisit M. Sharp et le contre-maître dans une petite cabane qui touchoit à la place où l'on avoit enterré son fils. Ils n'y trouvèrent qu'une vieille femme à qui le général parla pendant quelque temps. Ensuite elle sortit, puis elle revint un peu après, apportant avec elle deux vieux cacaos, de l'ocre rouge, et un faisceau de *Bettle nut* avec les feuilles. Il prit les deux cacaos qu'il croisa avec l'ocre, en les plaçant à ses côtés; ensuite il dit quelques paroles, comme s'il eût fait une prière. Il croisa aussi les *bettle-nut* de la même manière, et après s'être assis dans un silence morne, il les donna à la femme qui les emporta, probablement pour les déposer sur le tombeau. M. Sharp auroit bien voulu la suivre; mais comme Raa-Kook paroissoit fort agité, et qu'il avoit peu d'envie de se lever, il ne voulut point le quitter, ni lui faire aucune question.

Les amis de Raa-Kook firent diversion à leur douleur, en s'amusant à regarder la montre de M. Sharp, et ses instrumens de chirurgie. Il leur expliqua, autant qu'il le put, la manière dont se fait l'amputation, et ils parurent y prendre beaucoup de plaisir.

Leurs compatriotes, qu'ils avoient laissés à Pélew, étoient fort alarmés de leur absence. Ils avoient eux-mêmes été témoins d'un autre convoi funèbre d'un jeune homme tué dans la même bataille. Comme ils étoient allés se promener à deux milles de Pélew, ils virent un grand nombre de natifs s'avancer vers un village, avec Abba-Thulle qui marchoit à leur tête. Ils arrivèrent à un grand pavé où le roi s'assit, environné d'une grande foule. Ceux qui portoient le corps marchoient lentement devant le roi qui leur adressa un discours, dans lequel il récapitula probablement les qualités du défunt.

Il prononça son oraison funèbre avec beaucoup de solemnité, et le silence respectueux des auditeurs ajoutoit à l'intérêt de cette scène touchante. Le corps fut ensuite porté à son tombeau, seulement accompagné des femmes que M. Mathieu Wilson suivit. Il vit une femme âgée sortir de la fosse qu'on venoit de creuser. C'étoit, autant qu'il le suppose, ou la mère, ou quelque proche parente du jeune homme, qui venoit d'examiner si ce dernier asile réservé à l'objet de sa tendresse, ne manquoit point de quelque chose nécessaire.

Ces derniers devoirs sont toujours confiés aux femmes. Les hommes, que les liens du sang attachent de plus près au mort, craindroient d'y laisser voir trop de foiblesse, et que la dignité de l'homme n'en fût blessée. Aussitôt que le corps fut déposé dans la fosse, les femmes jetèrent de grandes lamentations, ainsi qu'elles avoient fait pour le fils de Raa-Kook, et M. Wilson se retira.

Leurs tombeaux se font comme ceux d'Europe. Quelquefois on couche une pierre horizontalement sur la fosse, afin qu'on ne marche point dessus. Ils ont aussi des lieux particuliers destinés à enterrer leurs morts.

CHAPITRE VIII.

Cobbing, espèce de châtiment usité dans la marine.

Au retour du capitaine Wilson auprès de ses hommes, un de ses premiers soins fut de veiller au maintien de la discipline. Pendant son absence, le cuisinier s'étoit singulièrement mal conduit. Il avoit retenu pour lui-même une partie de la nourriture de ses camarades déja réduits à une petite ration. Le capitaine fit assembler un conseil de guerre, qui le condamna au *cobbing*. Raa-Kook montra, à cette occasion, toute la sensibilité naturelle dont il étoit doué. Quand il vit le coupable dépouillé jusqu'à la ceinture, et les mains attachées à un arbre, pour le tenir étendu, il conjura le capitaine Wilson de lui pardonner. Le châtiment du cobbing s'inflige par le moyen d'une latte de bois, mince et plate, ressemblant à un battoir. Dès que Raa-Kook vit l'homme supporter patiemment cette correction, sa sensibilité ne fut plus si alarmée, mais il se tint auprès du patient, et ne cessa de l'encourager pendant tout le temps.

Un Chinois fut aussi puni de la même manière, pour avoir blessé un de ses camarades, d'un coup de pierre. Mais le Chinois poussa des hurlemens si affreux, que Raa-Kook, loin de le plaindre, s'amusa beaucoup de sa poltronnerie.

CHAPITRE IX.

Abba-Thulle fait une visite aux Anglais, avec sa femme et sa fille.

LE 17, sur les dix heures, Abba-Thulle arriva avec des nouvelles agréables que le premier ministre d'Artingall étoit venu à Pélew, avec des offres de paix qui avoient été reçues à la grande satisfaction de Raa-Kook et des autres habitans. Abba-Thulle amenoit sa plus jeune fille appelée *Erre Bess*, pour qui il paroissoit avoir une tendresse excessive. Il la conduisit dans toute la baie, et lui expliqua l'usage de chaque chose, avec beaucoup d'attention. Il avoit aussi amené *Ludée*, l'une de ses femmes, belle, jeune, et bien supérieure à toutes celles que les Anglais avoient vues dans l'île. Elle attiroit l'attention de tous ceux qui la regardoient, tant son maintien et sa démarche avoient de graces et de noblesse. Elle avoit amené huit ou dix femmes que Raa-Kook escortoit. On leur fit voir la forge, le vaisseau, les fusils, les tentes, et les autres curiosités, dont elles furent agréablement surprises. Le roi avoit aussi plusieurs de ses ouvriers les plus experts, appelés *Taiklebys*, pour leur faire observer les progrès du vaisseau, etc. Il leur recommanda sur-tout de bien examiner le *Schooner*, qui passoit dans l'esprit de tous ces insulaires pour le chef-d'œuvre de l'industrie humaine.

Lorsque leur curiosité fut rassasiée, le capitaine les reçut dans sa tente, et leur fit servir du poisson, du riz adouci par la mélasse, mets qui leur parut délicieux.

Le roi et le capitaine Wilson s'entretinrent de différens objets. Abba-Thulle convint que c'étoit aux fusils anglais qu'il étoit redevable de la paix avec tous ses voisins. Il le pria en même-temps de lui laisser dix fusils à son départ. Wilson lui représenta que l'Angleterre étoit en guerre avec plusieurs nations; que dans son voyage il auroit occasion de rencontrer plusieurs vaisseaux contre lesquels il seroit obligé de se défendre ; qu'il ne le pourroit point sans armes ; que cependant il lui donneroit cinq fusils avant de partir, promesse qui lui fut très-agréable.

Abba-Thulle s'informa aussi de la quantité de poudre qui lui restoit ; mais s'apercevant que Wilson ne se pressoit pas de lui répondre, il changea le sujet de la conversation. Alors le capitaine le pria d'assurer les îles voisines que les Anglais, pleins de reconnoissance pour les habitans de l'île Pélew, ne manqueroient pas de revenir bientôt avec un vaisseau beaucoup plus grand, et un nombre d'hommes plus considérable, et que si le peuple d'Artingall, ou de toute autre île, osoit faire le moindre outrage à celui de Pélew, il auroit soin d'en prendre une vengeance terrible.

Abba Thulle rappela au capitaine Wilson une autre de ses promesses, celle de lui laisser prendre les canons du vaisseau naufragé, et de les placer à Oroolong ou à Pélew. Le capitaine, après avoir consulté les officiers, lui permit de les enlever, à l'exception d'un seul qu'il mettroit peut-être sur le vaisseau qu'il construisoit. En conséquence, le roi, qui avoit amené du monde exprès, l'envoya pour retirer les canons. Mais n'ayant point de cables, ils ne purent y réussir, et il fallut recourir aux Européens pour en avoir le secours de dix hommes. Les Anglais les eurent bientôt placés dans les canots, au grand étonnement de ces étrangers qui ne concevoient pas comment ils pouvoient manier des pièces aussi lourdes, avec autant de facilité.

Le roi alla se loger au fond de l'île, avec toute sa suite, afin de ne pas interrompre les Anglais dans leurs travaux. Il n'y fut pas long-temps, sans appeler le capitaine Wilson, pour lui donner dix gros poissons qui faisoient partie d'une pêche qu'ils avoient faite. Wilson n'en prit que quatre pour le souper de tout l'équipage, parce que la nature du climat est telle que le poisson ne peut s'y conserver que cinq ou six heures. Alors le roi fit préparer les six autres, de manière à se conserver, et il les renvoya au capitaine. Voici leur méthode de nettoyer et d'apprêter le poisson. Après l'avoir vidé et lavé, ils en ôtent les arêtes, ensuite ils l'attachent à deux bâtons dans toute sa longueur, afin de le tenir droit; puis ils l'exposent lentement à la fumée, et dans cet état, il se conserve au moins deux jours, mais il est d'un goût moins agréable.

Les Anglais entendirent chanter dès le matin au fond du bois. C'étoit Raa-Kook et sa suite qui traversoient le pays, ils apportoient les six poissons fumés, qui furent très-bien reçus. Le même jour, le roi s'étoit rendu auprès des débris du vaisseau ; il revint à la baie avec trois habitans d'Artingall, et Wilson leur offrit à déjeûner. On fit voir à ces étrangers les ouvrages qui excitèrent en eux la même surprise que dans les habitans de Pélew. Mais les fusils, sur-tout, intéressoient leur curiosité, d'autant plus qu'ils ne comprenoient point comment leurs compatriotes en avoient été tués. Quelques jours après, ils eurent une autre occasion d'en voir les effets, quand M. Benger tira plusieurs pigeons au vol. Aussitôt ils coururent à eux, et, après en avoir examiné la blessure, ils virent que celles de leurs compatriotes étoient de même nature. Les habitans de Pélew sembloient triompher un peu de l'ignorance de leurs voisins. Mais ceux d'Artingall n'en conçurent aucune animosité. Heureux peuple, qui à l'âge d'homme réunissoit les qualités de l'enfance !

CHAPITRE X.

Lancement du Schooner à la mer. Résolution de Blanchard qui veut rester dans l'île.

LE vaisseau étoit sur le point d'être fini. On délibéra sur les moyens de le lancer à l'eau, mais on n'avoit ni poix ni résine pour le suiver. La nécessité, mère de l'industrie, y suppléa, en calcinant du corail, et en le mêlant avec de la graisse.

Comme on vint informer le capitaine que Blanchard étoit allé offrir au roi de Pélew de rester dans l'île, il crut devoir se faire un mérite de cette circonstance. En conséquence il fit dire à Abba-Thulle que, pour reconnoître l'hospitalité généreuse dont il les avoit accueillis, il laisseroit auprès de lui un de ses compagnons, en qualité de résident, tant pour apprendre à son peuple l'art de diriger les canons, que pour l'instruire des autres objets qui étoient au-dessus de leur intelligence. Cette proposition fit le plus grand plaisir au roi.

Blanchard passa la nuit avec le roi, qui le

reçut très-bien. Il promit de lui conférer la dignité de Rupack, de lui donner une maison, des plantations et deux femmes. Tout l'équipage regretta beaucoup Blanchard; et ses camarades ne laissèrent échapper aucune occasion de parler en sa faveur aux habitans du pays. Cependant il leur étoit difficile de pouvoir se rendre compte des motifs d'une résolution si étrange; comment il pouvoit se séparer d'une classe d'hommes avec lesquels il avoit vécu jusqu'alors, et s'en séparer tout-à-coup pour toujours. Comme Abba-Thulle, Raa-Kook, et les naturels, en général, étoient flattés du parti qu'il prenoit de rester avec eux, ils cherchèrent à consolider son bonheur; et il est très-probable qu'il vit encore dans cette île, et qu'il y est heureux.

Nous voici parvenus à une scène du plus grand intérêt. Dès le lendemain matin, avant le jour, les Anglais se préparèrent pour lancer le vaisseau. Il n'est pas nécessaire de prévenir combien de peines on avoit prises pour réussir à le mettre à flot. Vers les sept heures, le roi et toute sa suite furent invités à se trouver à ce spectacle. Le vaisseau fut lancé à la grande satisfaction des spectateurs. Il n'y eut jamais de scène plus touchante, par les espérances de bonheur qu'elle promettoit à cette extrémité du monde. Tous les yeux étinceloient de joie, et les cœurs étoient remplis des plus douces émotions. Mais tous manquoient de paroles pour exprimer ce qu'ils ressentoient. Tous se regardoient en silence, ou n'exprimoient leur satisfaction que par des soupirs entre-coupés, et en se serrant mutuellement la main. On eût dit qu'ils tenoient leur patrie, leurs femmes, leurs parens, leurs amis, leurs enfans, tableau délicieux et presque impossible à décrire ! Cependant n'oublions pas la conduite de leurs amis de Pélew. Leur joie ne connoissoit point de bornes. Ces amis, que la tempête leur avoit procuré l'occasion d'obliger, étoient sur le point de les quitter pour jamais. Ils en avoient reçu les plus grands services, ils en espéroient encore de plus grands ; mais ils les voyoient heureux ; ils savoient que leur bonheur dépendoit du vaisseau qu'ils venoient de mettre en mer, et leur cœur rempli de bienveillance, participoit à la joie générale.

Après avoir fait le déjeûner le plus agréable, ils se mirent à transporter tout ce qui étoit nécessaire au vaisseau, et dans l'après-midi, la marée montante, il fut halé dans le bassin qui avoit quatre ou cinq toises de profondeur. Dans le cours du reste de la journée, on mit à bord toutes les provisions, excepté les objets réservés pour le roi. Le matin on transporta les ancres, les cables et les autres objets nécessaires.

CHAPITRE XI.

Départ du capitaine Wilson, avec Lee Boo, second fils du roi.

L<small>E</small> temps et le vent paroissant favorables, le capitaine dit à Abba-Thulle qu'il se proposoit de partir le lendemain. Cela lui fit beaucoup de peine; car il avoit invité les Rupacks du voisinage, pour les prévenir que le capitaine devoit partir le surlendemain. En conséquence il les prioit de se rendre à Oroolong le soir précédent, pour lui faire leurs adieux, et fournir des provisions à leurs hôtes. Le capitaine à cette nouvelle se détermina à partir dans l'après-midi même, de crainte que le grand nombre de canots qui pourroient survenir ne nuisît à son dessein. En conséquence il fit agréer ses excuses au roi, qui en parut très-mortifié. Alors il fit prier le capitaine et ses officiers de dîner sur le rivage avec lui et ses frères. Cette demande lui fut accordée avec plaisir, et après le dîner, Arra-Kooker lui demanda le chien favori, avec tant d'instances, que, malgré les regrets des matelots, on le lui accorda. Mais le général avoit des vues plus étendues. Déjà il construisoit un vaisseau dans son imagination, et pour réaliser son projet, il demanda les planches et les instrumens qui avoient servi à lancer le premier.

Le roi n'avoit pu s'empêcher de rire de la demande insignifiante qu'Arra-Kooker avoit faite du chien. Mais il fut frappé du projet de construire un vaisseau. Ceci étoit d'une grande importance pour la nation, et il étoit de l'intérêt du prince de l'appuyer.

Pendant qu'ils s'entretenoient ainsi, une dispute survenue entre deux matelots, exigea la présence du capitaine. Il n'en étoit résulté qu'un coup de poing qui fit saigner l'un d'eux au nez; et à cette occasion le roi dit qu'on ne pouvoit douter qu'en tous pays il n'y eût des méchans.

Le capitaine lui demanda la permission de hisser le pavillon anglais sur un arbre auprès de la baie, et d'attacher à un autre arbre adjacent un cuivre avec l'inscription suivante :

*L'*Antelope*, vaisseau de la compagnie des Indes orientales, commandée par* Henri Wilson*, fit naufrage au nord de cette île, pendant la nuit du 9 au 10 août. Après y avoir construit un autre vaisseau, il partit de cette île le 12 novembre 1783.*

Le sens de cette inscription fut expliqué au roi, qui en témoigna beaucoup de satisfaction ; et après en avoir fait part à sa suite, il assura les Anglais qu'il conserveroit le pavillon et la plaque en mémoire de leur visite.

La conversation roula particulièrement sur leur séparation qui approchoit. Quand vous serez partis, disoit le roi, je crains bien que ceux d'Artingall ne redoublent leurs efforts contre moi, et que je n'éprouve les effets de cette animosité qu'ils ont toujours témoignée à mon peuple. Je n'aurai plus les Anglais pour me soutenir, et je ne pourrai leur résister avec avantage, à moins que vous ne me laissiez le peu de fusils que vous m'avez promis.

Le capitaine alloit lui accorder cette demande avec beaucoup de plaisir : mais la plupart des officiers, qui avoient encore des craintes, le prièrent de ne donner les armes qu'au dernier moment. Ce soupçon malheureux, et conçu si injustement, leur avoit tellement affecté l'esprit, qu'à peine pouvoient-ils se rassurer. Cependant ne condamnons pas nos compatriotes avec trop de précipitation. Habitués à voir, dès leur enfance, la perfidie et le crime non-seulement pratiqués généralement, mais réduits en théorie, ils ne pouvoient guères concevoir qu'il y eût, à l'extrémité du globe, une espèce d'hommes si différente. Là, ils virent, pour la première fois, la nature sans déguisemens, des hommes qui ne connoissoient pas la fraude, et qui n'en craignoient aucune.

Abba-Thulle avoit trop de pénétration, pour ne pas observer leur défiance. Il n'est pas facile d'exprimer combien il souffroit de se voir soupçonné de trahison. Eh! pourquoi, leur dit-il, vous défiez-vous de moi? Vous ai-je jamais refusé ma confiance? Si j'avois eu des intentions hostiles, il y a long-temps que vous les auriez éprouvées, puisque vous étiez entièrement en ma puissance. Mais au contraire je vous ai secourus de tous mes moyens; et c'est à l'instant de votre départ, que vous me prêtez des intentions perfides!

Il parut si pénétré, que son air en dit plus que ses paroles, et il n'est pas douteux qu'il ne fît rougir ceux à qui il s'étoit adressé. En effet, après une conduite aussi désintéressée, aussi soutenue, et après tant de marques de bienveillance, se voir soupçonner, quelques heures avant de se séparer, sur-tout après leur avoir confié son propre fils, c'étoit lui donner un coup de poignard, que sa sensibilité ne pouvoit supporter. Il leur fit entendre ses reproches avec tant de sévérité, de justice et de dignité; qu'ils ne purent soutenir l'idée de l'affliger davantage lui est ses frères, et virent évidemment que la vertu triomphe par-tout où elle est cultivée. Ils envoyèrent sur-le-champ prendre à bord toutes les armes dont on pouvoit se passer, et on leur donna cinq fusils, autant de coutelas, plus d'un demi-barril de poudre, des pierres à fusil et des balles en proportion. L'harmonie fut encore une fois rétablie, et Abba-Thulle oublia, ou parut oublier leurs soupçons.

Lee Boo, second fils du roi, arriva le soir de Pélew, sous la conduite de son frère aîné, Abba-Thulle le présenta au capitaine et aux officiers. Son abord étoit accompagné de manières si aisées et si polies, la gaîté de son caractère et l'expression de sa physionomie étoient si remarquables, que tout le monde fut prévenu en sa faveur. Comme il se faisoit tard, les officiers retournèrent au vaisseau, à l'exception du capitaine que le roi pria de rester. Le lendemain, M. Wilson leur fit dire que le roi, les Rupacks, ni lui, n'avoient pu fermer l'œil : ce père tendre avoit employé tous les momens de la nuit à donner des avis à son fils, et à le recommander aux soins du capitaine. Ce n'est pas, disoit-il, que j'aye conçu la moindre crainte qu'il pût être maltraité ; mais je voudrois vous prier, ajouta-t-il, de montrer à mon fils tout ce qui est utile, et d'en faire, en un mot, un Anglais. Peut-être lui arrivera-t-il de vous échapper quelfois en Europe : le plaisir d'y voir les belles choses qu'elle contient, pourra l'égarer ; mais je vous supplie de chercher à adoucir et à ramener la vivacité de sa jeunesse. Je sais bien qu'il sera exposé à des dangers dans les differens pays qu'il traversera, et même à des maladies dont jamais nous n'avons ouï parler, et qui pourront l'emporter : mais je sais aussi que la mort appartient à tous, et il importe peu qu'il meure avec vous ou à Pélew. Je sais que vous avez de l'humanité, ainsi je suis certain que si mon fils tombe malade, vous le traiterez avec bonté. Si cependant il arrivoit que vos soins ne pussent prévenir ce moment fatal, que cela n'empêche ni vous, ni votre frère, ni aucun de vos compatriotes, de revenir à Pélew; car je serai bien aise de vous revoir.

Le capitaine assura le roi qu'il pouvoit se reposer sur lui et les siens du soin et de l'affection dont on traiteroit son fils. Avant que M. Wilson vînt au vaisseau, il dicta à Blanchard, le même qui avoit résolu de renoncer à sa patrie, la conduite qu'il devoit tenir à Pélew. Il le pria de surveiller les armes et les munitions qu'il vouloit leur laisser pour les mettre en état de se défendre contre leurs ennemis. Il lui recommanda de ne point aller nud comme les naturels, parce que cela pourroit diminuer leur respect pour un Anglais, et parce que ce seroit maintenir une indécence évidente. Mais dans la crainte que Blanchard ne pût prétexter le défaut d'habillemens, il lui laissa tous ceux dont on put se passer, tant pour lui que pour habiller les femmes que le roi lui avoit offertes, s'il venoit à les accepter. Le capitaine n'oublia point d'insister sur la nécessité absolue de remplir ses devoirs de religion, et particulièrement d'observer le dimanche. Ensuite il l'encouragea à lui demander ce qui dans l'avenir pourroit adoucir son sort; sur quoi il le pria de lui accorder une boussole, et les mâts, voiles et rames qui avoient appartenu à la pinasse, et qu'on avoit intention de lui laisser.

Le mercredi matin, de bonne heure, on hissa une flamme au mât d'Oroolong, et on donna le signal de mettre à la voile. Le roi s'étant fait expliquer ces deux circonstances, fit transporter au vaisseau toutes les provisions qu'il avoit fait préparer pour notre voyage. Aussitôt un grand nombre de canots chargés de présens, environnèrent le vaisseau; ils étoient si abondans qu'on craignit de le surcharger. Quand tout fut prêt pour le départ, on envoya la chaloupe au capitaine qui alors conduisit les hommes qui la montoient, ainsi que Blanchard, dans une cabane qu'on avoit dressée. Il les fit mettre à genoux, et rendit grace avec eux à cette Providence qui avoit soutenu leurs esprits défaillans au milieu de tant de périls et de travaux, et qui leur ouvroit enfin la porte de leur délivrance. Il répéta ses conseils à Blanchard, en le conjurant de ne pas oublier sa religion.

Quand Lee Boo vint au mouillage, on lui envoya trois ou quatre douzaines d'un très-beau fruit, semblable à la pomme d'Angleterre. La couleur en est d'un beau cramoisi, et la forme oblongue. Ce fruit est très-rare à Pélew, quoique très-abondant dans les différentes îles du sud. Lee Boo en présenta une à chaque officier, et garda les autres pour lui.

Sur les huit heures, le capitaine vint à bord, accompagné d'Abba-Thulle, de Lee Boo, des Rupacks et de Blanchard. Comme le vaisseau étoit fort chargé de provisions, on craignit qu'il ne fût pas en état de passer le rescif. Ainsi on prit le parti de mettre à terre les deux canons de six, et de laisser le *Jolly-Boot*, d'autant plus que ce bâtiment étoit usé et qu'on n'avoit rien pour le réparer. Abba-Thulle eut bien de la peine à le remplacer par un canot convenable.

Le capitaine Wilson avoit recommandé Lee Boo à M. Sharp, chirurgien, comme à son *Sucalie* ou ami, et le jeune homme s'attacha à lui avec la plus grande attention, et le suivoit, comme son Mentor, à chaque pas qu'il faisoit sur le vaisseau. Alors Blanchard entra dans sa pinasse pour touer le vaisseau, et se sépara de ses anciens camarades avec autant de flegme que si leur absence ne devoit durer qu'un jour. Il leur serra la main avec la même indifférence que s'il les avoit vu descendre la Tamise pour faire un voyage sur les côtes : contraste frappant de ce qui suivit bientôt !

Le vaisseau s'avança vers le rescif, pesamment chargé des présens d'Abba-Thulle, environné d'un grand nombre de canots où ces bons Indiens avoient mis leurs présens pour leurs bons amis les Anglais. Quel spectacle pour un cœur sensible ! Il n'y avoit point de place pour recevoir ces dons de l'amitié, et cependant chacun d'eux s'écrioit : *Prenez ceci, seulement ceci pour moi !* et si on les refusoit, ils répétoient leurs offres d'un air suppliant et les larmes aux yeux. Certes, leur affection et leur générosité étoient si engageantes, qu'on fut obligé d'accepter quelques bagatelles des plus proches. Les autres, ne pouvant soutenir ce refus apparent, furent déposer leurs présens dans la pinasse.

Le vaisseau s'avançoit, précédé de plusieurs canots qui lui montroient la route la plus sûre. D'autres l'attendoient au rescif, pour lui indiquer les eaux les plus profondes. Le roi lui-même avoit donné tous ces ordres, et moyennant toutes ces précautions, on franchit les écueils sans aucun accident.

Alors le roi longea le vaisseau, et donna sa bénédiction à Lee Boo, qui la reçut avec une respectueuse tendresse. Ensuite il embrassa le capitaine avec une émotion qu'il ne put cacher; puis, en serrant cordialement la main de tous les officiers, il s'écria : « Vous êtes heureux parce que vous retournez dans votre patrie, et je suis heureux de votre bonheur, mais cependant bien malheureux que vous me quittiez ». Il leur renouvela encore ses assurances d'estime et de bienveillance; ensuite il quitta le vaisseau et rentra dans son canot. Les naturels, qui devoient retourner avec le roi, fondoient en larmes, et leurs regards immobiles ne pouvoient quitter le vaisseau. Cette preuve d'une sensibilité si délicate et d'une affection tant de fois éprouvée, fit une impression si forte sur les Anglais, qu'ils eurent bien de la peine à leur crier trois fois leur dernier adieu. Raa-Kook étoit resté avec quelques-uns de sa suite, pour voir si au-delà du rescif ils n'avoient plus de danger à courir : mais sa consternation étoit si profonde, que le vaisseau fuyant loin de lui, il ne songeoit pas à donner à ses canots le signal du retour. Comme il avoit été leur premier ami, le capitaine lui fit présent, à son départ, d'une paire de pistolets et d'une giberne remplie de cartouches. L'idée d'une séparation, et ce présent, l'avoient affecté au point qu'il fut quelque temps sans parler. Mettant la main sur son cœur, c'est là, leur dit-il, que je sens la douleur de vous dire adieu. Il voulut parler à Lee Boo son neveu; mais ne pouvant continuer, il rentra dans son bateau avec précipitation, et, après le regard le plus expressif et l'agitation la plus violente, il vira précipitamment de bord. Telle fut la fin de notre liaison avec les naturels de Pélew, après avoir demeuré parmi eux depuis le dimanche 10 août 1783, jusqu'au mercredi 12 novembre suivant.

CHAPITRE XII.

Caractères d'Abba-Thulle et de Raa-Kook.

Peut-être seroit-il à propos de faire quelques observations sur le caractère d'Abba-Thulle et de Raa-Kook pendant que le souvenir en est présent dans l'esprit du lecteur.

Jamais prince ne fut plus propre à se concilier et à entretenir l'amour et l'admiration de ses sujets qu'Abba-Thulle. Son air majestueux commandoit le respect; pendant que son affabilité et son abord gracieux l'offroient à ses sujets comme une demi-divinité. Au conseil on lui rendoit, quoique nud et sans ornement, plus de respect qu'un potentat d'Europe, au milieu de la pompe et de la magnificence, n'en reçoit de ses courtisans. On distinguoit en lui la délicatesse de l'honneur et la vivacité du sentiment. Il n'y eut peut-être jamais de reproche plus délicat et tout à-la-fois plus piquant, que celui qu'il fit aux Anglais, relativement à leurs soupçons sur les fusils. Il étoit loin de ressembler à ces créatures innocentes qui ne blessent personne, parce qu'elles n'éprouvent point le sentiment de l'outrage. La chaleur et la sensibilité de son cœur lui gagnoient l'amour de tous ceux qui l'environnoient, pendant que la noblesse de ses manières, et la justesse de sa conduite leur inspiroient le respect. Il avoit un esprit d'observation qui lui faisoit examiner mûrement les objets qu'on lui présentoit. Son principal soin étoit la prospérité de ses sujets. C'est ce motif qui l'engagea à se séparer de son fils qu'il aimoit tendrement; c'est pour cela qu'il prenoit tant de peine à examiner parmi les

Anglais tout ce qui pouvoit être utile à son peuple. Enfin, toute son attention se portoit à former et à exécuter des plans pour le bien de la nation et des individus. Ses qualités le faisoient remarquer dans sa vie domestique, et il prenoit un soin particulier de tous ses parens. On a vu que l'inconduite de son neveu, dans une affaire de quelque importance, parut l'affliger de la plus grande douleur. Sous les rapports de mari et de père, son cœur sembloit rempli de tous les sentimens qui font honneur à l'humanité.

Isolé, pour ainsi dire, du genre humain, c'est par un naufrage qu'il fit connoissance avec des hommes nouveaux, et il sut apprécier cet accident comme le plus heureux de sa vie. Peut-être n'entendrons-nous jamais parler de lui; mais si nous en jugeons par ce qui en est déjà connu, on peut, à juste titre, le considérer comme un des hommes et des rois qui avoient les meilleurs qualités.

Raa-Kook son frère avoit des manières si affables et si engageantes, et chacune de ses actions paroissoit sortir d'un caractère si estimable, que les Anglais et les naturels l'admiroient également. Il avoit conçu tant d'amitié pour les Anglais, qu'on pourroit les soupçonner de quelque partialité dans son éloge. Ainsi nous en dirons peu de chose, mais nous le dirons sans exagérer. Il aimoit naturellement la joie et le plaisir; mais dans ses plaisanteries il n'avoit rien de la bouffonnerie qu'on remarquoit dans son frère ; cependant il rioit de bon cœur quand l'occasion s'en présentoit. Comme général en chef il étoit aimé de tous ; il donnoit ses ordres avec douceur, mais il exigeoit qu'ils fussent exécutés. Personne n'entendoit mieux que lui la nécessité d'une stricte discipline; il savoit tout à-la-fois concilier le respect que lui devoient ses inférieurs avec une honnête liberté, seul moyen de rendre l'obéissance agréable. Il étoit aussi délicat sur les principes d'honneur que son frère, aussi desiroit-il se faire respecter, non-seulement des Anglais, mais aussi de toute la nation. C'est d'après ce principe qu'il ne pouvoit supporter la moindre idée de vol ; car, pendant que nous étions dans cette île, si quelque chose venoit à manquer, bientôt Raa-Kook découvroit et punissoit le délinquant. Il ouït un jour un des chefs demander un coutelas au capitaine Wilson, aussitôt il en témoigna son indignation, et ne voulut point souffrir qu'il lui fût donné. Il étoit lui-même d'une délicatesse excessive ; car, toutes les fois qu'il faisoit quelque question, ou éloge concernant les objets appartenans aux Anglais, il avoit la plus grande attention à ne point laisser soupçonner qu'il eût le moindre desir de les obtenir. Sa conduite à l'égard de sa famille étoit singulièrement agréable ; on pourroit même dire, dans ce siècle de dissipation et d'égoïsme, qu'il la poussoit jusqu'à la simplicité. Remarquons toute fois qu'en Angleterre on regarderoit, à la longue, comme efféminée cette délicatesse de sentimens des habitans de Pélew ; cependant ils supportent en héros, la fatigue, la douleur, la détresse et la mort.

Avant de suivre nos navigateurs jusqu'en Angleterre, nous parlerons des mœurs et des usages qui nous ont paru les plus intéressans chez ce peuple aimable.

CHAPITRE XIII.

Description générale des îles Pélew, leurs productions, habitans, dispositions, mœurs, religion, gouvernement, etc.

L'ANTELOPE n'avoit pas été équipée pour faire des découvertes, elle n'avoit point de savant, de naturaliste ou de philosophe pour s'occuper de recherches plus particulières ; ainsi l'on ne doit point attendre une suite d'observations sur l'histoire naturelle de ce pays, d'un petit nombre d'hommes que la crainte d'un exil perpétuel accabloit de douleurs, et dont toute l'attention se portoit vers leur délivrance.

Les îles Pélew ou de Palos sont situées entre les 130 et les 136 degrés de longitude à l'est de Londres, et entre les 5 et 9 de latitude nord.

Elles sont couvertes abondamment de bois de différentes espèces. On y remarque l'arbre chou, l'ébenier et une espèce de *manchineel*, dont la sève, quand elle touche la peau, y occasionne aussitôt des gonflemens et des pustules; aussi l'appellent-ils l'*arbre malheureux*.

Ils ont trois arbres très-remarquables entièrement inconnus en Angleterre. Le premier est très-beau ; quand on y fait un trou, il en sort une substance épaisse qui ressemble à la crême. Le second, pour son branchage, ressemble au cerisier ; l'écorce qui le couvre est un tissu aussi serré que l'intérieur qui est très-dur. Il résiste à tous les outils anglais : quant à sa couleur, elle ressemble à l'acajou, mais elle est beaucoup plus belle. Le dernier est comme l'amandier ; les naturels l'appellent *Caram-*

bolla. Les noix de bettle, les yams, le cacao et l'arbre à pain, sont les principaux objets de leur nourriture. On peut y ajouter l'orange, le citron et la pomme de jamboo. Ce sont leurs pommes délicates et celles qui furent apportées à Lee Boo à son départ. Ils n'ont pas de grains, les îles sont en général bien cultivées; les naturels n'épargnent point leurs peines. Tous leurs travaux consistent à pêcher et à cultiver la terre. Chaque homme y possède son champ aussi long-temps qu'il veut y demeurer; mais s'il l'abandonne pour un autre, le champ retourne au roi qui est le propriétaire général et qui l'accorde à celui qui le lui demande. Une chose très-remarquable, c'est que chaque individu a son propre canot, qu'il regarde comme sacré.

Nous avons déja dit qu'il n'y a dans l'île d'autre quadrupède que les rats; on y voit différentes espèces d'oiseaux dont quelques-unes très-belles, et dont le plus grand nombre est connu sous le nom d'*oiseau du tropique*. Leur ramage parut aux Anglais d'une mélodie très-particulière; mais ils ne purent déterminer s'ils devoient l'attribuer à des espèces quelconques, ou à l'écho des bois. Ils entendirent plus d'une fois un chant d'une douceur extraordinaire; mais quoique le son leur parût tout près d'eux, ils ne purent remarquer aucun oiseau.

Nous ne devons pas oublier que les Anglais ont donné à ces insulaires une leçon qui peut leur être fort utile. Il y avoit dans ces îles beaucoup de coqs et de poules que les naturels considéroient comme des animaux inutiles, dont ils ne prenoient aucun soin, et qu'ils laissoient errer dans les bois. Quelquefois ils en mangeoient les œufs, pourvu qu'ils fussent à leur goût, c'est-à-dire, qu'ils ne fussent pas frais; mais ils étoient délicieux, s'ils contenoient un poulet déja formé. Enfin ils apprirent à manger la chair de cette volaille, qu'ils trouvèrent délicieuse.

Il y a peu de pays sur le globe, aussi bien fourni de toutes espèces de poissons que le leur, particulièrement de mulets, crabes, huîtres, moules, etc. Mais le poisson qu'ils estiment le plus, c'est le requin, dont la plus grande partie leur paroît délicieuse. Ils mangent plusieurs espèces de coquillages tout cruds, de préférence à les préparer. Ils ont peu de poissons d'eau douce, parce que dans ces îles il n'y a que quelques étangs, de petits ruisseaux et point de rivières. Ils n'ont pas de sel, et connoissent peu l'usage d'assaisonner ce qu'ils mangent. Quelquefois ils font bouillir le poisson et les végétaux dans de l'eau de mer; mais cela ne les rend pas meilleurs. Quand ils mangent quelque chose de crud, ils y pressent un peu d'orange et de limon.

Ils se lèvent de bon matin, et leur première occupation est de se baigner; ils ont différens bains publics, et un homme n'ose approcher des lieux où se baignent les femmes, sans les prévenir par un cri particulier. Si on n'y répond point, il peut avancer; mais si on répond à son cri, il faut qu'il se retire à l'instant. Ils déjeûnent sur les huit heures, et s'occupent des affaires publiques ou particulières jusqu'à midi, temps où ils dînent; ils soupent au soleil couchant, et vont reposer immédiatement après.

Le lecteur aura observé qu'on a parlé différentes fois de confitures ou boissons sucrées dans cette narration. Ils en ont de différentes façons; l'une qu'ils préparent en rôtissant l'amande du cacao, et en y mêlant du jus d'orange et autres boissons douces. Cette boisson est une composition du jus de cannes sucrées que l'île produit en abondance. Ils font bouillir cette mixtion sur un feu lent, et elle se forme en grumeau à mesure qu'elle s'échauffe. Bientôt elle se durcit au point qu'on a peine à la couper. Les Anglois lui ont donné le nom de *choak-dog;* mais les naturels l'ont appelée *woolell*. Ils en font une autre espèce avec le fruit de l'arbre qui ressemble à l'amandier. Ils en offrirent une fois au capitaine Wilson, avec des confitures liquides qu'ils préparent par le moyen d'une racine qui ressemble au navet.

En général, ces insulaires sont robustes, bien faits, et d'une forme athlétique. Plusieurs d'entre eux paroissent être d'une force extraordinaire. Ils sont, en général, d'une moyenne taille, et portent tous la même teinte de couleur; elle n'est pas entièrement noire, mais elle ressemble à celle d'un cuivre très-foncé. Les hommes ont l'oreille gauche percée, les femmes les ont toutes deux; ils y portent une feuille particulière, et quelquefois un coquillage. Ils ornent aussi leur nez d'une fleur qu'ils attachent au cartilage qui sépare les deux narines. Cet usage n'est point particulier aux habitans de Pélew : on le retrouve chez plusieurs nations orientales, et probablement il vient de leur amour pour les odeurs. Le défaut d'habitude fait paroître cet usage désagréable, il est cependant plus doux et plus rafraîchissant pour l'odorat que le tabac.

Leurs dents sont teintes en noir. Tout ce que les Anglais ont pu apprendre de cette opération très-douloureuse, c'est qu'elle se fait par le moyen de quelques herbes quand on est encore jeune. C'est au sortir de l'enfance qu'ils se percent les oreilles et le nez.

La seule chose qui ressemble à un habillement pour les femmes, c'est une natte ou un tissu de cosses de cacaotier teint, qu'elles portent à la ceinture, de la largeur d'environ neuf à dix pouces. Quelques-uns de ces tabliers sont faits très-proprement, et ornés de grains, etc. Erre-Bess, fille d'Abba-Thulle, en donna un très-joli à Henri Wilson, pour porter à sa petite sœur.

D'après les observations et les recherches les plus exactes que les Anglais aient pu faire, on peut assurer que les habitans de Pélew croient à un Être suprême, à des récompenses et à des peines dans une autre vie, mais que leur religion a peu de rites et de cérémonies.

Les Anglais virent chez ce peuple des marques très-évidentes qu'il étoit fortement attaché à la superstition de deviner ou pénétrer l'avenir. Quand Lee Boo s'embarqua, il fu[t] dangereusement malade pendant plusieur[s] jours; et il dit alors à M. Sharp: « Je suis sû[r] que ma famille et mes amis sont bien afflig[és] à cause de moi, car ils savent le danger où j[e] suis. » Il étoit rempli des mêmes préjugés, su[r] le point de mourir, comme nous aurons bien tôt occasion de le dire.

Le fait suivant prouve qu'il croyoit à l'exi[-]stence de l'ame après la mort. Pendant qu[e] Lee Boo étoit en Angleterre, le capitain[e] Wilson lui dit qu'on alloit à l'église pour ré[-]former la vie des hommes et pour gagner le ciel. Lee Boo lui répondit qu'à Pélew les mé[-]chans restoient sur terre, et que les bons de[-]venoient très-beaux et montoient au ciel.

Voici une de leurs manières de deviner, e[t] particulièrement attachée au roi, comme un[e] de ses prérogatives. Ils ont une plante sem[-]blable à notre jonc: le roi en fendit les feuilles, les appliqua à son doigt du milieu, puis il pré[-]dit quelle seroit l'issue de l'événement. Avan[t] la première expédition d'Artingall, on re[-]marqua que la réponse étoit très-favorable; mais à la seconde, l'augure parut ne point répondre aux espérances qu'on avoit conçues. En conséquence Abba-Thulle ne permit point d'entrer dans les canots, qu'il n'eût encore consulté ses feuilles qui pour cette fois lui parurent plus favorables.

Le lecteur connoît à présent quel est le caractère général des naturels de Pélew, il ne faut plus y ajouter que quelques observations : l'humanité est le trait principal qui les caractérise. Les Anglais furent jetés sur leurs côtes dans l'état le plus déplorable ; ils étoient au nombre de vingt-sept, manquant de tout. Ils furent nourris, soutenus, aidés dans leurs travaux ; et les insulaires firent pour eux tout ce qui étoit en leur pouvoir. Arrêtons-nous un moment aux largesses qui leur furent prodiguées au moment du départ : ils furent comblés des meilleures provisions, pendant que plusieurs habitans en manquoient peut-être eux-mêmes. Qu'on se rappelle le moment de la séparation. Voyez les canots se presser pour apporter, non pas les dons de la complaisance, mais les tributs les plus amples que l'amour de l'humanité puisse accorder. Étoit-ce par ostentation, par orgueil ou par espérance ? Non, tant de bienfaits s'accumuloient sur des hommes qu'on ne s'attendoit plus à revoir.

On pouvoit remarquer leur politesse naturelle à chaque instant : comme ils avoient plus de curiosité que les habitans de la mer méridionale, on observoit qu'ils avoient l'attention de n'être jamais incommodes; il est donc évident que la bonté de leurs mœurs étoit le résultat naturel du bon sens.

L'attention et les égards des habitans de Pélew pour leurs femmes, sont peu connus sur la plus grande partie du globe. Leur conduite pourroit même servir de modèle à des Anglais.

Leur mariage paroît consister dans un contrat sérieux et solemnel, sans aucune cérémonie formelle : mais ils sont strictement fidèles l'un à l'autre, et la décence de leur conduite ne se dément jamais. Ils admettent la pluralité des femmes, quoiqu'en général elles se bornent à deux : un Rupack peut en avoir trois, et le roi cinq. Ils nomment leurs enfans aussitôt après leur naissance, mais sans cérémonie. Une des femmes d'Abba-Thulle accoucha d'un fils, qu'il nomma *Capitaine*, en mémoire du capitaine Wilson. Ils n'ont aucun penchant pour le libertinage, la plus grande décence règne entre eux. Un des matelots ayant voulu s'adresser à une femme, en fut repoussé de manière à ne plus s'y présenter.

Actif, laborieux, intrépide dans le danger, ce peuple est encore patient dans l'infortune, et sait mourir avec résignation.

La distinction des rangs se borne à quelques Rupacks; en conséquence l'emploi du temps et les travaux y sont presque les mêmes. Palissader leurs plantations, planter leurs yams ou patates, faire de petites haches, se construire des maisons et des canots, natter et préparer des filets à pêcher, faire des dards et des arcs, ainsi que les ustensiles domestiques, et brûler du *chinam* ; tel est à-peu-près le cercle étroit de leurs travaux.

On donne le nom de *Tacklebys* à ceux qui ont des dispositions pour les arts mécaniques : c'est à eux que le roi donnoit si souvent des ordres particuliers d'observer la construction du *Schooner*. On n'y supporte point la fainéantise ; les femmes y sont aussi laborieuses que les hommes ; les Rupacks et le roi autant qu'aucun autre. Il n'y avoit personne dans l'île qui fît mieux une hache qu'Abba-Thulle ; c'étoit son occupation favorite, lorsque les affaires d'état le laissoient en liberté. On n'y connoît point le désœuvrement ; et c'est pour cela que, sans outils convenables à perfectionner leurs ouvrages, ils y suppléent par un travail si opiniâtre, qu'à peine un artiste Anglais pourroit-il en concevoir la possibilité ? Leurs nattes, paniers, corbeilles et ornemens sont d'un travail si curieux, qu'à examiner leurs simples outils, leur adresse est supérieure à celle des Européens qui jouissent de l'avantage des arts.

C'est à l'égalité d'état et de condition, c'est à l'ignorance du luxe, suite ordinaire de la civilisation, qu'on doit attribuer le bonheur constant dont ils jouissent. Cette égalité prévient l'ambition, qui est si souvent funeste à la société, et c'est elle qui exclut tous les soins, les chagrins qui sont à la suite de l'opulence. Aussi les Anglais, dans le cours de leurs liaisons avec ce peuple, n'entendirent jamais prononcer les mots de vol et de rapine. La nature, il est vrai, leur a donné peu, mais ce peu leur suffit pour les rendre heureux. La nature humaine y brille de ses couleurs les plus aimables. Les hommes y vivent comme des frères. Simples et presque sans connoissances, ils n'aspirent qu'au nécessaire et à la santé. Attachés par les mêmes intérêts dont la source est la même, ils se supportent mutuellement. Polis, affables, doux et humains, ils vivent heureux dans un petit état où l'harmonie se maintient constamment. Disons un mot de leur gouvernement.

Le roi Abba-Thulle étoit la première personne de l'état, et il recevoit en conséquence tous les honneurs de la royauté Il avoit la suprématie dans la plus grande partie des îles, autant que les Anglais purent l'observer ; mais celles d'Artingall, Pelelew, Emungs et Emellegree, leur parurent indépendantes et avoir le même gouvernement.

La manière générale de rendre hommage au roi, consistoit à mettre leurs mains derrière le dos et à se courber vers la terre. Cette cérémonie avoit lieu, non-seulement toutes les fois qu'il passoit dans les rues et dans les champs, mais aussi, quand les habitans se trouvoient devant la maison dans laquelle on croyoit qu'il étoit. Sa démarche et son port étoient majestueux, et répondoient à la dignité de son rang. Il consacroit la matinée aux affaires publiques qui se décidoient dans un conseil de Rupacks. L'assemblée se tenoit en plein air dans une place pavée. Le roi étoit placé au centre, sur une pierre plus grande que celles des Rupacks. Ceux-ci ouvroient leurs opinions avec franchise, selon les objets qui se discutoient. L'assemblée étoit dissoute quand le roi se levoit.

L'après-midi étoit destinée à recevoir des

pétitions, à ouir des requêtes, et à prononcer sur les contestations. On peut aisément supposer que les procès sont rares chez un peuple dont les propriétés sont petites et de peu de valeur; et comme ils n'ont point d'avocats, point de procureurs pour fomenter les disputes, on y distingue aisément le juste et l'injuste.

Les querelles et les batailles y arrivoient rarement, car il ne falloit qu'un coup-d'œil pour terminer une dispute entre les jeunes gens, et réprimer leur impétuosité. S'il arrivoit qu'une injure réelle fût faite à son voisin, c'est un spectacle agréable de voir comment se rendoit la justice.

Leurs lois n'étoient que la simple expression de la conscience sur le juste et l'injuste appliqué d'homme à homme. Nulle espèce de rhétorique ou d'éloquence ne savoit y prêter au vice les couleurs de la vertu; nul de ces subterfuges qui puissent couvrir la fraude et l'oppression. On n'y connoissoit point les sermens; le juge prononçoit d'après sa conscience, et on n'y infligeoit aucune peine corporelle. On y ressentoit plus de honte, plus d'infamie, quand on étoit convaincu d'avoir fait tort à son voisin, qu'un Anglais n'en éprouveroit exposé au pilori.

Les messages se transmettoient au roi avec de grandes cérémonies. Le messager n'étoit point admis en sa présence ; mais il remettoit son message à un Rupack inférieur, qui le délivroit au roi, et en rapportoit la réponse.

Le général avoit la plus grande autorité après le roi, et il agissoit pour lui dans son absence. Il appeloit les Rupacks auprès de lui quand il en avoit besoin, et il avoit le commandement de toutes les forces, même quand le roi étoit présent à une bataille.

Le général succédoit au roi, en cas de mort ; mais, en cas de résignation, ce devoit être Arra-Kooker. Au défaut de l'un et de l'autre, la souveraineté devoit passer au fils aîné d'Abba-Thulle, ensuite Lee Boo, ainsi de suite. Le roi avoit toujours auprès de sa personne un grand d'un grade inférieur à celui du général. On le considéroit comme le premier ministre, et c'étoit un homme de jugement. Il ne portoit jamais d'armes, et jamais il n'alloit à la guerre. On remarqua qu'il n'avoit qu'une femme, et qu'il n'invita aucun Anglais chez lui.

Les Rupacks étoient en grand nombre, et ils paroissoient jouir de la même considération que les nobles en Angleterre. Il y en avoit de différens ordres. Ils accompagnoient tous le roi à la guerre, chacun d'eux ayant à sa suite un certain nombre d'hommes avec leur canots, leurs lances et des dards.

Cette dépendance successive paroît avoir quelque ressemblance au système de la féodalité ; mais les Anglais n'ayant eu qu'une connoissance superficielle de ces objets, on ne peut assurer rien de certain à cet égard. C'est au temps à développer la vérité de ces matières, ainsi que de plusieurs autres. Tout ce que l'on peut en dire pour le présent, quel que fût leur mode de gouvernement, c'est qu'il convenoit merveilleusement à cette petite nation.

Toutes les îles paroissoient bien peuplées; mais il n'est pas aisé de conjecturer quelle en étoit la population. Ils avoient quatre mille combattans, dans l'expédition qu'ils firent contre leurs ennemis ; et il est évident qu'il en étoit resté un nombre beaucoup plus grand dans leur foyers, vu qu'on n'en avoit pas besoin.

Leur manière de bâtir étoit fort ingénieuse. Ils élevoient leurs maisons à trois pieds au-dessus de terre, afin de prévenir l'humidité. Ils remplissoient ce vide par des pierres solides, et jetoient par-dessus des planches épaisses qui en formoient le rez-de-chaussée. Les murs étoient composés d'un bois fortement entrelacé de bambous et de feuilles de palmier ; ainsi le froid et l'humidité ne pouvoient y pénétrer. Le toit s'élevoit en pointe, à peu-près comme celui des maisons de village en ce pays. Leurs fenêtres descendoient jusqu'au rez-de-chaussée, et servoient aussi de portes. Elles avoient une espèce de volets qui en fermoient les vides, quand il en étoit besoin ; leurs feux étoient placés dans le centre de la chambre ; (car toute la maison ne forme qu'une chambre) : mais le foyer descendoit au-dessous du rez-de-chaussée, dans le lieu où il n'y avoit pas de bois de charpente.

Leurs canots sont des ouvrages admirables. Ils sont faits avec des troncs de gros arbres, semblable à ceux qu'on voit dans les mers du midi, mais d'une élégance surprenante. Ils les ornent de coquillages, et les peignent en rouge. Ils sont de différentes grandeurs. Mais les plus grands contiendroient au plus trente personnes. Les naturels rament avec tant d'adresse, qu'on diroit que leurs canots légers ne font qu'effleurer l'eau. Cette vîtesse est si grande, qu'à peine nos matelots pourroient s'en former l'idée.

Ils ont peu d'emplois à la maison, et ils sont fort simples. Leur intelligence suffit pour leur suggérer tout ce qui est propre à leurs besoins.

Leurs couteaux sont faits avec des coquilles, tellement aiguisées qu'ils peuvent servir à tous leurs besoins ordinaires. La cosse du cacaotier leur tient lieu de coupe ; ils mettent beaucoup d'art à la polir.

Ils n'ont qu'un très-petit nombre d'objets pour leur servir d'ornement et de parure. L'écaille de tortue leur sert à faire de petits plats, des cuillers, des baquets et autres vaisseaux. Les Anglais n'eurent pas l'occasion d'observer comment ils la mettent en œuvre ; mais cette écaille leur parut d'une grande beauté.

CHAPITRE XIV.

*Passage de l'*Antelope *en Angleterre ; anecdotes du Prince Lee Boo.*

LE prince Lee Boo, jeune homme doué des qualités les plus remarquables, et dont le sort doit intéresser tous les lecteurs, est le personnage principal qui doit marquer dans le peu qu'il nous reste à raconter de cette histoire.

Il s'étoit confié de son plein gré, à la protection et à l'honneur d'une poignée d'étrangers : c'est pour les suivre, et s'instruire dans leurs arts, qu'il abandonne sa patrie, ses amis, tout ce qu'il a de cher au monde, et quelques mois auparavant à peine soupçonnoit-il leur existence.

Le capitaine Wilson lui apprit comment il falloit s'habiller et tenir un maintien décent. Mais à peine eut-il mis ses vêtemens, qu'il ôta son manteau et son pourpoint qui lui parurent insupportables : cependant il garda ses pantalons, conformément à ce qu'exigeoit la décence, et dès ce moment il ne voulut plus les quitter. Il reprit son manteau et son pourpoint, lorsque l'*Antelope* se fut avancée vers un climat plus froid.

Observant par lui-même la conduite des Anglais, docile aux représentations qui lui étoient faites, peu-à-peu ses idées de bienséance et de délicatesse se développèrent au point qu'il ne quittoit plus ses habits, que lorsqu'il étoit seul. Il se baignoit plusieurs fois par jour, et avoit le plus grand soin de tenir propres son linge et sa personne.

Ils rencontrèrent aux environs des attérages de Formose plusieurs vaisseaux chinois pêcheurs, et ils jetèrent l'ancre dans une petite baie, auprès d'une haute terre appelée les *Asses Ears*, oreilles d'ânes. Ils engagèrent un pilote qui les conduisit à Macao, où ils arrivèrent le lendemain.

Le gouverneur témoigna au capitaine Wilson et à son équipage toutes sortes d'attentions : il envoya des provisions abondantes au vaisseau, avec la nouvelle que la paix étoit rétablie en Europe. Le capitaine Wilson, Lee Boo et les officiers eurent leurs logemens à terre, à l'exception de M. Benger qui prit le commandement du vaisseau. On dépêcha aussitôt un exprès au subrécargue de la compagnie de Canton, pour l'instruire de leur arrivée et de leur situation.

M. M'Intyre, ancienne connoissance du capitaine Wilson, leur témoigna beaucoup d'égards, et les pressa vivement de loger chez lui. Il avoit avec lui un Portugais qui les pria de descendre chez lui, avant de se rendre chez M. M'Intyre. Son motif étoit sur-tout d'y voir Lee Boo, qu'il vouloit présenter à sa famille, et qu'il avoit pris en grande amitié. Sa maison fut donc la première dans laquelle

Lee Boo entra : jamais étonnement ne fut égal au sien. Les appartemens, les meubles et les ornemens y étoient si multipliés et si nouveaux pour lui, qu'il étoit comme dans une espèce d'enchantement. Cependant, au milieu de cette confusion, on observa qu'il se conduisit avec autant d'aisance que de politesse ; et, comme il s'aperçut qu'il étoit pour les autres un objet de curiosité, comme il l'étoit pour eux, il leur permit très-poliment d'examiner ses mains, leur décrivit comment dans son pays l'on perçoit les oreilles et le nez, et il parut très-satisfait des égards qu'on avoit pour lui.

Dans son chemin, pour se rendre chez M. M'Intyre, Lee Boo eut occasion de montrer, d'une manière bien frappante, la bonté naturelle de son caractère. Il vit de pauvres femmes tartares demandant l'aumône, et portant leurs enfans attachés sur le dos : il leur distribua toutes ses oranges, et toutes les autres choses qu'il avoit autour de lui.

Il étoit tard quand on arriva chez M. M'Intyre, ensorte que le couvert étoit mis pour le souper, et l'appartement étoit très-éclairé. Quelle nouvelle surprise pour Lee Boo ! Il se crut dans un lieu consacré à la féerie. Il est impossible de rendre toutes les espèces d'enchantemens qu'il crut apercevoir. Mais il fut particulièrement frappé, à la vue d'un grand miroir qui étoit à l'autre bout de la salle. En s'y voyant des pieds à la tête, il imagina qu'il y avoit derrière la glace un autre lui-même. Il regardoit, rioit, regardoit encore, et ne savoit quoi penser. Lee Boo ne fut pas le seul sur qui cette glace produisit des effets surprenans. Les Anglais, dans le cours de leurs malheurs, voyoient bien les effets que la misère avoit produits sur le visage des autres; mais aucun d'eux n'avoit encore aperçu le sien. Lorsque la glace eut montré à chacun d'eux combien leurs yeux étoient cavés, et leurs visages amaigris, ils se rappelèrent tout ce qu'ils avoient souffert, et ce souvenir abattit un peu leurs esprits.

Le lendemain Lee Boo passa une partie du temps à examiner la maison de M. M'Intyre, dans laquelle il trouva une foule d'autres objets d'étonnement et d'admiration. Dans cet intervalle, les Anglais étoient allés faire quelques emplettes, et chacun d'eux se pourvut de quelques petites bagatelles pour Lee Boo. Il y avoit, entr'autres un collier à gros grains de verre, qui fit presque perdre la tête au pauvre prince, tant sa surprise et sa joie étoient grandes. Il se crut possesseur de plus de trésors que toutes les îles Pélew n'en pouvoient fournir. Enchanté de ses richesses, il courut au capitaine Wilson, et le pria de louer un vaisseau chinois pour les envoyer à Pélew, et dire à son père que les Anglais l'avoient conduit dans un beau pays, d'où bientôt il lui enverroit d'autres présens. Il ajoutoit en même-temps que, si les personnes qu'envoyoit le capitaine Wilson s'acquittoient fidèlement de leur commission, il leur donneroit pour récompense deux grains de verre. Heureuse innocence, dont à si peu de frais on peut satisfaire la plus haute ambition !

Pendant que Lee Boo étoit à Macao, il eut plusieurs occasions de voir des personnes de différentes nations ; mais il donna bientôt une préférence décidée aux Anglais, particulièrement aux femmes. Nous avons déja dit qu'il n'y a point de quadrupèdes dans les îles Pélew, et que le chien de Terre-Neuve qui y fut laissé, étoit le premier qu'ils eussent vu. Ils lui donnèrent le nom de *Sailor,* ou marinier ; et Lee Boo appliquoit ce nom à tous les quadrupèdes qu'il voyoit. Il avoit une prédilection toute particulière pour les chevaux, qu'il appeloit

Clow-sailor, ou le grand marin. Il les alloit souvent voir à l'écurie, leur frappoit avec la main la crinière et le cou, et bientôt il osa les monter. Il pria le capitaine Wilson d'en envoyer un à son oncle Raa-Kook.

Le capitaine Wilson reçut, sous peu de jours, des lettres de Canton. Le subrecargue le prioit de tirer sur lui l'argent dont il auroit besoin, et l'engageoit à fournir à son monde tout ce qui lui seroit nécessaire. Tout l'équipage, officiers et matelots, ne savoient comment exprimer leur reconnoissance des honnêtetés qu'ils recevoient à Macao et à Canton. Le capitaine Wilson et sa compagnie s'embarquèrent pour Whampoa, sur le Walpole, et le capitaine Churchill laissa M. Benger pour prendre soin de l'*Oroolong*, et en disposer.

Ils arrivèrent sous peu de jours à Canton, et Lee Boo, pendant la route, fut pour eux un sujet d'amusement. Chaque objet nouveau excitoit son admiration, et ses remarques intéressoient tous ceux qui avoient occasion de s'entretenir avec lui. Rien ne l'étonnoit plus que cette variété de mets qu'on servoit sur la table. « Mon père, disoit-il, quoique roi, est trop heureux de se servir lui-même quelques yams et un peu de chocolat », tandis qu'il voyoit plusieurs domestiques servir devant leurs maîtres un grand nombre de mets les plus recherchés. Il dit, à l'occasion d'un homme ivre, qu'il ne boiroit jamais de liqueurs, parce qu'elles rendoient l'homme tout différent de lui-même.

Lee Boo étoit fortement attaché à ceux qu'il connoissoit : le trait que nous allons citer prouvera que cette disposition d'ame dominoit dans son caractère, et nous pouvons ajouter, dans celui de tous les naturels de Pélew. Un jour qu'il étoit assis à une fenêtre qui donnoit sur la mer, il aperçut un bateau qui s'avançoit vers le rivage, et il reconnut M. Benger et M. M'Intyre. Sa joie fut si vive qu'il ne prit pas le temps de dire au capitaine Wilson, ni à aucun de ceux qui étoient dans la salle, la cause de son émotion ; mais s'élançant de sa place, il fut au rivage dans un clin-d'œil. Aussitôt qu'ils mirent pied à terre, il leur serra la main de si bon cœur, leur parla avec tant d'affection, qu'il gagna leur plus tendre amitié. Ils avoient disposé du *Schooner* pour sept cents dollars espagnols, et ce marché parut être assez avantageux.

Lee Boo se faisoit aimer par-tout où il alloit,

tant il avoit de bonté dans le cœur, et d'agrément dans l'esprit et dans sa conduite. Un jour qu'il étoit dans une société d'hommes, il les étonna tous par son adresse à lancer un dard. On disputoit à qui seroit le plus adroit, dans la salle de la factorerie. On avoit suspendu une cage, et dans le milieu il y avoit un oiseau peint qui devoit servir de but aux tireurs. Tous eurent bien de la peine d'atteindre même jusqu'à la cage. Quand le tour de Lee Boo fut venu, il prit sa lance comme s'il eût voulu jouer, et en atteignit l'oiseau au milieu de la tête. Il eut un jour occasion de voir du verre bleu, couleur qu'il n'avoit pas encore vue. Comme on lui fit présent de deux vases de cette couleur, il en fut si charmé, qu'il s'écria: « Oh! s'il étoit possible que mes amis de Pélew fussent à même de les voir! »

Comme le temps approchoit de faire partir les vaisseaux de la Compagnie pour l'Angleterre, le capitaine Wilson rendit compte à son équipage de ce qu'il avoit tiré de la vente de l'*Oroolong* et des autres objets; et, après en avoir fait le partage avec justice, il tint à-peu-près ce discours : « Voici, messieurs, bientôt le moment où chacun de vous pourra suivre son inclination avec avantage. Je dois, avant de me séparer de vous, rendre justice à la conduite que vous avez tenue dans le cours de tant d'adversités : vous vous êtes conduits avec le jugement, l'esprit et l'intrépidité qui conviennent à des hommes. Soyez donc certains qu'à mon arrivée en Angleterre, je représenterai vos services à la Compagnie, et nul doute qu'elle ne récompense vos travaux. »

Si des ennemis les plus acharnés se réconcilient dans le sein d'une infortune commune, combien elle doit ajouter d'attachement à des amis qui en ont partagé tout le poids. Tout l'équipage parut sentir la vérité de cette observation, et chacun pouvoit lire sur le visage l'intérêt mutuel que chacun prenoit à ses compagnons de travaux. M. Wilson s'étoit conduit avec tant de douceur et de prudence, son exemple les avoit tellement encouragés, qu'ils desiroient encore de l'avoir pour leur chef. Mais le choix n'étoit pas en leur pouvoir : la nécessité et la raison en avoient décidé autrement. Lee Boo et le capitaine retournèrent dans le *Morse*, le chirurgien dans le *Lascelles*, et les autres furent embarqués sur différens vaisseaux.

Ce que nous avons déja dit de Lee Boo

n'aura pu qu'intéresser le lecteur à son égard. Il voudra donc bien nous excuser si, dans une histoire aussi naïve que touchante, nous nous arrêtons à des circonstances qui pourroient paroître quelquefois minutieuses.

Le *Morse* étoit commandé par le capitaine Elliot, auprès de qui Lee Boo se trouva fort heureux. Sa curiosité commença à se diriger, dans les différens objets qu'il eut occasion de voir, vers un but plus utile. Dans tout ce qu'on lui montroit, il cherchoit quelle pourroit en être l'utilité pour Pélew. Il en tenoit un journal, et sa manière de le faire est très-remarquable. Il avoit une corde à laquelle il faisoit un nœud pour chaque objet qu'il vouloit imprimer dans sa mémoire. Il passoit journellement ces nœuds en revue, et en se rappelant les circonstances qui les avoient occasionnés, il avoit plus de facilité à les retenir. Les officiers du *Morse* disoient, en le voyant consulter ses tablettes de chanvre, qu'il lisoit son journal.

Il demandoit souvent des nouvelles de l'équipage qu'il avoit vu sur l'*Oroolong*. Dans les premiers temps du voyage, il demanda un livre anglais, afin d'en apprendre l'alphabet. A Sainte-Hélène, les soldats, les fortifications et les canons l'émerveillèrent. Pendant qu'il y séjourna, il survint quatre vaisseaux de ligne qui furent pour lui un nouveau sujet d'étonnement.

On le mena voir une école : il parut si convaincu de ce qui lui manquoit, qu'il pria qu'on l'instruisît, à la manière des petits garçons. Il eut aussi occasion de monter à cheval dans cette île, et il aimoit beaucoup cet exercice. Il galopoit sans gêne, et se tenoit avec beaucoup de graces.

Avant que le *Morse* partît de Sainte-Hélène, le *Lascelles* y arriva, il eut le plaisir d'y revoir son premier ami, M. Sharp. Il lui en témoigna un plaisir extrême tant il avoit conçu d'affection pour lui.

Lorsque le *Morse* entra dans la Manche, le nombre des vaisseaux qui passoient étoit si grand, que la confusion se mit dans ses *quippos*, et qu'il fut obligé de suspendre son journal. Mais en débarquant à Portsmouth, les objets qui frappèrent sa vue étoient si prodigieux, si grands, que ses esprits en furent absorbés. Il garda le silence et ne fit aucune question.

Le capitaine se rendit à Londres, pour y voir sa famille, et il confia Lee Boo à son frère, qui prit bientôt la même route avec le dépôt qui lui étoit confié. En décrivant ce voyage, il dit qu'on le mit dans une petite maison traînée par des chevaux, et qu'il ne cessa point de voyager quand il vint à dormir.

A son arrivée à Londres, il témoigna beaucoup de joie d'y revoir son Mentor, son nouveau père, qu'il craignoit bien d'avoir perdu. Lorsqu'on lui montra sa chambre, il ne concevoit point quel usage faire de son lit, parce qu'il étoit tout différent de ceux qu'il avoit vus sur le vaisseau. Avant de s'y reposer, il sauta plusieurs fois dessus, puis il ressautoit en bas pour en admirer la forme, et il faisoit entendre qu'il y avoit tout ce qu'on pouvoit désirer dans la maison. C'étoit un beau pays, de belles rues, une belle voiture, et une maison sur une maison jusqu'au ciel ; — car les huttes de Pélew n'ayant qu'un étage, d'après cette notion, chaque étage lui paroissoit une maison.

Le capitaine Wilson présenta Lee Boo à quelques directeurs de la compagnie des Indes orientales et à plusieurs de ses amis. Il lui fit voir en même-temps, les plus beaux édifices publics, mais il se garda bien de le conduire au théâtre et dans les autres endroits publics, dans la crainte que la trop grande chaleur du lieu ne lui occasionnât la petite vérole.

On l'envoya dans une école à Rotherhithe, où il apprit à lire et à écrire. Sa douceur et son affabilité lui concilièrent bientôt l'amitié de tous les jeunes étudians. Pendant les heures de récréation, il amusoit la famille de son bienfaiteur, en contrefaisant les petites singeries des écoliers, et il disoit qu'à son retour à Pélew il tiendroit lui-même une école, et qu'il passeroit pour un sage parmi les grands hommes de sa patrie, lorsqu'il leur apprendroit à lire.

Quand il parloit à son protecteur, il l'appeloit toujours capitaine ; mais il ne s'adressoit jamais à Mme Wilson, qu'en la nommant sa mère, quoiqu'on lui dît qu'elle ne l'étoit point : cette expression lui sembloit mieux rendre tout ce qu'il sentoit pour elle.

Lorsqu'il voyoit un jeune homme demander la charité, il en étoit fortement scandalisé, disant qu'il falloit travailler : mais un vieillard, un infirme excitoient sa compassion. « Faut donner au pauvre vieux, vieux « pas capable de travailler. »

Il paroissoit alors avoir environ vingt ans, et il étoit d'une moyenne taille. Son air expressif, sa grande sensibilité et sa bonne humeur prévenoient tout le monde en sa faveur. Ses yeux avoient tant de vivacité, qu'il se faisoit aisément comprendre, quoiqu'il ne sût que fort peu d'Anglais.

La vivacité de ses manières, et sa facilité à concevoir étoient surprenantes. Une jeune demoiselle avec qui il se trouva un jour dans une société, se mit à son clavecin, pour découvrir à quel point il en seroit affecté. Il fit peu d'attention à la musique, elle se porta tout entière à découvrir d'où provenoient et comment se formoient les sons. Il se mit aussi à chanter une chanson de Pélew; mais la musique en étoit rude et grossière.

Il étoit naturellement poli. Un jour, à dîner, Mme Wilson le pria de lui servir quelques cerises, et Lee Boo alloit les prendre avec ses doigts, quand Mme Wilson lui fit observer avec douceur que cette manière de servir n'étoit pas honnête. Il prit aussitôt une cuiller, et il rougit en même-temps.

Le capitaine Wilson grondoit un jour ses enfans, pour quelque petite faute qu'ils avoient faite en présence de Lee Boo. Le jeune étranger en fut si affecté, qu'il ne se remit qu'après avoir joint leur mains dans celles de leur père, et des larmes couloient de ses yeux. Il préféroit d'aller en voiture à toute autre manière de voyager, parce que l'on peut, disoit-il, s'entretenir en chemin avec les autres.

Il aimoit aller à l'église, parce qu'il savoit que la religion en fait un devoir, et que l'objet et le but final en sont les mêmes à Pélew qu'en Angleterre.

Il fut témoin d'une ascension aërienne de Lunardi. Il observa que cette manière de voyager étoit d'autant plus ridicule, qu'on pouvoit faire le chemin en voiture, d'une manière beaucoup plus commode.

Il observoit avec le plus grand soin toutes les plantes et tous les arbres frutiers; et il se proposoit d'en rapporter des semences à Pélew. En un mot, dans toutes ses recherches, il ne perdoit jamais de vue l'utilité dont elles pourroient être à son pays.

CHAPITRE XV.

Mort de Lee Boo, son épitaphe.

La petite vérole, fléau tant redouté pour Lee Boo, vint le surprendre au milieu de ses innocentes recherches. Le docteur Smith fut appelé, et dès l'origine il en prédit les funestes suites. Le pauvre jeune homme prit sans répugnance toutes les médecines qu'on lui présenta. Comme on lui dit que M. Wilson n'avoit pas eu cette maladie, et qu'elle étoit contagieuse, il se soumit volontiers à la nécessité de ne pas le voir. Apprenant que Mme Wilson gardoit la chambre, il s'écria : « Quoi ! bonne mère malade ! Lee Boo se lever pour voir elle. » Et aussitôt il se leva. M. Sharp, chirurgien de l'*Antelope*, lui donna aussi ses soins.

Il se vit dans une glace un peu avant de mourir. Son visage, horriblement enflé et défiguré, lui parut si hideux qu'il détourna la tête. Enfin devenant plus mal, et voyant sa fin approcher, il fixa ses yeux attentivement sur M. Sharp, et lui dit : « Bon ami ! quand vous irez en mon pays, dites à mon père que Lee Boo prend beaucoup de boissons pour chasser la petite vérole, mais il meurt ; que le capitaine et la mère très-bons, tous Anglais très-bons hommes : oh ! bien fâché de ne pouvoir dire à Abba-Thulle combien les Anglais ont de belles grandes choses. » Il fit alors le récensement de tous les présens qu'il avoit reçus ; et il pria le chirurgien de les distribuer parmi ses amis et les Rupacks.

Ce discours d'un enfant de la nature, mourant si éloigné des siens, affecta M. Sharp à tel point que la pitié lui arracha des larmes et de grands soupirs. Lee Boo s'en étant aperçu, lui dit : « pourquoi pleurer ainsi, parce que Lee Boo meurt. »

Croyant que la maladie de Mme Wilson venoit de la sienne, il s'écrioit souvent, comme sa chambre touchoit à la sienne : « Mère ! Lee Boo se porte bien. »

Le moment terrible de la séparation arrivant, il dit à M. Sharp qu'il s'en alloit, et il rendit son dernier soupir sans appréhension, et avec cette innocence native, et cette simplicité qui avoient marqué toutes ses actions.

La famille, les domestiques, et tous ceux qui le connoissoient, ne purent s'empêcher de pleurer, quand ils apprirent ce triste événement.

La compagnie des Indes orientales le fit enterrer dans le cimetière de Rotherhithe, avec toutes les marques possibles de respect. Tous ceux qui l'avoient connu, et ses camarades d'école, accompagnèrent son convoi. Le monde y accourut en si grande foule, qu'on seroit tenté de croire qu'on avoit publiquement proclamé ses bonnes actions, au lieu de n'en parler qu'en particulier. La compagnie des Indes orientales lui fit ériger un tombeau sur lequel on lit cette inscription.

A la mémoire
du Prince LEE BOO,
natif de Pélew, ou des îles Palos ;
et fils d'ABBA-THULLE, Rupack ou roi
de l'île Coorooraa (*) ;
qui trépassa le 27 décembre, 1784,
âgé de 20 ans.
Cette pierre est inscrite,
par l'honorable compagnie des Indes orientales,
comme un témoignage d'estime
pour le traitement humain et amical
accordé par son père à l'équipage de leur vaisseau,
l'*Antelope*, capitaine WILSON,
qui fit naufrage à la hauteur de cette île
dans la nuit du 9 août 1783.
Arrêtez, lecteur, arrêtez ! La nature réclame une larme :
ci-gît un prince, LEE BOO, fils de la nature.

(*) Coorooraa est le propre nom de l'île, dont Pélew est la ville capitale.

Cet aimable prince, moissonné si jeune, après cinq mois de séjour en Angleterre, se conformoit en tout, par sa mise, aux usages du pays, à l'exception de ses cheveux qu'il continua de porter conformément à la manière du sien. Il étoit d'une taille moyenne, et il avoit tant d'expression dans sa physionomie, qu'on y lisoit toutes les qualités de son ame. Il avoit les yeux vifs et spirituels, et toutes ses manières étoient douces et intéressantes. La nature lui avoit donné la politesse que l'éducation donne à un gentilhomme; mais elle étoit dégagée de toutes ces entraves qui proviennent de l'étude ou des formes établies par un usage factice. On trouva, après sa mort, qu'il avoit mis à part toutes les semences ou noyaux des fruits qu'il avoit mangés après son arrivée, dans le dessein de les planter à Pélew.

Quand nous réfléchissons au sort malheureux du pauvre Lee Boo, maintenant connu du lecteur, on se transporte en esprit dans la demeure de son père Abba-Thulle, qui avoit fait trente nœuds sur une corde, pour y marquer les trente lunes après lesquelles il devoit revoir son fils. Ces lunes ont achevé leurs révolutions; les nœuds sont déliés, et nulle voile encore qui vienne réjouir les yeux de ce père affligé. Lee Boo est mort, et quoique sa famille désespère de le revoir, la vue cependant d'un vaisseau européen, même après ce long intervalle, ranimeroit ses espérances, et lui rappelleroit l'objet chéri de tant d'affections. L'*Ariel* sera long-temps encore avant de toucher à ce rivage hospitalier et ami: mais de quelle douleur sera suivie la joie et l'espérance trompées de ce malheureux père!

Il a l'ame trop belle, trop franche, trop généreuse, pour soupçonner, un moment, que le capitaine Wilson puisse être coupable de négligence envers Lee Boo, beaucoup moins encore de bassesse et d'ingratitude.

Comme la communication avec nos amis de Pélew doit encore se renouveler, il y a toute raison d'espérer que nous recevrons des détails qui ajouteront à l'intérêt de ce voyage, et qui nous apprendront qu'un peuple qui, sans le secours des arts et des sciences, a tout à-la-fois de la franchise, de l'honneur, de la religion, et sur-tout un fonds inépuisable d'humanité, a bien une autre perfection que toutes nos nations européennes qui, au milieu de leurs vices et de leurs passions turbulentes, se croient des modèles de perfection.

CHAPITRE XVI.

Voyage de Hunter au royaume de Pégu. Détails sur ce pays.

Quoique plusieurs Européens aient visité les régions de l'est, et que leurs travaux aient ajouté aux connoissances de la géographie, cependant il y a encore, dans cette partie du globe, des pays où peu de voyageurs ont pénétré, et conséquemment fort peu connus du lecteur.

Dans le nombre des passions qui agitent le genre humain, celle d'agrandir le domaine des sciences n'est pas la première. Le desir d'acquérir des richesses est l'objet principal qui fixe l'attention des hommes, et toute contrée qui paroîtroit ne point satisfaire cette passion dominante, est généralement négligée. C'est donc avec beaucoup de justice que nous pouvons dire des contrées éloignées, que si nous les connoissons, c'est au hasard, ou à quelque autre cause, que nous en sommes redevables. C'est au naufrage de l'*Antelope* que nous devons la découverte des îles Pélew, et d'un peuple que la lumière des sciences n'a jamais éclairé; peuple qui dans son état de nature, est mu par les principes les plus nobles de la bienveillance, et qui possède des vertus que les enfans de l'Europe connoissent à peine de nom. Un événement à-peu-près semblable, donna à M. Hunter l'occasion d'examiner le royaume de Pégu, en 1782, passant du Bengal au service de la compagnie de l'Inde orientale, sur un vaisseau qui fut entièrement démâté; et obligé d'entrer dans la rivière de Syriam, pour s'y refaire, il chercha à se procurer, sur l'état du pays, toutes les connoissances que pouvoit lui permettre le peu de temps qu'il y resta.

Pégu est le royaume de l'Inde le plus reculé, situé entre le 15e et le 24e degrés de latitude nord. Il est borné à l'ouest et au sud par la mer; au sud-est, par le royaume de Siam; au nord, par cette chaîne de montagnes qui de ce côté forment les limites de l'empire Chinois, et au nord-ouest par le royaume d'Ava. Sa longueur est d'environ six cents milles, sur trois cent cinquante de large.

CHAPITRE XVII.

De la situation et du climat de Pégu.

Tout le pays est bas, et ce n'est qu'à une petite distance de la côte qu'on peut découvrir la terre. Ajoutez à ceci que l'eau est basse à une grande distance des côtes, de manière que le vaisseau ne prend que trois ou quatre brasses avant d'apercevoir la terre. Ainsi, un navigateur qui n'est pas instruit de ces circonstances, se trouve fort embarrassé, et d'autant plus, s'il n'en est pas prévenu, que la carte publiée dans notre Directoire anglais, même dans les éditions les plus récentes, met l'entrée de la rivière à douze milles de trop du côté du sud. De là vient qu'en se conformant à la carte, le navigateur qui est parvenu à cette latitude, est tout surpris de ne point découvrir la terre. On a corrigé cette erreur dans une nouvelle carte du Pégu, d'après le *Neptune oriental* français. Les marées s'élèvent auprès de la barre, pendant les nouvelles et pleines lunes à près de vingt pieds, et leur cours est prodigieusement rapide.

Par ce qu'on vient de dire de la situation du pays, et plus encore, par la perspective qui se présente, en remontant la rivière, qui est bordée des deux côtés par des buissons et des marais, on doit supposer naturellement qu'il doit être très-mal-sain. Cependant on a les raisons les plus fortes de croire qu'il y a de l'erreur dans cette assertion. Peut-être n'existe-t-il pas dans toute l'Inde une race d'hommes plus robustes et plus musculaires. Rarement ils sont attaqués par des maladies, et les Européens qui y ont vécu plusieurs années, y ont joui constamment d'une bonne santé. Ce témoignage est aussi confirmé par celui d'une personne qui y a demeuré quelque temps. La saison des pluies est la plus désagréable dans toute l'Inde. C'est le temps des maladies. Cependant au Pégu l'air est tempéré, et d'une élasticité inconnue dans les autres parties qui correspondent à cette saison. Ce qui donne de la vigueur au systême animal, et le rend capable de supporter toute espèce de fatigues. Peut-être le mouvement rapide des marées contribue-t-il en quelque sorte à la salubrité du climat : au reste, je ne connois point d'autre cause à laquelle on puisse l'attribuer.

CHAPITRE XVIII.

Description des habitans du Pégu.

Les habitans de Pégu ont le teint noir, à peu-près comme celui des Malais. Ils ont le visage large, de grands yeux noirs, le nez plat, les os des joues élevés, et la bouche d'une grandeur extrême. Ils se rasent la barbe, excepté le menton où ils conservent une petite barbette. Ils considèrent, ainsi que les autres nations orientales, comme une beauté, les dents qui sont d'un noir de jais.

Ils portent aux oreilles différentes espèces d'ornemens, dont l'un paroît leur être particulier. C'est une pièce d'or, mince, roulée en forme de plume, d'environ l'épaisseur d'un doigt. On la pousse dans un trou fait à la partie usuelle de l'oreille, assez grand pour la recevoir.

Cette description s'applique particulièrement aux *Birmahs*, c'est-à-dire aux naturels d'Ava, ou leurs descendans, qui sont en grand nombre, d'autant plus que le gouvernement est à présent entre leurs mains.

Les habitans originaires du Pégu ont le visage plus oval, les traits plus réguliers et plus doux que les *Birmahs*, qui leur ressemblent à-peu-près dans tout le reste.

Cependant les Birmahs qui desirent se distinguer du peuple conquis, emploient une singulière marque à cet effet : ils ont la cuisse, depuis la hanche jusqu'au genou, noire comme du jai, et d'une figure très-singulière. C'est dans l'enfance qu'ils reçoivent cette marque. Pour y parvenir, ils font usage d'un instrument garni d'un grand nombre de pointes aiguës, placées l'une près de l'autre, semblable à-peu-près à l'instrument dont on se sert pour carder la laine. Ils l'appliquent jusqu'à ce que la partie soit toute couverte de sang ; ensuite on y applique un liquide dont la noix de galle est l'ingrédient principal. Il en résulte une fièvre considérable ; et les naturels eux-mêmes conviennent que sur cinq enfans, il en périt deux des suites de cette opération. Quelques personnes d'un rang plus élevé, au lieu de ceci, se font, par des procédés à-peu-près semblables et aussi dangereux, couvrir les cuisses de représentations de tigres et d'autres bêtes sauvages.

Les hommes ont de longs cheveux noirs,

ils se couvrent quelquefois le sommet de la tête d'un mouchoir blanc, en forme de turban. D'autres vont la tête nue, et l'ornent de fleurs. Ils portent à l'entour de leurs reins une pièce de soie de couleur, qu'ils passent par-dessus l'épaule, et qui s'étend le long de leur corps.

CHAPITRE XIX.

Dispositions, mœurs, religion et arts des habitans du Pégu.

Il n'y a rien de plus important à connoître pour les philosophes, que ce qui a rapport aux mœurs des nations sauvages et incultes. Plus la connoissance du genre humain s'étend, plus l'on sera en état de comprendre les opérations de l'esprit de l'homme, et d'apprécier la différence de caractère qui, indépendamment des distinctions physiques, sépare les diverses tribus qui sont dispersées sur la surface du globe.

Il y a quelques nations, dont la défiance approche de la férocité, rend toute communication avec elles également difficile et dangereuse. Dans d'autres, c'est la ruse qui fait le trait principal de leur caractère, et il s'en trouve qui se distinguent, non-seulement par leur franchise et leur affabilité, mais aussi par leur hospitalité. Il semble que le peuple de Pégu est de cette dernière clase.

Il se conduit à l'égard des étrangers, d'une manière obligeante, et il montre un degré de franchise qu'on ne se douteroit pas de trouver dans une nation que nous avons jusqu'à présent considérée comme barbare. Ils témoignent une grande curiosité de voir les manières des étrangers, et pour cela, ils entrent, sans aucune gêne, dans leurs maisons, pour y observer tout ce qui s'y fait. Ils prennent plaisir aussi à imiter la mise et la conduite de ceux qui viennent dans leur pays, charmés eux-mêmes, quand ils voient qu'un étranger s'habille et se conduit comme eux. Si vous allez dans leurs maisons, ils vous y reçoivent avec beaucoup de satisfaction, et ils sont flattés qu'on soit sensible à l'accueil qu'ils font à leurs hôtes. Les nations orientales ont quelque chose de strict et d'empesé qui les distingue. Le peuple de Pégu n'a rien de cette morgue. C'est avec le plus grand empressement qu'il introduit l'étranger dans toutes les parties de sa maison. Cette complaisance est d'autant plus précieuse, qu'on ne peut l'attribuer à la crainte, puisqu'un étranger est entièrement en leur pouvoir, et qu'ils ont une haute idée de leur valeur et de leurs forces militaires.

La religion de ce peuple est presque la même que celle des Gentoux. Il rend un culte aux mauvais esprits, dans l'espérance de les appaiser ; et pour se les rendre propices, il leur fait des présens, comme les Tonquinois et les autres nations voisines. Les prêtres y sont en grand nombre, et y ont beaucoup d'influence, quoiqu'ils ne vivent que d'aumônes. Le gouvernement y est despotique, et il est aussi dangereux d'y recourir aux lois, que dans quelques pays de l'Europe. On peut en donner la preuve suivante. Deux Anglais avoient une légère contestation, ils la portèrent devant un juge qui les condamna à payer chacun le triple de la somme en litige.

Les arts paroissent être bien peu cultivés dans ce pays. L'agriculture se borne à la culture du riz. Les fermiers couvrent la terre de trois ou quatre pouces d'eau, sous laquelle on laisse pousser la tige ; après quoi on la transporte dans un autre champ où on la laisse croître et mûrir. Le Pégu produit de la soie et du coton que les naturels savent tisser. Souvent de ces deux matériaux, ils ne font qu'une seule pièce de différentes couleurs, qui ressemble en quelque sorte aux étoffes dont on fait usage dans les montagnes d'E-cosse, et qui y sont connues sous le nom de *tartan*.

Il n'y a d'édifice en pierres dans le pays, que pour le culte religieux. Voici la description de celui qu'on appelle la *pagode d'or*. La forme en est circulaire, ou plutôt c'est un polygone d'un grand nombre de côtés, d'environ trente pieds de haut, terminé par une pyramide ronde d'une très-grande élévation, qui cependant diffère d'un cône, en ce que la ligne abaissée du sommet à la base, n'est pas droite, et forme une courbe qui a quelque ressemblance avec la forme d'une trompette. Cette pyramide est couverte d'or, qui a donné son nom à la pagode, et il y a dans le haut un cercle, autour duquel sont suspendues nombre de petites clochettes que le vent met dans une agitation continuelle. Le bâtiment au-dessous est creux, et il y a un passage qui y conduit; mais une grille de fer le ferme par le haut, et elle ne s'ouvre que lorsqu'il y a quelque cérémonie religieuse à remplir. Tout au tour du bâtiment, il y a un grand nombre de figures en pierres, placées sur le sol, et représentant des bêtes sauvages d'une grandeur énorme.

CHAPITRE XX.

Objets qui entrent dans leur commerce.

Si les mœurs et les coutumes des nations sont l'objet principal des recherches du philosophe, leurs productions attirent particulièrement l'attention du commerçant.

Le bois Teak qui est plus abondant au Pégu, qu'en tout autre partie de l'Inde, est l'article principal qui y attire les Européens. Cet arbre s'élève à une grande hauteur, et il ressemble au chêne, si ce n'est qu'il est plus flexible et moins dur. On s'en sert dans toute l'Inde, non-seulement pour faire des meubles, mais aussi pour la construction des vaisseaux, parce qu'il est moins sujet à se gâter dans l'eau que toute autre espèce de bois.

L'étain et la cire sont aussi des objets qui entrent dans le commerce du Pégu. L'or y est en assez grande quantité; mais l'exportation n'en est pas permise, et il n'y sert point de numéraire. La même prohibition s'étend aussi sur le salpêtre qui y est en abondance.

A l'égard des avantages qu'on pourroit retirer du commerce du Pégu, je pense que si l'exportation de l'or y étoit permise, ce seroit une branche précieuse d'autant plus que la côte des Malais, est la seule partie de l'Inde d'où on le tire à présent. L'exportation qui se fait de l'étain et du fer blanc est aussi très-considérable ; mais elle pourroit l'être davantage. Cependant il paroît qu'il y a un obstacle insurmontable aux progrès du commerce dans ce pays. Il provient de la jalousie des habitans et de l'éloignement qu'ils ont de communiquer avec les étrangers. La compagnie impériale, à la vérité, a établi un comptoir à Raugoon, au-dessus duquel flottent les couleurs de la Compagnie. Mais les vaisseaux de commerce y éprouvent autant d'humiliations, que les Hollandais dans le Japon. Aussitôt qu'ils viennent à l'ancre, on porte les canons et le gouvernail sur le rivage, et ils ne sont rendus qu'après que les affaires sont terminées, et qu'on est sur le point de partir.

Comme cette conduite a rendu le commerce

du Pégu beaucoup moins considérable qu'il auroit pu l'être, et arrêté les progrès de la civilisation et des richesses, elle paroîtra sans doute très-impolitique. Si cependant l'indépendance d'une nation est le plus grand bien dont elle puisse jouir, il faut convenir qu'ils ne pouvoient tenir une conduite plus sage, ni plus propre à leur conserver ce bien inappréciable. Cette assertion n'aura rien de douteux pour tout homme qui connoît les moyens que les puissances européennes ont employés pour s'établir dans l'Indostan. On sait que, sous le prétexte de commercer, elles ont obtenu, des souverains des pays qu'elles visitoient, la permission d'y établir des comptoirs et des forts, de tenir à leur solde un corps de troupes que, sous divers prétextes, elles ont augmenté par degrés, jusqu'à ce qu'elles aient réduit ces mêmes princes à un état de dépendance. Tel fut le prix d'une indulgence à laquelle ils étoient redevables de toutes leurs possessions. Il n'est donc pas étonnant que les Birmahs ne veulent point encourager un commerce qui a eu des suites si funestes, et qu'ils préfèrent leur indépendance aux avantages qu'ils pourroient en retirer. Heureuse nation, qui se contente de jouir des richesses que la nature libérale a versées sur son territoire ! Heureuse de ne point chercher à connoître cette opulence étrangère et ce luxe qui ont coûté aux autres leurs biens les plus précieux, la liberté et l'indépendance ! Puissiez-vous long-temps les conserver, ces biens qui sont le droit le plus sacré attaché à la naissance de l'homme ! Veillez-y d'un œil jaloux, et rejetez avec dédain toute splendeur dont les amorces pourroient le mettre en danger.

CHAPITRE XXI.

Mœurs et usages des Arabes.

Les Arabes du désert suivent la religion de Mahomet ; mais ils l'ont défigurée par les superstitions les plus grossières. Ils mènent une vie errante au milieu des sables brûlans de l'Afrique ; et quelques troupes d'entre eux rôdent continuellement sur la côte. Ils sont divisés en tribus, plus ou moins considérables. Chaque tribu est subdivisée en hordes, et chaque horde campe dans les cantons qui sont les plus favorables à la nourriture de leurs troupeaux, ensorte qu'une tribu entière n'est jamais réunie. Il y a dans presque toutes ces hordes un petit nombre d'Ouadelims, de Labdesseba, de Roussye, de Lathidierim, de Chelus, de Tucanois, d'Ouadelis, etc. Les deux premières sont les plus formidables. Elles portent le ravage jusqu'aux portes de Maroc. Ce sont des hommes forts, bien faits, robustes et vigoureux. En général, ils ont des cheveux de laine, de longues barbes, le regard sauvage, de grandes oreilles pendantes, et les ongles longs comme des griffes, dont ils font usage dans leurs guerres. Par-tout où passent ces Ouadelims, qui sont vindicatifs, arrogans, guerriers et affamés de pillages, par-tout ils répandent la terreur et la consternation. Cependant toutes les tribus manquent de courage, à moins qu'elles ne soient en plus grand nombre que leurs ennemis.

Ces peuples logent, avec leurs familles, sous des tentes couvertes d'une étoffe grossière faite de poil de chameaux, filé par des femmes, et tissé sur de petits métiers. Leurs meubles consistent en deux grands sacs de cuir, contenant quelques haillons et du vieux fer, trois ou quatre peaux de boucs, s'ils peuvent s'en procurer autant, et dans lesquelles ils mettent leur lait et leur eau, quelques bassins de bois, des harnois pour leurs chameaux, deux grandes pierres à moudre l'orge, une plus petite pour enfoncer en terre les chevilles de leurs tentes, une natte d'osier, qui leur sert de lit, un gros tapis pour couverture, et une petite casserole. Les troupeaux se réduisent à deux ou trois chameaux, plusieurs femelles, quelques brebis et quelques chèvres.

Le devoir que ces Arabes remplissent avec le plus de scrupule, est la prière, et ils en ont de plusieurs sortes. La première commence toujours avant le lever du soleil. Leur Talba se distingue par une longue barbe, une pièce d'étoffe de laine, moitié blanche et moitié cramoisie, qui flotte à l'entour d'un corps maigre et décharné à force de jeûner, suite nécessaire d'une fainéantise excessive, et par un chapelet d'une grandeur énorme. Il élève une voix haute et lamentable, comme celle d'un homme pieux et contrit, pendant qu'elle n'est que celle d'un hypocrite. Armé d'un poignard, il cherche un coin de terre où son bras perfide puisse donner le coup fatal qui perce le sein de son voisin, de son ami, et même de son frère. Il a de certains sons par lesquels il avertit la horde de venir se ranger sous sa bannière, pour entendre les louanges du prophête. Aussitôt ils s'attroupent autour de lui avec un saint respect. Mais avant de commencer la prière, ils se défont d'une petite jupe qui les prend depuis la ceinture, ils s'enveloppent avec, aussi bien que dans les autres parties de leur habillement. Alors le Talba se penche vers la terre, écarte avec ses mains celle où ses pieds sont placés, prend une poignée de celle qu'il n'a pas foulée, et, faute d'eau, il s'en frotte le visage, les mains et les bras jusqu'à l'épaule, pour se purifier de ses impuretés. Le peuple imite exactement cette cérémonie. La prière finie, ils restent quelque temps assis par terre, tracent avec leurs doigts différentes figures sur le sable, puis ils les tournent autour de leurs têtes, comme s'ils y répandoient de l'eau bénite. Ces sauvages montrent autant de piété et de respect, qu'aucune autre secte que ce soit. Cependant je ne crois pas qu'il soit possible d'avoir moins d'égards qu'ils n'en ont pour la religion, quand leur prière est achevée. Les femmes, qui n'y assistent que le matin et le soir, se placent à l'entrée de leurs tentes, le visage tourné vers l'orient.

Le soin de traire leurs troupeaux succède

aux exercices de la religion. Ils commencent par les femelles des chameaux, auxquelles ils donnent de grands coups de pied pour les faire lever. Lorsqu'elles sont sur leurs jambes, on ôte de leurs mamelles une sorte de couverture faite d'un tissu de cordes, qui sert à empêcher les jeunes chameaux de teter. Alors le petit court à sa mère, et par ses caresses il la prépare à donner son lait en plus grande abondance. Le maître et le gardien du troupeau épient le moment où les lèvres du jeune chameau sont couvertes d'une écume blanche; ils le séparent alors de sa mère, et chacun d'eux appuyant sa tête des deux côtés contre le ventre de l'animal, ils lui pressent les mamelles, dont on retire quelquefois cinq pintes de lait, quand les pluies ont rendu la terre plus fertile.

On auroit peine à concevoir jusqu'où les femmes arabes poussent la coquetterie. Elles séparent leurs cheveux en tresses avec beaucoup d'art, en laissent flotter quelques-unes sur leur sein, et y attachent tout ce qu'elles peuvent trouver. J'en ai vu qui y mettoient des coquilles, de petites clefs, des cadenats, des anneaux, des boutons, tous objets dérobés aux navigateurs qui avoient fait naufrage. Quand leurs cheveux sont arrangés ainsi, elles les couvrent d'une pièce d'étoffe sale, qui leur enveloppe la tête jusqu'au milieu du nez, et qui vient se nouer sous le menton. Elles se peignent les yeux pour leur donner plus d'éclat, avec une grande aiguille de cuivre qu'elles frottent sur une espèce de pierre bleue. Tout l'art qu'elles emploient dans leurs ajustements, consiste à les plier proprement, à bien en assujettir les plis, sans avoir recours à l'aiguille, aux épingles et aux rubans. Pour rendre leur parure plus complète, il faut qu'elles se teignent les ongles des pieds et des mains en rouge. Voici ce qui constitue la beauté des femmes de ce pays. Des dents longues et saillantes ; depuis le bras jusqu'à l'épaule, la chair molle et flasque ; le corps et les reins prodigieusement épais ; une démarche pesante ; les bras et les jambes chargés de brasselets qui ressemblent aux colliers des chiens danois. En un mot, substituant dès leur enfance, ce que l'art a de plus grossier, de plus ridicule, aux formes que la nature leur a données. Toute leur garde-robe consiste dans les objets que j'ai déja nommés.

Croiroit-on que des femelles si hideuses, si épouvantables, fussent susceptibles de jalousie, et de la fureur de médire ? Cependant cela est ainsi ; si l'une d'elles a besoin d'emprunter quelque chose à sa voisine, et qu'il arrive que le mari soit dans sa tente, alors elle se voile le visage, et se présente à l'entrée, d'un air timide et tremblant. Mais si la voisine est seule, la conversation s'établit entre elles, et l'on passe en revue toutes les connoissances dont la mise est un peu plus élégante. Une troisième survient, qui prolonge la médisance, et souvent on se sépare sans songer à l'objet principal de la visite. Mais pourquoi s'étonner d'un penchant commun aux sociétés civilisées, comme aux sauvages. Les femmes sont femmes par-tout ; la nature les a faites ainsi ; et la société ne fait que de développer ces qualités naturelles. Les femmes arabes ont encore deux autres défauts bien remarquables, la paresse et la gourmandise. Si elles savent que dans une tente il y ait un rôti de chameau ou de chèvre, elles s'exposeront à toute sorte d'affronts, pour s'en procurer un morceau. Le foie est celui qu'elles préfèrent.

Les hommes ont presque les mêmes défauts. Ils passeront des jours entiers, étendus sur leurs nattes, à dormir ou à fumer.

Ils se rassemblent quelquefois le jour, pour

se raconter leurs exploits belliqueux. Chacun parle des ennemis qu'il a tués. Si l'un de la troupe s'avise d'en imposer par quelque affection ridiculement fausse, aussitôt on lui donne un démenti ; la dispute s'échauffe et la conversation finit par les poignards. Ils ne peuvent discuter le sujet le plus indifférent, que la rage n'étincelle dans leurs yeux. Leurs gestes respirent la fureur, et leurs affaires domestiques ne les réunissent jamais, que les querelles et les clameurs ne soient de la partie.

On diroit que la perfidie et la trahison ont pris racine dans le cœur d'un Arabe, aussi ne sortent-ils jamais de la tente, sans être armés. Les écrits ne sont point une sauvegarde pour celui qui les reçoit ; car celui qui auroit donné cette garantie, ne manqueroit pas de poignarder son créancier. Ils portent toujours, dans une petite bourse de cuir, ce qu'ils ont de plus précieux, et ils la suspendent à leur cou. Quoique dans leurs tentes, ils n'aient ni clefs, ni verroux, j'en ai cependant vu quelques-uns qui avoient de petits coffres. Ce qu'ils contiennent ne vaut pas qelquefois un écu ; cependant il irrite les désirs de toute la horde. Je ne peux, à cet égard, excepter ni le frère, ni le père, pas même le fils de celui qui en est le possesseur.

La jeunesse s'y accoutume, de bonne heure, à manier le poignard, à déchirer avec les ongles les entrailles de leurs adversaires, et à cacher, de la manière la plus adroite, le mensonge sous le voile de la vérité. Ceux qui à ces talens joignent l'art de lire et d'écrire, deviennent les monstres les plus dangereux, par l'ascendant supérieur qu'ils ont sur leurs compatriotes. On peut dire que, dès leur enfance, ils sont familiarisés avec les crimes, qu'on les instruit dans l'art de les commettre, avec autant de plaisir que s'ils faisoient les actions les plus vertueuses.

L'usage de leur pays veut que tout étranger, de quelque tribu ou canton qu'il soit, y soit accueilli avec hospitalité. S'il y a plusieurs voyageurs, chacun des habitans doit se cottiser pour les défrayer. Tous vont indistinctement à sa rencontre, le félicitent de son arrivée, et portent son bagage jusqu'au buisson qui doit l'abriter pendant la nuit ; car c'est une règle établie qu'un étranger ne peut être admis dans la tente. Quand cette cérémonie est finie, ils s'asseoient tout autour de leur nouveau convive, et ils l'interrogent sur le pays d'où il vient ; si telle tribu a évacué le terrain qu'elle occupoit ; s'il en a rencontré d'autres dans des cantons plus ou moins éloignés, et enfin, s'il a trouvé beaucoup de pâturages dans les lieux qu'il a parcourus. Quand il a répondu à toutes ces questions, ils lui demandent de quelle tribu il est ; mais ils ne s'informent jamais de sa santé, qu'ils ne se soient satisfaits sur chacun des autres points qu'ils ont envie de savoir.

Si l'étranger ne connoît personne dans la horde qu'il visite, le plus riche est chargé du soin de l'entretenir pendant qu'il y reste. Le voyageur reçoit un grand bassin de lait et un plat d'orge bouilli dans le même liquide, ou avec de l'eau quand on peut s'en procurer. Si le voyageur sait lire, il a l'honneur de répéter les prières. En ce cas, le Talba du hameau se place à côté de lui, comme maître des cérémonies. Telle est la réception qu'on lui fait, s'il n'est pas connu. Mais s'il a des amis dans la horde, et si on le croit riche, on tue un belier, ou un mouton gras pour le régaler. La femme prépare un repas, et avant de faire cuire la viande, elle en sépare la graisse qu'elle sert toute crue. Lorsque la viande est cuite, elle commence par mettre de côté la part de son mari, ensuite certaines autres portions qui sont réservées pour les amis, ou ceux qui vivent en bonne intelligence avec lui. Ce seroit une omission impardonnable, que de manquer à ce devoir. Ensuite elle étale avec grand soin sur de la paille la portion réservée au voyageur. L'Arabe qui traite est toujours suivi d'un nègre, ou d'un esclave chrétien, qui porte sur la tête les mets destinés au convive. Cependant on ne les lui sert qu'à dix heures du soir, quand même il seroit arrivé le matin de bonne heure. L'usage est de ne rien offrir qu'il ne soit nuit, et toujours à la clarté de la lune, ou à celle d'un grand feu; car les Arabes allument du feu dans presque toutes les saisons. Le voyageur ne manque jamais d'inviter la personne qui accompagne le repas qu'on lui sert; il la conjure de lui faire l'honneur de partager avec lui, et l'autre refuse, autant que l'honnêteté le lui permet.

Le matin, les voyageurs continuent leur chemin, sans prendre congé de personne. Qu'il y a loin de cet accueil qui vient du bon cœur, de cette manière dont ils reçoivent les étrangers, à l'hospitalité européenne ! Mais ils s'épargnent, autant qu'ils peuvent, la peine et la dépense qui en sont nécessairement la suite. Car s'il arrive un voyageur inconnu, ils placent à une petite distance de leur tente, une selle de chameaux, une natte, un fusil, et un petit ballot qui paroît être le bagage de quelque autre voyageur qui s'est arrêté là. Mais ces précautions n'empêchent pas toujours l'étranger de déposer le sien tout auprès. Là-dessus le chef va lui dire que c'est le bagage de quelque Arabe d'un hameau du voisinage. Mais ils sont si habitués à ces petites ruses, qu'ils ne laissent pas que de rester; et les autres pour se venger de cette importunité, ne lui font servir qu'une petite portion. Alors le voyageur regarde s'il n'apercevra pas quelques feux, dont il puisse s'approcher, dans l'espérance d'y trouver de la viande ou de la soupe. D'abord il a grand soin de se cacher derrière la tente, afin de pouvoir entendre ce qu'on y dit, et si on y mange. Si les autres s'en aperçoivent, ils ont grand soin de vîte éloigner les trois pierres qui soutiennent la marmite, afin de tromper l'avidité du voyageur, qui est toujours sûr de réussir, quand il se fait apercevoir. L'usage dans le pays est d'inviter toute personne qu'on voit passer à venir partager le repas. Souvent il lui arrive aussi, pendant qu'il est en quête d'un bon souper, qu'on lui enlève ses effets, qu'il a déposés derrière un buisson. Mais ceci n'est qu'un petit tour de passe-passe, dont il sait se dédommager de la même manière.

Il seroit difficile de se former une idée juste de l'orgueil et de l'ignorance de ces Arabes. Non-seulement ils se considèrent comme le premier peuple du monde, mais ils ont aussi la vanité ridicule de croire que le soleil ne se lève que pour eux. Ils pensent que les étoiles sont les enfans de la lune.

La guerre n'est chez les Arabes qu'un état de vol et de pillage. Ils ne la font que pour se livrer à l'indolence, quand ils ont enlevé les troupeaux et les moissons de l'ennemi. Un jour que les troupeaux étoient répandus dans la plaine, un des gardiens vint tout essoufflé nous (*) avertir qu'on voyoit au sommet des montagnes des détachemens considérables d'Oudelims qui paroissoient avoir le dessein d'enlever leurs troupeaux. Alors on battit la caisse, tous coururent aux armes, et s'avancèrent aussitôt vers l'ennemi. Ceux qui étoient à cheval, disparurent bientôt dans un nuage

---

(*) M. de Brisson et ses malheureux compagnons.

de poussière. Le chameau, qui fait de longues enjambées n'étoit guères moins agile. Excité par les cris de celui qui le monte, il se jetoit dans la mêlée, et y faisoit avec ses dents autant de ravages que le fusil. Les Arabes n'attaquent jamais en ordre de bataille. Ils se prennent corps-à-corps, et il y a autant de combats singuliers, qu'il y a de guerriers. Celui qui triomphe de son adversaire lui enlève ses armes, sa monture, et il se retire avec précipitation, pour mettre en sûreté les fruits de sa victoire. D'autres se voyant les plus forts, s'acharnent contre leurs opposans, les poignardent, et quelquefois avec leurs ongles, qu'ils laissent croître exprès, ils leur arrachent les boyaux du ventre. Il arrive souvent que celui qui s'est couché, le plus riche en bétail, est le lendemain réduit à la plus affreuse misère, et dépouillée de tout par celui qui n'avoit rien la veille. Les tribus les plus foibles étant les plus exposées, vivent dans les lieux les plus écartés ; elles s'éloignent sur-tout des Oudelims et des Labdesseba. Quelque temps avant de quitter le pays, j'ai vu ces derniers commencer leurs vols du côté d'Arguem, qu'ils appellent Agadir, et pousser leurs ravages jusqu'aux portes de Maroc.

Le combat fini, chaque parti creuse un certain nombre de fosses, on avertit les Talbes de se rendre sur le champ de bataille, et ils remplissent à l'instant les fonctions de leur ministère. Elles consistent à prononcer quelques sons plaintifs sur quelques poignées de sable qu'ils ont recueilli dans une coquille, et à le répandre sur les malheureuses victimes qui sont blessées à mort. Ils leur appliquent les pouces sur le front, en forme des *saintes huiles;* ensuite ils leur enveloppent le corps d'une écharpe et d'un chapelet. Quand leur dernier soupir est rendu, ils étendent le corps dans la fosse, toujours du côté gauche, et le visage tourné vers le soleil levant, afin qu'ils puissent contempler le tombeau de leur prophète. Ensuite ils entassent sur ces fosses des pierres qui s'élèvent en forme de pyramides : tels sont les monumens dressés à ces guerriers pillards. Leur âge est indiqué par l'étendue de terre que leurs corps occupent. Les femmes en pleurs s'agitent et se roulent autour de ces mausolées. Leurs gestes, leurs grimaces et leurs soupirs se font en cadence, et forment un spectacle vraiment ridicule. Les voyageurs ne passent jamais devant ces tombeaux, qu'ils n'y couchent leurs bâtons, et, après une courte prière, ils y déposent des pierres en forme de pyramides, qui indiquent les vœux qu'ils ont offerts pour le repos du défunt.

Quand les cérémonies funéraires sont achevées, on n'entend que des cris de deuil, des lamentations dans tout le hameau. Tous confondent leurs larmes avec celles des parens du mort, et l'on dresse sa tente dans un autre lieu. Tous ses effets sont exposés au grand air. Pour consoler les amis et les parens, on choisit le belier le plus gras, on l'égorge, on le cuit, on le mange : c'est un sacrifice toujours offert à la mémoire du défunt. Le repas fini, toutes les haines sont éteintes. Le lendemain du combat, je les ai vus se faire des visites réciproques, et féliciter l'ennemi qu'on a blessé, de son adresse à épier l'occasion favorable de blesser son adversaire. Ce que j'ai trouvé de plus extraordinaire, c'est de n'employer que de la terre pour guérir les plaies les plus profondes, et que les résultats en fussent toujours les mêmes, en quelque lieu qu'ils prissent cette terre. Pour alléger la douleur, ils ont recours à un autre expédient qui ne réussit pas toujours aussi bien. C'est l'application d'un fer rouge. Au reste, il y a fort peu de maladies chez eux.

Ces barbares ont quelquefois le bonheur de voir leurs champs couverts de moissons abondantes. Mais ils n'attendent pas que leurs grains soient en maturité, ils les coupent et les font sécher, sans réfléchir qu'en suivant cet usage, ils se privent de cette abondance qui est nécessaire au soutien de leur famille, et de la paille pour nourrir leurs bestiaux; souvent obligés de brouter les feuilles sèches des arbres, et qu'eux-mêmes, faute de prévoyance, se voient réduits à la nécessité de manger les selles et courroies de leurs chameaux. Je ne pouvois voir, sans regret, le peu de soin qu'ils apportent à la culture de leurs champs. Ils mettent la semence entre des tas de pierres et dans des buissons. Leurs racines desséchées absorbent toute l'humidité de la terre, et l'eau y dépose une viscosité très-propre à accélérer la végétation. La personne chargée du labour, vient prendre ces semailles, sur-tout après la pluie, et les disperse çà et là sur la terre. Ensuite il y trace un très-léger sillon, par le moyen d'une charrue conduite par un seul chameau. Si l'humidité de l'air ou des nuages succède à ce labour, chacun se retire avec sa portion, dans la partie intérieure de leurs rochers.

A l'exception des crimes qu'ils cherchent à commettre pendant la nuit, les Arabes ne déguisent jamais aucune de leurs actions. Lorsque l'un d'entre eux veut entreprendre un long voyage, il en prévient tout le hameau, qui se rassemble pour le conseiller. Chacun prend la parole, et l'on voit des enfans de quatorze ans ouvrir leur avis avec autant de confiance qu'un homme d'âge qui traiteroit de l'affaire la plus importante. Souvent les conférences se prolongent pendant un mois, sans avoir d'autre objet que d'approuver, ou de condamner l'entreprise de leur compatriote. La même chose arrive, toutes les fois qu'ils veulent changer le lieu de leur campement, ou conduire leurs chameaux sur les bords de la mer. Cette dernière question est toujours la plus longue à discuter; on agite l'éloignement des lieux, les peines attachées à la privation du laitage, occasionnée par l'absence des bestiaux. A la vérité, l'on convient que ceux qui n'enverront point leurs chameaux, auront soin de fournir du lait aux autres, sous la condition, comme ils le disent, d'être à leur retour payés de la même monnoie. Leur joie n'éclate jamais si vivement qu'au retour de ces chameaux. Ils revinrent chargés de peaux de chèvres, remplies d'eau. Le goût qu'elle y a contracté est désagréable ; mais c'est une chose si rare que l'eau dans ces contrées, qu'ils la boivent avec la plus grande avidité.

On croit généralement en Europe, qu'un chien deviendra enragé, s'il n'a point d'eau à boire. Ils n'en boivent jamais dans les déserts de l'Arabie, et ils ne vivent que d'excrémens. Les chameaux sont quelquefois trois à quatre mois sans une seule goutte d'eau, et les chèvres et les brebis en boivent encore moins. En un mot, si les Arabes n'avoient point de chevaux, peut-être n'iroient-ils jamais chercher d'eau ; ils attendroient qu'elle leur tombât du ciel. Ces pluies tombent ordinairement au mois d'octobre ; elles répandent une joie universelle dans tout le pays, et on y fait alors de grandes réjouissances. Les personnes qui n'ont jamais connu le manque d'eau, ne peuvent se former une idée des transports qu'ils éprouvent à cette occasion.

Un mari ne peut renvoyer sa femme, sans en avoir obtenu la permission des anciens du hameau, et jamais ils ne la refusent. Les femmes sont traitées dans le pays avec le mépris le plus souverain, ainsi que cela se pratique dans toutes les peuplades sauvages, ou peu civilisées. Elles ne prennent jamais le nom de leurs maris; mais elles conservent celui qu'elles ont reçu en naissant. Les enfans même ne prennent point le nom de leur père. Il n'y avoit, dans tous les hameaux que j'ai eu occasion de fréquenter, que quatre ou cinq noms différens. Ils se distinguent par celui de leur tribu, ou par un surnom quelconque. Lorsqu'un Arabe se met en route pour un long voyage, son épouse, après lui avoir dit adieu, le suit à vingt pas environ hors de l'habitation, puis elle jette après lui la pierre dont on se sert pour enfoncer dans la terre les chevilles de la tente, et au lieu où elle tombe, elle l'enfouit dans le sable jusqu'au retour de son mari. C'est de cette manière qu'elle lui témoigne les vœux qu'elle fait pour son voyage et pour son heureux retour.

Quoique ces femmes soient très-indécentes dans leurs discours et dans leurs gestes, elles sont extrêmement fidèles à leurs maris. Je ne pourrois jamais concilier la tendresse qu'elles ont pour leurs enfans, avec la barbarie dont elles les corrigent, spécialement leurs filles, qui ont fort peu d'obéissance pour leurs parens. Cependant c'est sur elles qu'ils épuisent leur prodigalité. Ils leur donnent des boucles d'oreilles, et des anneaux d'or ou d'argent, qu'elles portent aux jambes et aux bras. Mais il y a tant d'alliage dans cet argent, que ce n'est que du cuivre blanchi. Les personnes d'une classe inférieure ne portent que du cuivre.

Rien ne fait tant de plaisir aux Arabes, que la naissance d'un fils. On peut aisément deviner qu'il n'y a ni sage-femme, ni chirurgien pour donner des secours à la mère; car la plupart du temps, elle est seule au moment de son accouchement.

Toute femme arabe qui met un fils au monde, se noircit le visage pendant quarante jours, pour en témoigner sa joie. Si c'est une fille, elle ne s'en noircit que la moitié, pendant vingt jours seulement : ainsi, ce n'est qu'une demi-joie. Si ces pauvres enfans pouvoient observer combien leur mère est hideuse, ils repousseroient le sein avec horreur; jamais je n'ai vu de figures aussi dégoûtantes. Je n'ai pu m'empêcher de frémir, toutes les fois que j'ai vu la sévérité de ces femmes se déployer contre leurs enfans encore à la mamelle. Elles les endorment en leur donnant de rudes coups sur le derrière ; et pour les empêcher de crier, elles les pincent de la manière la plus impitoyable, et leur tortillent la peau avec les doigts. J'ai vu quelquefois de ces monstres à figure humaine partir le jour même de leur accouchement, pour aller camper à quinze ou vingt lieues. On les met indistinctement dans une espèce de berceau qui est attaché au sommet de la charge que porte le chameau, et comme dans cette situation elles sont visibles de fort haut, elles cherchent à s'habiller du mieux qu'elles peuvent, et à disputer de parure : en conséquence, elles ornent le chameau qui les porte, de différentes bandelettes, les unes d'écarlate, et les autres de blanc. Les quatre bâtons qui forment le cadre du berceau sont ornés de feuilles de cuivre, ou d'argent doré.

Ce sont, en général, les femmes qui enlèvent les perches de la tente, quand leurs maris veulent camper dans un autre endroit : elles ont aussi le soin de charger les chameaux, sous l'inspection de leurs maîtres. Lorsque le mari monte à cheval, c'est la femme qui lui présente les éperons ; et dût-elle tomber et se casser le cou, peu importe au mari, pourvu qu'à son arrivée il la trouve prête à lui servir un bassin de lait et de beurre.

Ce n'est pas sans peine que j'ai vu un de ces Arabes laisser aux femmes le soin de replacer sur le chameau le fardeau qui en étoit tombé. Assis derrière un buisson, il les regarde avec la plus grande indifférence, lorsqu'encore tout épouvantées de leur chûte, elles s'occupent seules du soin de réparer le mal. Il n'y a rien de plus arrogant qu'un Arabe avec sa femme, rien de plus humble qu'une de ses femmes en sa présence. Elles ne sont jamais admises avec eux à leurs repas. Elles se retirent après les avoir servis, jusqu'à ce qu'il plaise à leurs tyrans de les appeler pour leur donner ce qu'ils ont laissé. Un Arabe ne peut, sans violer les règles de la décence, s'introduire dans la tente d'aucun de ses voisins, sous quelque prétexte que ce soit. Quand il a besoin de lui parler, il l'appelle du dehors, et la femme qui entend le son de sa voix, met aussitôt un voile; c'est aussi ce qu'elle fait, lorsqu'elle passe devant quelqu'un. Un mari manqueroit d'honnêteté si, en entrant dans sa tente, il se couchoit sur la natte dont sa femme fait usage. Il ne peut jouir de ce privilège, qu'après qu'elle s'est retirée pour se reposer. Cependant les maris ont beaucoup de complaisances pour leurs femmes, pendant tout le temps de leur grossesse. Il y a peu de familles où l'on ne voye cinq ou six enfans ; et comme la pluralité des femmes est permise, on peut aisément en déduire les progrès de leur population. Quoiqu'un homme ait plusieurs femmes, il n'y a point de jalousie entre elles. Elles vivent toutes sous le même toit, et attendent paisiblement sur laquelle tombera le choix de leur mari.

On distingue par un petit pavillon blanc la tente qu'on vient de dresser pour recevoir un nouveau couple marié. Le jour de la noce l'époux fait tuer un chameau, pour régaler la compagnie, et les femmes mariées, comme celles qui ne le sont pas, se rassemblent indistinctement auprès de celle qui bat du tambour. Le mari, assis par terre, frappe d'une main l'instrument, et, formant de l'autre une espèce de trompette, il accompagne le son de son tambour de hurlemens épouvantables, et par le bruit d'une chaîne qu'il agite avec son bras.

Une personne danse seule au bruit de cette agréable musique. Elle se meut et s'agite de la manière la plus singulière ; ses bras flottans devant elle, forment différens gestes, pendant que tous les spectateurs battent la mesure avec leurs mains.

CHAPITRE XXII.

Mœurs et caractères des Turcs par un Français en 1784.

J'ai employé deux lettres entières à décrire les amusemens des Turcs; cependant je n'ai parlé ni de leurs mœurs, ni de leur caractère national. J'avois voulu attendre qu'un plus long séjour me les fît connoître plus particulièrement, mais je pars ce soir, et je ne puis quitter le pays, sans tâcher de vous donner au moins quelque idée de ses habitans.

Les Turcs, peuple autrefois fier et belliqueux, paroissent aujourd'hui se rapprocher de la douceur qui distingue les nations de l'Asie. L'esprit de paix qui empêche les bramines d'ôter la vie aux animaux, semble également animer les habitans du Bosphore. Vous avez sans doute ouï parler du soin que l'on prend à Constantinople des chiens et des chats qui abondent dans les rues de cette capitale. Ces animaux ne sont pas les seuls qui réclament la libéralité des Turcs. On voit sur les toits des maisons un nombre prodigieux de pigeons et de colombes se croiser dans les airs et se réunir sur les barques chargées de grain. L'usage est de leur en délivrer une mesure par sac, et l'on diroit qu'ils viennent hautement réclamer leur dû. Les oiseaux aquatiques dont le canal est couvert, rarement quittent leurs places avant que la rame ne soit près de les atteindre. Leurs nids sont respectés, même des enfans, pour qui c'est une si douce proie dans toutes les autres contrées. L'observateur, en voyant la confiance mutuelle qui règne entre l'homme et les animaux, seroit tenté de se croire transporté à ces temps heureux de l'enfance de la nature. Les Turcs, et j'imagine que vous les en aimerez davantage, étendent cette bienveillance jusques sur les arbres. C'est un crime énorme de les couper, et tout le voisinage ne manqueroit pas d'en murmurer, prêt à faire tous les sacrifices nécessaires pour conserver leur ombre hospitalière. J'ai vu souvent des boutiques construites autour d'un grand platane qui sembloit sortir du toit, et qui les couvroit de ses feuilles, ou des murailles traversées par des branches que les propriétaires n'osoient émonder. Les vieux arbres sont ordinairement environnés d'un rebord, ou digue qui sert à les couvrir et à défendre leurs racines. Les plus jeunes ont des nattes pour les préserver, et ceci se pratique même dans les champs communaux, dont la propriété n'appartient à personne en particulier.

Les Turcs se rapprochent aussi des autres nations orientales, par leur goût pour la pompe et l'ostentation. Cette circonstance frappe l'observateur au premier coup-d'œil. Il suffit, pour réveiller l'idée de la magnificence, de citer les promenades du Grand-Seigneur sur l'eau, sa marche à la mosquée, et le départ de la caravane pour la Mecque : ces objets sont autant de spectacles qui frappent et qui étonnent par leur beauté. Mais cette pompe doit être moins attribuée au goût qu'à l'étiquette. Ceux que leurs officiers n'obligent pas à ce luxe, s'en épargnent volontiers la dépense et la peine. Une maison d'une apparence ordinaire souvent recèle un des plus riches habitans de la ville. Il réserve toutes les somptuosités d'élégance et de goût pour l'appartement des femmes, qui à leur tour ne se parent que pour lui. Leur maxime est de *jouir, sans en avoir l'apparence ;* de là cette philosophie si douce, qu'on ne trouve que dans les écrits des Orientaux ; elle rejette les paradoxes brillans, et ne s'annonce que par des apologues dont la simplicité frappe l'esprit. La poésie y puise ses richesses dans sa véritable source ; les images qu'elle présente sont toujours prises dans la nature et dans ses productions les plus belles. L'allégorie prit naissance dans l'Orient, pour suppléer à la liberté de penser, et se mettre à couvert des premiers transports du despotisme ; elle y conserve toujours la richesse d'une plante qui croît en son pays natal ; et la moralité, cachée sous sa gaze légère, n'inculque à l'esprit que le mépris des grandeurs, le bonheur de la vie privée, et sur-tout l'amour du repos qui a tant d'attraits aux yeux des Orientaux. Pour preuve de ce que j'avance, les promenades publiques n'ont point de nom particulier ; elles y sont délicieuses et en très-grand nombre. Ce sont de petites terrasses artistement élevées dans quelque situation heureuse à l'ombre d'un platane, avec une fontaine dans le voisinage, un endroit commode pour y prendre le café, et un *micrab* pour y faire la prière. L'auteur de ces pieux monumens a toujours soin d'y faire graver son nom, pour le rap-

peler au souvenir de ceux qui viennent s'y
reposer. C'est aussi là que l'habitant de Constantinople place son sopha et son tapis ; il vient y jouir en paix des beautés de la nature ; il y passe des jours entiers dans une douce rêverie. Ces sortes de jouissances ne font point d'impression sur un esprit actif ; elles ne sont réservées qu'à ceux qui aiment la comtenplation.

CHAPITRE XXIII.

Description du même auteur de la ville du Caire en Egypte, etc. Cérémonies qu'on observe au départ de la Caravane pour la Mecque.

La ville du Caire à mon arrivée ne me présenta pas une perspective bien agréable. La famine y faisoit depuis trois mois des ravages épouvantables. J'ai vu dans toutes ses horreurs ce terrible fléau, dont les historiens ne m'avoient donné qu'une idée bien légère. L'avarice des Beys en fut la principale cause : dans la plus grande disette, ils faisoient exporter le blé. Cette conduite infâme le fit monter à dix fois au-dessus de sa valeur ordinaire. Aussitôt que le peuple fut instruit d'un monopole aussi honteux, il s'assembla dans les mosquées, maudit ses maîtres, et pria le ciel d'envoyer la peste pour finir sa misère ; mais sa fureur n'eut point d'autres suites. A présent on voit dans les rues une multitude innombrable de vieillards, de femmes, et d'enfans, tout nuds, foibles, pâles, défigurés. C'est en vain que les ames sensibles veulent leur prodiguer quelques secours, elles ne peuvent le faire, sans occasionner des querelles. Les plus forts arrachent le pain de la main des plus malheureux, trop foibles pour se défendre. Malgré la misère publique, les riches font bonne chère ; mais il n'est pas donné à tout le monde de faire les mêmes dépenses.

Mes fenêtres donnent sur le Kalisch, qui est la rue du Caire la plus fréquentée en cette saison. On y voit des spectacles ambulans de de toute espèce ; car cette ville est célèbre pour ce genre d'amusemens. J'ai déja remarqué des gens qui traînent avec eux une espèce de gros singe à grande queue, qu'ils font danser. Je crois que M. Buffon n'a point eu connoissance de cet animal. Il en est qui pour se battre entre eux se servent, en guise de fouet, de serpens de dix pieds au moins de longueur ; d'autres sautent au travers de petits cerceaux hérissés de poignards. Mais ce qu'il y a de plus curieux au Caire, c'est ce qu'ils appellent *Rag-houaz ,* ou la danse des femmes qui sont la plupart très-jolies. Elles ne sont pas communes en Egypte, leur figure est à découvert, leurs longs cheveux flottent sur leurs épaules; elles sont nues jusqu'à la ceinture, dansent beaucoup mieux que les Turques et se rapprochent plus de la nature. A côté de ces syrènes, une pauvre femme me montra son enfant qui venoit d'expirer de besoin ; d'autres affamées, trop foibles pour se soutenir, s'appuioient contre le mur pour parvenir jusques sous mes fenêtres, encore la plupart tomboient-elles en chemin. Je jetai quelqu'argent dans la rue; mais cette générosité produisit le plus mauvais effet. Tous les mendians du quartier vinrent assiéger ma maison avec des cris épouvantables.

La rue dont je parle sera demain changée en canal ; on y fera pénétrer les eaux du Nil avec toute la pompe possible. Le but de cette cérémonie est d'apprendre au peuple que le Nil s'est élevé à sa hauteur ordinaire. On me dit que cela mérite d'être vu ; s'il est vrai, je ne manquerai pas de vous en instruire.

La fête étoit très-brillante ; la foule étoit immense dans les rues, aux fenêtres, sur les toits. D'abord l'inquiétude se glissa dans tous les cœurs à la vue de l'eau qui pénétroit avec lenteur ; mais le calme revint bientôt. Tous ces malheureux dont je viens de parler, poussèrent des cris de joie, sans réfléchir que la faim en feroit périr au moins la moitié avant la moisson prochaine. Rien ne peut égaler le respect superstitieux des Egyptiens pour le fleuve qui les nourrit. Il en est qui prenoient plaisir à se promener dans cette onde fangeuse ; les mères y plongeoient leurs enfans qui en sortoient noirs comme des taupes. Enfin le peuple resta jusqu'à ce que l'eau, qui croissoit toujours, le força de se retirer. Depuis ce jour le Kalisch est couvert de barques élégantes. Les rameurs accompagnent tous leurs mouvemens d'un chant un peu monotone, mais cependant harmonieux, et qui n'a rien de cette dissonance de la musique turque. Le Pacha et les Beys principaux assistent à l'ouverture du Kalisch, et certifient par écrit que l'eau y a pénétré ; sans ces formalités, le Grand-Seigneur ne pourroit exiger le tribut que payent les Egyptiens. Mais tout ceci n'est que pour les formes ; car les Beys n'en gardent pas moins pour eux tous les revenus du pays, et n'en envoient qu'une portion bien mince à Constantinople.

Voici la description d'une autre cérémonie. La caravane est partie ce matin pour la Mecque. Les Ogiaks et les Beys de tous les corps de la milice et de toutes les sectes tolérées au Caire l'accompagnoient. Ce fut Selim II qui, après la conquête de l'Egypte, en régla la marche ; on y conserve encore l'ancien costume. C'est une cotte-de-mailles revêtue d'une peau de tigre, un voile qui couvre la tête et la figure et flotte au gré des vents, un bouclier, un carquois, enrichis de pierres très-précieuses, des flèches dorées, et une espèce de lance dont se servoient les Arabes. Entre les sectes les plus remarquables, on distinguoit celle de Mahvis connue autrefois sous le nom d'*Ophiophagi*, ou mangeur de serpens. Ils tenoient à chaque main un faisceau de ces reptiles qu'ils dévoroient, avec des grimaces étudiées pour s'attirer l'attention et le respect du peuple ; mais ce qui fixoit les regards du public, c'étoit le chameau qui portoit le mahmal, espèce de pavillon richement brodé, dans lequel on croit que les prières de tout bon musulman sont portées à la mecque. Ce chameau étoit suivi de l'étendard de Mahomet qui fermoit la marche. Quant à moi et mes compagnons, notre plaisir ne fut pas de longue durée; car, malgré le soin que nous prîmes de nous cacher derrière une espèce de palissade, nos turbans faits à la *Druze*, et notre air étranger nous firent remarquer de quelques jeunes Mamelucks, qui du haut du toit d'une maison voisine, nous jetèrent des oranges vertes et des pierres avec une grossièreté qui répondoit assez à leur mal-adresse. Les Zerchlis s'amusèrent aussi à nous décocher quelques flèches, mais aucunes ne portèrent, et nous rentrâmes sains et saufs.

CHAPITRE XXIV.

Relation du naufrage et de la captivité de M. Brisson, en 1787.

Si je n'ai publié cette relation que deux ans après ma captivité, en voici la raison : A peine avois-je fini ma quarantaine à Cadix, que j'écrivis au maréchal de Castries, ministre de la marine, pour lui demandes ses ordres. Il me donna de nouvelles dépêches pour le Sénégal. Je me rembarquai au Hâvre-de-Grace le 6 mai 1787. J'arrivai sans accident à l'île de Saint-Louis, où je reçus une visite trop intéressante pour la passer sous silence.

CHAPITRE XXV.

Le docteur Sparman rend visite à notre auteur.

Le docteur Sparman, médecin d'un rare mérite, professeur d'histoire naturelle, connu, d'ailleurs, par ses voyages dans l'intérieur de l'Afrique, vint du Cap-de-Bonne-Espérance, avec son compatriote M. Wadstrom, me rendre visite au Sénégal. Ces illustres étrangers s'étant fait connoître, me dirent qu'ils venoient exprès de Gorée pour converser avec moi, et me demander quelques instructions sur la partie d'Afrique que j'avois traversée. Ils me prièrent de leur tracer une route à travers les déserts, du Sénégal à Morocco, par Galam, Bambou, et Bondou.

Je leur répondis que le seul moyen de réussir dans cette périlleuse entreprise, étoit de trouver un Arabe qui voulût leur servir de guide. Je les présentai ensuite au Shérif Sidy Mouhammet, qui réside au Bengal. Mais il avoua que, malgré sa qualité de magistrat, qui pouvoit le tirer de bien des mauvais pas, il n'oseroit jamais s'exposer aux dangers d'un voyage si hasardeux. Ils renoncèrent alors à leur entreprise. A mon retour en France, le comte de la Luzerne avoit succédé au maréchal de Castries dans le ministère de la marine. Je lui remis mes dépêches, et ce fut lui-même qui m'engagea à publier cette relation. J'ai suivi scrupuleusement la plus exacte vérité, et je n'ai d'autre but que d'être utile à mes concitoyens et à l'humanité entière.

CHAPITRE XXVI.

Le vaisseau donne sur un banc de sable et fait naufrage.

J'AVOIS déja fait plusieurs voyages en Afrique, quand le maréchal de Castries, ministre de la marine, me chargea, en juin 1785, d'une commission pour l'île de Saint-Louis dans le

Sénégal. Je m'embarquai sur le vaisseau *Sainte-Catherine*, commandé par M. Le Turc. Le 10 juillet nous passâmes entre les îles Canaries et celle de Palma. Bientôt après, le capitaine, ne voulant pas suivre mes conseils, vint donner sur des bancs de sable.

La secousse fut violente ; nous fûmes démâtés, et nos voiles se déchirèrent en mille lambeaux. La terreur devint générale ; les cris des matelots, mêlés au mugissement des vagues prêtes à nous engloutir, rendoient la scène plus horrible encore. La consternation étoit si grande, que personne ne pensoit à se sauver. Les uns regrettoient leurs femmes et leurs enfans, les autres tendoient au ciel des mains suppliantes. Cependant nous fîmes les derniers efforts pour sauver le vaisseau, mais ce fut en vain ; le fond de cale étoit déja rempli d'eau.

C'étoit fait de nous, si M. Yan, l'un des lieutenans, M. Suret, passager, trois matelots anglais, quelques autres, ne m'eussent aidé à mettre la chaloupe en mer. Nous luttâmes toute la nuit contre la fureur des flots, et le jour ne reparut que pour nous plonger dans un malheur plus affreux. Notre chaloupe fut submergée, et nous fûmes tous séparés et jetés sur différens bancs de sable, à l'exception de M. Devoise, frère du consul de Tripoli, qui fut emporté par les flots. Je me jetai soudain à la mer, et j'eus le bonheur de le sauver.

Ceux de nos compagnons d'infortune qui étoient restés à bord, se voyoient privés de toute espèce d'assistance. Je me jetai une seconde fois à la nage avec M. Yan, et nous repêchâmes la chaloupe. Ceux qui étoient à terre, suivirent notre exemple, nous la remîmes à flot, et nous sauvâmes le reste de l'équipage. Hélas ! nous nous réjouissions d'avoir pu échapper à ce premier danger, mais nous retombâmes dans un autre bien plus horrible encore.

Environnés de rochers escarpés, nous grimpâmes comme nous pûmes jusqu'au sommet. Nous découvrîmes alors une plaine immense, couverte d'une espèce de bruyère sauvage, et bordée de collines. Nous vîmes des enfans qui gardoient un troupeau de chèvres. A peine nous eurent-ils aperçus, qu'ils poussèrent de grands cris. Les habitans du voisinage se rassemblèrent soudain, à notre approche ils se mirent à hurler et à danser. Les deux lieutenants et quelques autres de nos compagnons s'étoient séparés de nous; i furent tout-à-coup environnés d'une foul nombreuse qui les saisit au collet. Ce fu alors que je vis à la réfraction du soleil, qu les sauvages étoient armés de poignards. Nou nous étions avancés sans crainte et sans soup çon.

Il me fut impossible d'arrêter nos gens. L désespoir dans l'ame, ils fuyoient sans savoi où. Je les vis bientôt tomber sous les coup des Arabes qui les dépouillèrent.

CHAPITRE XXVII.

M. Brisson tombe entre les mains d'un Talbe

Je n'avois pour toute fortune que deux belle montres, un porte-col d'or, une paire d boutons de manche d'argent, une bagu montée en diamans, un gobelet d'argent, e 220 livres en espèce. Je les offris à un Arab qui se trouva là sans armes, et il me promi un meilleur traitement. Je reconnus dans l suite que c'étoit un Talbe, ou prêtre. L'ar gent sur-tout lui fit beaucoup de plaisir.

La nouvelle de notre naufrage s'étoit déj

répandue dans toute la contrée ; nous vîmes accourir des essaims nombreux de sauvages.

Bientôt les derniers venus en vinrent aux mains avec les premiers, et il en resta un grand nombre sur le champ de bataille. Enragées de ce qu'elles ne pouvoient piller le vaisseau, les femmes se jetèrent sur nous avec fureur, et nous arrachèrent nos vêtemens. Le mien sur-tout, qui paroissoit meilleur, fixa leur attention.

Mon maître qui n'étoit rien moins que brave, se sentant trop foible contre tous, tira à l'écart deux de ses amis, et partagea avec eux douze hommes de notre équipage qui s'étoient remis entre ses mains ; après quoi il prit le large, pour nous mettre à l'abri des injures de ces peuples féroces. Il nous conduisit à plus d'une lieue du rivage de la mer, et nous fit entrer dans une misérable chaumière couverte de mousse. Son premier soin fut de nous fouiller, mes compagnons malheureusement n'avoient pu rien sauver du pillage ; il en fut si irrité qu'il leur prit jusqu'à leur chemise. Il voulut me traiter de la même manière ; mais je lui observai que je lui avois assez donné ; il me laissa tranquille.

Ne sachant encore entre les mains de qui

nous étions, je lui demandai, moitié par signes, moitié de vive-voix : Quel est ton nom, et celui de ta tribu ? Pourquoi as-tu pris la fuite à la vue de cette multitude d'Arabes qui accouroit vers le rivage ? Mon, nom, me répondit-il, est Sidy-Mahammet de Zouze ; ma tribu est celle de Labdesseba. J'ai pris la fuite à l'arrivée des Ouadelims, parce que nous ne sommes pas très-bien ensemble. Je fus vivement affecté quand j'appris que nous étions tombés entre les mains du peuple le plus féroce qui habite les déserts d'Afrique.

Le Talbe retourna au rivage chercher encore quelque chose à piller. En son absence, nous fûmes découverts par un parti d'Ouadelims, qui ravagèrent notre retraite et nous assommèrent de coups. J'étois près d'expirer quand un des associés du Talbe vint à notre secours; mais il me revendiqua devant une nombreuse assemblée, comme la récompense de sa valeur. Le prêtre s'opposa vivement à sa demande, et le menaça de son ressentiment. A quoi l'autre répondit : Puisque tu prétends qu'il t'appartient, et qu'il ne peut être à moi, il mourra de ma main. Soudain il tira son poignard pour me le plonger dans le sein. Je tremblois déja, quand mon maître, sans perdre de temps, me jette au cou une espèce (*) de chapelet d'une grandeur démesurée, et prend un petit livre qui pendoit à sa ceinture. Les femmes m'arrachent des mains de Nonegem, et me rendent au prêtre en fureur, tant elles craignoient qu'il ne lançât un anathême contre son antagoniste.

A peine fus-je revenu à moi-même, que je ne pus retenir mes pleurs. En vain, je m'efforçai de les cacher, quelques femmes m'aperçurent, et au lieu d'être touchées de mon infortune, elles me jetèrent du sable dans les yeux, pour les sécher, comme elles le disoient. Heureusement il étoit nuit; à la faveur des ténèbres, je me dérobai à la furie de ces monstres.

Il y avoit déja trois jours que nous étions dans cet état d'esclavage : nous n'avions eu pour toute nourriture qu'un peu de fleur corrompue par l'eau de la mer, mêlée avec de la vieille farine d'orge. Encore étions-nous souvent interrompus dans nos chétifs repas par des cris horribles qui partoient des environs de notre cabane.

(*) Les Talbes ont une longue corde où sont attachés 115 petites boules noires, dont ils se servent comme les catholiques de leur chapelet.

Quelques jours avant notre naufrage, cette tribu d'Arabes avec laquelle nous vivions, s'étoit rapprochée des côtes de la mer pour recueillir la graine des plantes sauvages, qui leur sert de nourriture dans l'intérieur du pays. Ils se préparoient à retourner dans leurs déserts avec leurs provisions et les prisonniers qu'ils avoient faits, pour éviter les Ouadelims leurs ennemis.

CHAPITRE XXVIII.

Manière de voyager dans les déserts.

Après avoir franchi des montagnes d'une hauteur prodigieuse et couvertes de petites pierres grises, aussi tranchantes que les pierres à fusil, nous descendîmes dans une vallée sablonneuse, hérissée de gros chardons. J'avois la plante des pieds déchirée et couverte de sang; je ne pouvois plus avancer. Mon maître me fit monter derrière lui sur son chameau. Mais cette complaisance de sa part, bien loin de me soulager, produisit un effet tout contraire. Le trot du chameau est naturellement très-dur. J'étois nud, j'eus bientôt les cuisses déchirées. Mon sang couloit le long de ses flancs; et cet état pitoyable, au lieu de toucher ces barbares, ne servoit qu'à leur amusement. Ils hâtoient le pas de leurs chameaux pour me faire souffrir davantage. J'aurois été lacéré, si je ne m'étois précipité en bas. J'en fus quitte pour avoir le corps tout lardé de chardons.

Sur le soir j'aperçus une fumée épaisse; je crus que nous étions proches de quelque hameau où nous trouverions de quoi étancher la soif qui nous dévoroit, et un peu de nourriture; mais je ne vis bientôt que quelques buissons où notre guide avoit pris son logement. Couvert de sang, accablé de fatigue, je m'étendis à terre, attendant que la mort vînt me délivrer de tant de peines. Un Arabe de notre compagnie vint bientôt m'arracher à mes tristes réflexions, et me fit lever pour décharger son chameau. Je le punis sur-le-champ de sa témérité, et je m'en trouvai mieux dans la suite.

Je remarquai certains apprêts qui me donnèrent beaucoup d'inquiétude. Ils firent rougir des cailloux dans une grande poêle, et firent un trou dans la terre, en répétant mon nom, et riant à gorge déployée. Ensuite de quoi l'Arabe que je venois de frapper, me donna à entendre par ses signes qu'on alloit me couper la gorge. Quoique je fusse bien résolu à vendre chèrement ma vie, ma position n'étoit pas des plus agréables. Mais quelle fut ma surprise en les voyant tirer de ce trou une peau de chèvre remplie d'eau, un petit sac de cuir qui contenoit de la farine d'orge, et une chèvre fraîchement tuée? A la vue de ces provisions, mon esprit se calma, quoique je ne susse pas à quel dessein ils faisoient rougir des cailloux. Je les vis enfin remplir d'eau un grand vaisseau de bois, où ils avoient mis de la farine d'orge, et où ils jetèrent les cailloux pour la faire bouillir. C'est ainsi qu'ils firent une pâtée qu'ils pétrirent avec leurs mains sales, et qu'ils avalèrent sans mâcher. Quant à nous, pauvres esclaves, on nous en jeta sur un tapis qui servoit de marche-pied à notre maître; on ne peut s'imaginer combien cette nourriture est dégoûtante; l'eau dont on s'étoit servi pour détremper la farine, avoit été puisée au bord de la mer, et conservée dans une peau de chèvre fraîchement tuée. Ils y avoient mêlé une espèce de poix, pour empêcher qu'elle ne se corrompît. Quelque mauvaise que fût cette boisson, nous ne pouvions en avoir assez pour nous désaltérer.

Le lendemain à dîner nos maîtres se régalèrent de gras cru, qu'ils dévoroient avec avidité. Ils firent cuire aussi de la viande, et la mangèrent avec la même voracité, sans se donner le temps d'en ôter le sable dont elle étoit couverte. Quand ils eurent bien rongé les os, ils les grattèrent avec leurs ongles, et nous les jetèrent, en nous recommandant de nous dépêcher de dîner, et de recharger les chameaux.

Les femmes étoient encore plus féroces que les hommes; elles prenoient plaisir à nous tourmenter; nos maîtres prenoient rarement notre défense. Je m'écartai un jour de nos tyrans, j'aperçus un Arabe qui me couchoit (*) en joue avec un fusil à deux coups; je lui présentai la poitrine et lui dis de tirer. Ma fermeté l'étonna, et j'en conclus que ces peuples respectent ceux qui ne les craignent pas. Je marchois droit à lui, quand je fus frappé à la tête, d'une pierre qui partit d'une

---

(*) Quelques années auparavant, plusieurs vaisseaux qui faisoient la traite des nègres, échouèrent sur cette côte. Comme ils furent pillés par les Arabes, il n'est pas étonnant qu'ils aient des armes à feu.

main inconnue. Je tombai et restai quelques minutes sans sentiment.

Après avoir passé trois jours avec les Arabes de la tribu de Roussye, nous continuâmes notre route dans le fond des déserts où vivoit la famille de nos conducteurs. Au bout de seize jours de marche nous y arrivâmes enfin dans l'état le plus déplorable.

Quelques esclaves noirs qui gardoient les chameaux de nos maîtres, nous découvrirent du haut d'une colline. Ils vinrent baiser leurs pieds et s'informer de leur santé. Un peu plus loin nous entendîmes les cris de joie que poussoient les enfans. Les femmes attendoient leurs maris à la porte de *leurs tentes.* A notre arrivée, elles *vinrent* à eux avec un air soumis. Chacune mit la main droite sur la tête de son mari, et la baisa après s'être prosternée devant lui.

Cette cérémonie achevée, elles satisfirent leur curiosité sur notre compte, et commencèrent à nous insulter; elles nous crachoient au visage et nous jetoient des pierres. Les enfans, suivant l'exemple de leurs mères, nous pinçoient, nous égratignoient, nous tiroient les cheveux. Ces femmes barbares les encourageoient, et jouissoient de nos tourmens. Epuisés de fatigue, mourant de faim et de soif, nous avions long-temps soupiré après l'instant de notre arrivée; nous ne nous attendions guère à ce nouveau genre de supplice. Quand le partage des esclaves fut fait, la favorite du Talbe à qui j'étois échu avec M^{rs}. Devoise et Baudré, nous ordonna de décharger les chameaux, de nettoyer une espèce de chaudière qu'elle avoit, et d'arracher des racines pour allumer du feu. Tandis qu'elle nous distribuoit ses ordres, son mari dormoit profondément sur les genoux d'une de ses concubines.

L'espoir de bientôt recouvrer ma liberté me donnoit le courage de supporter tous les mauvais traitemens de cette méchante femme. J'allai ramasser du bois; mais quelle fut ma surprise de voir à mon retour deux de mes compagnons assommés et expirant sur le sable! Leur foiblesse excessive ne leur avoit pas permis de remplir la tâche qu'on leur avoit prescrite. Mes cris redoublés éveillèrent mon maître; et quoique j'eusse beaucoup de peine à me faire comprendre, je lui dis: « Ne nous avez-vous amenés ici que pour nous faire massacrer par cette femme barbare? Est-ce là la promesse que vous m'avez faite? Conduisez-moi sans délai ou au Sénégal ou à Morocco; sans quoi je vous fais reprendre tous les effets que je vous ai donnés. »

Les voisins étoient accourus; mon maître, qui craignoit que je ne fisse mention de tout ce qu'il avoit reçu de moi, dit à sa femme : « Je te défends de lui rien commander qui soit pénible, et je lui ordonne de ne pas t'obéir quand tu le feras. » Depuis cet instant cette favorite devint ma plus cruelle ennemie.

Nous touchions à la fin d'août, et je ne voyois pas encore qu'on pensât à notre voyage. Plusieurs fois j'avois demandé à Sidy-Mahammet ce qu'il attendoit, pourquoi il ne me conduisoit pas au Sénégal. Sa réponse étoit toujours qu'il cherchoit des chameaux assez forts pour supporter la fatigue d'un si long voyage. Je le pressois d'autant plus, que les nuits devenoient très-incommodes; nous étions souvent mouillés par la rosée, derrière les buissons qui étoient notre seul abri. Cependant cette rosée étoit encore un bien pour nous; nous la ramassions sur notre corps, pour étancher notre soif que la fraîcheur de la nuit ne pouvoit diminuer. Nous préférions cette boisson à notre propre urine, dont nous étions souvent nécessités de nous servir. Un jour que je pressois mon maître, il me répondit de manière à me faire croire qu'il pensoit sérieusement à notre voyage : « Penses-tu, me dit-il, qu'il soit possible de nous mettre en route sans provisions et sur-tout sans eau ? Nous ne pourrions jamais arriver au Sénégal, parce que la rivière a inondé toutes les plaines adjacentes, et nous aurions tout à craindre des Arabes de la tribu de Trargea, qui sont nos ennemis. — Je te parle sincèrement; il faut attendre jusqu'au mois d'octobre. »

CHAPITRE XXIX.

On essaye de faire changer M. Brisson de religion.

QUAND les Arabes étoient près de manquer de provisions, leurs chiens étoient beaucoup mieux nourris que nous, parce que nous étions chrétiens, et c'étoit toujours dans les vaisseaux de bois destinés à leur usage, qu'on nous donnoit notre pitance. Le but que l'on avoit, étoit de nous faire changer de religion. La seule pensée nous faisoit horreur, quoique nous n'eussions pour toute nourriture que des limaces crues, des herbes et des plantes foulées aux pieds.

Une jeune esclave maure, qui faisoit paître son troupeau avec le mien, me fit perdre tout espoir de jamais recouvrer ma liberté. Elle me représenta Sidy-Mahammet comme un fourbe. Depuis cet instant je n'eus plus de courage; tout me parut ennuyeux, insupportable.

Je ne revis plus mes compagnons d'infortune, je fus vivement affecté de leur perte, et sur-tout de celle du capitaine. Nous nous consolions mutuellement, nous nous repaissions de la douce chimère de revoir un jour notre patrie. Un soir, mes chameaux s'étoient écartés plus loin qu'à l'ordinaire; je les suivois jusqu'au hameau voisin. Dieux! quel spectacle horrible vint frapper mes yeux. Je vis le malheureux capitaine expirant sur le sable. Ses traits étoient défigurés par la faim, je ne le reconnus qu'à la couleur de son corps. Il avoit à la bouche une de ses mains que sa foiblesse lui avoit probablement empêché de manger.

Quelques jours après le second capitaine tomba de foiblesse sous un *gommier*, et devint la proie d'un serpent monstrueux. Des corbeaux affamés mirent par leurs croassemens le reptile en fuite, et tombant sur mon pauvre compatriote qui n'étoit pas encore mort, ils le dévorèrent. Quatre sauvages, plus cruels encore que tous les monstres des déserts, étoient présens à cette scène affreuse, et ne lui prêtèrent pas le moindre secours. Je fis de vains efforts pour lui sauver la vie s'il étoit possible; mais ces barbares m'arrêtèrent, et me dirent, après m'avoir insulté, qu'ils auroient bientôt le plaisir de me voir brûler. Je revins chez mon maître la rage et le désespoir dans le cœur. Allez, lui-dis-je, allez à quelques pas d'ici, vous y verrez jusqu'où peut aller votre cruauté et celle de votre femme. Vous avez laissé mourir de faim mon compagnon; parce qu'il étoit trop foible pour travailler, vous lui avez refusé le lait nécessaire à sa subsistance.

J'avois soin de cacher mes larmes, sachant qu'elles m'auroient exposé à de nouvelles insultes de la part de ces monstres. Ils eurent la barbarie de m'envoyer chercher les dépouilles sanglantes de ce malheureux. A cette proposition je ne fus plus maître de moi-même. Cette agitation violente, et la fougère que j'avois mangée pour appaiser ma faim, me causèrent un vomissement douloureux, et je tombai presque sans connoissance. J'eus cependant encore le courage de me traîner derrière un buisson, où je trouvai un autre malheureux qui voulut savoir la cause de mes pleurs, et me demanda si j'avois vu Baudré. « Il n'est pas loin d'ici ce fut tout ce que je pus lui répondre. » Un instant après, la sœur de mon maître vint nous apporter un peu de lait; voilà, s'écria-t-elle, les corbeaux qui mangent les entrailles de Baudré; vous leur servirez bientôt de pâture, vous n'êtes bons qu'à cela.

Ma santé qui s'étoit toujours soutenue plus que je n'osois l'espérer, commença à s'affoiblir à vue d'œil. J'avois déja fait deux fois peau nouvelle. Mon corps pour la troisième fois se couvrit d'écailles comme les Arabes. J'avois les pieds en si mauvais état, que je ne pouvois me tenir de bout, sans éprouver les plus grandes douleurs. Les chiens qu'on lâchoit tous les jours sur moi, m'avoient fait de profondes blessures. Je ne pouvois plus garder les chameaux; pour comble d'infortune, il y avoit eu en février et mars des chaleurs si excessives que tous nos réservoirs étoient desséchés; nous n'avions pas une seule goutte d'eau, les champs que j'avois ensemencés étoient brûlés par le soleil ; l'on ne pouvoit plus trouver de pâturages ; nos troupeaux dépérissoient. Les deux tribus de Labdesseba et d'Ouadelims, après avoir délibéré sur leur situation présente, résolurent d'aller chercher quelques terres occupeés par des êtres plus industrieux. Telle étoit ma triste situation quand je rencontrai par hasard un Arabe qui avoit un esclave que je reconnus. C'étoit le boulanger de notre vaisseau. Cet Arabe le vendit assez bon marché à mon maître. Il fut chargé de remplir la tâche qui m'étoit assignée. J'eus alors le loisir de réparer un peu mes forces ; mais le malheureux boulanger paya bien cher le talent qu'il avoit de faire la cuisine à l'Arabe. Nous avions mangé toutes les limaces que nous avions pu trouver dans le voisinage. Nous eûmes recours à la viande des brebis qui étoient mortes de faim et de maladies, ce qui nous fit naître l'idée d'étrangler pendant la nuit quelques chevreaux. Nous savions que nos maîtres n'en mangeroient pas; leur loi leur défend l'usage de toute espèce d'animal qui n'a point été égorgé. Ils eurent sur nous quelques soupçons ; nous fûmes enfin pris sur le fait, et peu s'en fallut que nous ne subissions le même sort.

Je me préparois un matin à sortir pour couper du bois, le pauvre Devoise me dit d'une voix foible et languissante. « C'en est fait de moi, je m'ettois flatté de l'espoir de revoir ma patrie, mais les forces m'abandonnent. Mon cher ami, car vous êtes bien digne de ce nom, après tous les services que vous m'avez rendus, ce soir vous trouverez mon corps sans chaleur et sans vie. Adieu ! vos pleurs sont une nouvelle preuve de votre attachement. Ecrivez à mon frère ; dites-lui que je meurs dans les sentimens d'un vrai chrétien. Adieu ! ma dernière heure est plus proche que je ne croyois, j'expire. » Il rendit le dernier soupir.

Quoique je ne connusse M. Devoise que depuis notre départ de France, je fus très-affligé de sa mort. J'allai chercher dans les champs le seul compagnon qui me restoit ; à notre retour, nous reçumes l'ordre de creuser une fosse, pour cacher ce chrétien aux yeux des enfans des barbares ; telle fut leur expression. Nous eûmes beaucoup de peine à lui rendre ce dernier service. Trop foibles pour le porter, nous fûmes nécessités de le trainer par les pieds à trois quarts de lieue de notre habitation, où nous lui creusâmes une fosse. Quand il fut question de le descendre, la terre croula sous mes pieds, j'entraînai le cadavre dans ma chûte, et je manquai de mourir sous le poids.

Quelques jours après, nous quittâmes ce lieu pour en chercher un plus fertile. Nous campâmes dans le voisinage de plusieurs tribus, où je rencontrai un de nos matelots, nommé Denoux, qui étoit esclave comme moi. Je lui demandai ce qu'étoient devenus ses compagnons. Il me répondit que le fils de l'Empereur en avoit emmené six, et qu'ils étoient retournés en France. M. Taffaro, notre chirurgien-major, avoit péri sous les coups. M. Aaboin sous-lieutenant, avoit eu le même sort. D'autres étoient devenus renegats, pour ne pas mourir de faim. Quant à moi, me dit-il, je ne tarderai pas à aller rejoindre ceux que la mort a délivré de leurs peines. Vous voyez combien ma situation est triste; je suis tous les jours exposé à mille tourmens horribles.

Je sentis renaître en moi une lueur d'espérance, puisque quelques-uns de notre équipage étoient retournés en leur patrie. Je me persuadois que le ministre de la marine ne manqueroit pas de nous réclamer tous. Il l'avoit fait effectivement; mais le vice-consul de Maroc avoit négligé ses ordres. J'étois plongé dans une profonde rêverie, quand je vis les chameaux de mon maître revenir sans guide. On m'appela fort tard pour me donner ma petite portion de lait. Ne voyant point le boulanger, j'en demandai des nouvelles; mais les Arabes me chassèrent de leur présence. Le lendemain j'appris d'un jeune Arabe qui gardoit les troupeaux, que le boulanger avoit été étranglés par Sidy-Mahammet, pour avoir trait les chameaux en cachette.

Il ne me restoit plus personne à qui je pusse communiquer mes peines. Ma situation devenoit de plus en plus déplorable; mais je pris sur moi de ne pas me laisser abattre.

Cette fermeté m'avoit procuré quelque considération parmi ces sauvages. Peu-à-peu ils devinrent plus traitables, et me permirent de me reposer dans un coin de leurs tentes. Quelquefois même je buvois du lait avec eux. Mon maître me laissa tranquille, et m'exempta du soin de garder ses chameaux. Il est vrai qu'il ne me parloit point de liberté; mais quand il l'auroit fait, je connoissois trop bien sa perfidie, pour ajouter foi à ses promesses. Je fus cependant contraint de faire des fagots, que j'échangeois pour du lait; car souvent la soif me donnoit des accès de folie. Les Arabes eux-mêmes n'en étoient pas à l'abri. J'en ai vu mourir plusieurs de besoin, sans pouvoir trouver aucun soulagement. C'étoit la quatrième année qu'ils ne faisoient aucune récolte. La chaleur avoit tout dévoré. Cette horrible disette avoit tellement irrité les esprits des différentes tribus, qu'elles se faisoient la guerre les unes aux autres. Le lait leur manquoit absolument; tous les chameaux qu'ils pouvoient enlever, ils les tuoient, et en faisoient sécher la viande. L'eau étoit encore plus rare; on n'en peut trouver que sur les côtes de la mer, encore est-elle noire, putride et corrompue. Ce mauvais breuvage, joint à la stérilité des pâturages, fait que les Arabes s'éloignent toujours des côtes. Sans secours, sans provisions, personne ne pensoit à continuer sa route. Ce fut alors que je vis à quelles horreurs la faim peut nous réduire. Les Arabes étanchoient leur soif en suçant les entrailles des chameaux qu'ils tuoient. Ils exprimoient une espèce d'eau verdâtre des ordures qu'ils trouvoient dans l'estomac de ces animaux, et la conservoient avec soin. Celle qu'ils tiroient du corps de leurs chèvres, avoit le goût et l'odeur du fenouil. Le bouillon qu'ils en faisoient, n'avoit rien de désagréable, et valoit beaucoup mieux que celui de chameau. Ce qu'il y a d'étonnant, c'est que ces animaux, et particulièrement les derniers, qui ne boivent guères que deux ou trois fois l'année, et ne mangent que des plantes desséchées, puissent avoir dans l'estomac un si grand réservoir d'eau.

CHAPITRE XXX.

Comment M. Brisson recouvra sa liberté.

JE résolus, pour recouvrer ma liberté, de reprendre le petit trésor que j'avois donné à mon maître. J'espérois avec cet argent trouver quelqu'Arabe qui me conduiroit à travers les déserts. Mais Sidy-Mahammet s'aperçut bientôt que je le lui avois pris. Je le lui rendis à condition qu'il me donneroit matin et soir une portion raisonnable de lait, et qu'il me feroit conduire à Mogador.

Le hasard enfin amena dans le lieu que j'arrosois de mes larmes Sidy-Mahammet, shérif de la tribu de Trargea. Il me demanda qui j'étois. Les Arabes lui racontèrent mon histoire, et lui vantèrent sur-tout les richesses immenses qu'on disoit que je possédois au

Sénégal. Le shérif me demanda quel emploi j'avois eu dans l'île de Saint-Louis. Je satisfis à toutes ses questions. Il me regarda de plus près et s'écria : « Quoi ! es-tu Brisson ? » Il parut stupéfait quand je lui répondis que je l'étois ; et se tournant vers les Arabes, il leur dit : « Vous ne connoissez pas ce chrétien ; tous les trésors du Sénégal lui appartiennent. » Cet homme croyoit que tous les magasins du roi étoient à moi, parce qu'il m'avoit vu distribuer des armes et de la poudre. Encouragé par ce récit flatteur, le beau-frère de mon maître m'acheta sur-le-champ, et donna cinq chameaux en échange.

J'ignorois tout ce qui venoit de se passer ; je revenois d'abreuver nos chameaux pour la troisième fois depuis trois mois ; ma maîtresse m'ordonna de reporter dans une tente voisine un seau de cuir qu'elle avoit emprunté. J'y trouvai Sidy-Sellem, qui me dit de me préparer à le suivre le lendemain matin à Mogador. J'avois été si souvent trompé, que je n'osois ajouter foi à ses ordres. Cependant les apprêts que je vis faire pour notre voyage, me convainquirent de la vérité de ses promesses. Quelle agréable surprise ! je me jetai à ses pieds ; je pleurois, soupirois et riois tout en même temps. Je ne savois ce que je faisois. Il faut avoir connu le prix de la liberté, pour se former une idée de ce que j'éprouvai quand j'appris que mes chaînes alloient être brisées.

Mon premier maître me dit alors que je ne lui appartenois plus. « Je vous ai tenu parole, ajouta-t-il, vous allez retourner en votre patrie. » A ces mots, j'oubliai tout mon ressentiment, et je m'abandonnai à la joie. Elle redoubla encore quand j'appris que j'allois avoir un compagnon. J'étois bien loin de soupçonner que ce fût le malheureux boulanger. Quand je le vis, je ne pus m'empêcher de lui demander par quel miracle il avoit échappé à la mort. « Hélas ! je n'en sais rien, me répondit-il. Sidy-Mahammet me surprit un jour que je trayois ses chameaux; il me donna tant de coups, et me serra si fortement la gorge, que je tombai sans mouvement à ses pieds. Quand je revins à moi, je fus étonné de me trouver seul. J'étois couvert de sang ; vous pouvez encore voir à mon cou les marques de ses ongles. Je me traînai comme je pus dans la caverne du rocher. Mon maître revint voir dans quelle situation j'étois ; j'entendis plusieurs fois sa voix.

J'avois résolu de mourir de faim, ou de gagner les côtes de la mer, dans l'espoir de trouver quelque vaisseau. J'y arrivai au bout de dix jours de marche; je ne vivois que de limaces, et je n'avois que mon urine pour toute boisson. A peine avois-je fait quelques pas sur les rochers qui bordent la mer, que je fus arrêté par deux jeunes Arabes. Depuis cet instant j'ai toujours été leur esclave. Ils m'ont traité avec beaucoup de douceur, et paroissent être bien moins sauvages que les habitans de l'intérieur du pays. Il y a quinze jours qu'ils me dirent qu'ils alloient me conduire au sultan; mais je serois tenté de croire qu'ils venoient me rendre à votre maître. » Ce Sidy-Mahammet parut très-affecté quand je pris congé de lui. « Adieu, mon cher Brisson, me dit-il, vous allez entreprendre un long voyage. Vous reconnoîtrez bientôt que mes craintes n'étoient point sans fondement. Je vous souhaite toute espèce de bonheur. Adieu! n'oubliez pas l'habillement d'écarlate pour ma femme. Chargez-le au compte de Sidy-Sellem. Encore une fois, adieu, mon cher Brisson. » Les larmes qu'il laissa couler auroient pu m'en imposer, si je n'avois connu jusqu'à quel point il savoit porter la dissimulation.

CHAPITRE XXXI.

Fatigues de M. Brisson dans son voyage à Maroc.

Il y avoit déja soixante-six jours que nous étions en route; je ne pouvois plus me traîner; j'avois les jambes enflées et les pieds déchirés.

C'étoit fait de moi si mon maître ne m'eût dit de temps en temps : « La mer est devant nous, prends courage, nous touchons à la fin de notre voyage. » L'espérance me soutenoit; je faisois des efforts plus qu'humains, et à l'instant que j'y pensois le moins, j'aperçus cet élément qui m'avoit été si fatal, et qui devoit être encore l'arbitre de mon sort. En sortant d'un labyrinthe de buissons de genêt, nous arrivâmes au pied de quelques collines sablonneuses; j'élance de tous côtés des regards avides, et je vois avec une joie incroyable, avec une joie qu'on ne peut sentir que quand on a été long-temps malheureux, je vois le pavillon français flotter dans le port de Mogador, que je ne connoissois jusqu'alors que sous le nom de *Soira*.

« Eh bien, Brisson, me dit mon maître, n'es-tu pas content? tu vois un grand nombre de vaisseaux. Y en a-t-il quelques-uns de ton pays? Tu vois que j'ai tenu ma parole. Mais qu'as-tu donc? pourquoi ne parles-tu pas? » Hélas! que pouvois-je lui répondre? il m'étoit impossible de parler. A peine me restoit-il assez de force pour pleurer. Je regardois la mer, les vaisseaux, les pavillons, la ville, et je croyois rêver encore. Le malheureux boulanger, également épuisé, confondoit ses soupirs avec les miens, tandis que j'arrosois de mes pleurs la main du généreux vieillard qui m'avoit procuré une jouissance aussi douce. A l'entrée de la ville je rencontrai deux Européens. « Qui que vous soyez, leur dis-je, voyez la misère d'un infortuné, et venez à mon secours. Rendez la vie à mon corps affaissé sous le poids des malheurs. Où suis-je? de quel pays êtes-vous? quelle date avons-nous? quel jour de la semaine? » Ils étoient tous deux de Bordeaux. Après m'avoir considéré un instant, ils allèrent chez M[rs]. Duprat et Cabannes, qui se font un plaisir de venir au secours des malheureux qui viennent échouer sur ces côtes. Ces M[rs]. vinrent à ma rencontre, me pressèrent dans leurs bras, malgré l'état horrible où j'étois, et versèrent des pleurs de joie, parce qu'il étoit en leur pouvoir de soulager un malheureux. Toutes vos peines sont finies, me dirent-ils; venez avec nous, nous ferons notre possible pour vous les faire oublier.

CHAPITRE XXXII.

M. Brisson est présenté à l'empereur de Maroc.

COMME j'attendois qu'on me présentât, je vis un capitaine qui faisoit la revue de sa compagnie. Il étoit assis à terre, le menton appuyé sur ses poings. Il fit défiler ses soldats deux à deux et donna ses ordres. Les derniers se prosternèrent devant lui et se retirèrent.

Cinq à six des gardes vinrent à moi avec des bâtons blancs, me saisirent au collet, comme un malfaiteur, et ayant fait ouvrir deux grandes portes battantes, me poussèrent rudement dans une espèce de grange, où je ne vis rien qui annonçât la majesté du trône.

J'avois dépassé de 15 à 20 pas une brouette, mes conducteurs me faisant tourner, me poussèrent d'une manière très-brutale, et m'ordonnèrent de me prosterner devant cette brouette, où étoit l'empereur qui s'amusoit à se gratter les orteils. Il me regarda quelque temps, et me demanda si je n'étois pas un des chrétiens qui avoient fait naufrage sur ses côtes il y avoit environ un an, quel étoit le but de mon voyage au Sénégal, etc. Vous vous êtes perdus par votre faute, ajouta-t-il, pourquoi ne vous éloigniez-vous pas du rivage? Es-tu riche? es-tu marié? Il se fit apporter du papier et de l'encre, avec un petit roseau dont il se servoit au lieu de plume; il traça les quatre points cardinaux, pour me montrer que Paris étoit au nord. Il écrivit douze chiffres français, et me demanda si je les connoissois. Il me fit plusieurs autres questions de la même espèce, pour déployer l'étendue de son génie.

Dis-moi, continua-t-il, les habitans des montagnes t'ont-ils bien traité? as-tu perdu beaucoup d'effets? Je lui observai qu'à mesure que nous approchions de la capitale, j'avois remarqué beaucoup plus de douceur et d'urbanité dans le caractère des peuples. Mon autorité répliqua-t-il, ne s'étend pas sur tout le pays que tu as parcouru, ou plutôt mes ordres ne peuvent y parvenir. « Avec qui es-tu venu? »

Avec Sidy-Sellem, de la tribu de Roussye. « Je le connois, qu'on le fasse entrer. » Un instant après mon maître fut introduit. L'empereur commanda à un de ses gardes de me fournir de sa propre cuisine tout ce qui étoit nécessaire à ma subsistance. Ce garde parut fort étonné que l'empereur se donnât la peine de causer si long-temps avec un esclave.

Heureusement alors le consul français étoit en grande faveur auprès de l'empereur, parce qu'il lui avoit fait des présens. Il nous mit tous en liberté, il ne nous resta plus qu'à penser aux moyens de retourner en France.

CHAPITRE XXXIII.

Sentimens de M. Brisson sur l'empereur de Maroc, et la conduite des consuls.

Qu'il me soit permis d'observer combien il me paroît extraordinaire qu'un prince aussi peu redoutable que l'empereur de Maroc, oblige toutes les puissances de l'Europe à lui envoyer des ambassadeurs, et leur dicte même des lois.

Il n'est pas un seul souverain qui ose se faire représenter à cette cour, sans lui faire de grands présens. Quel envoyé même seroit assez hardi pour s'y présenter les mains vides ?

Comment arrive-t-il que tous les consuls, d'un accord unanime, n'avertissent pas leur cour respective que la puissance de cet empereur ne s'agrandit que par les impôts qu'on lui paye. Il y a 20 ans que ce prince étoit sans ressources ; il n'avoit ni canons, ni vaisseaux, ni bois, ni cordages, ni clous, ni ouvriers. C'est la France et les autres puissances de l'Europe qui font tous les frais de sa grandeur. Réduit à ses propres moyens, il seroit de peu de conséquence. Ce sont les Hollandais, les Espagnols, les Anglais et les Français qui lui ont fourni ces beaux canons de bronze de 24, de 36 et de 48.

L'Angleterre a plus fait que les autres nations, en lui vendant les canons qu'elle prit sur les batteries flottantes. Mogador, près de Maroc, est bâtie dans une position avantageuse. Les batteries en sont bien disposées, il y a des canons à toutes les embrâsures ; mais ils ne sont là que pour la montre, car ils n'ont point d'affût. On ne trouve dans le pays aucun ouvrier capable d'en faire, et il n'y a pas même de bois propre à cet usage. Il seroit très-facile, avec quelques vaisseaux, de s'emparer de toutes ses frégates, qui sont en très-mauvais état, à l'exception de deux, et de bloquer les ports de Mogador, de Rabat et de Sallé.

Que deviendroient son commerce et sa marine, si les princes chrétiens, par une mésintelligence fatale à l'humanité, ne le soutenoient pas? Si l'Angleterre et l'Espagne vouloient se réunir un seul instant, elles auroient bientôt ruiné Tangiers son plus beau port; et ses sujets se trouvant sans moyens, seroient nécessités de renoncer à leurs pirateries.

Si les consuls des différentes nations n'ont point fait ces observations, s'ils n'ont point donné les moyens d'abaisser cet empereur, c'est qu'ils sont à la tête de tout le commerce qui se fait en cette partie du monde. Le consul français est le seul qui n'ait point l'ame mercantile.

Qu'un voyageur impartial aille faire un tour en ce pays, il avouera, comme moi, que l'empereur de Maroc seroit le moins capable de nuire, si les souverains de l'Europe cessoient de lui fournir des secours.

CHAPITRE XXXIV.

De l'ignorance des Arabes.

Les Arabes du désert sont si ignorans qu'ils se regardent comme le premier peuple du monde. Ils ont la sotte vanité de croire que le soleil ne se lève que pour eux. Plusieurs m'ont dit : « Regarde ce flambeau lumineux qui est inconnu dans ton pays. Tu n'es point éclairé pendant la nuit par ce corps céleste qui règle nos jours et nos jeûnes. Ses enfans (les étoiles) nous marquent l'heure de la prière. Vous n'avez ni arbres, ni chameaux, ni brebis, ni chèvres, ni chiens. Vos femmes ressemblent-elles aux nôtres? » « En vérité, dit un autre, comptant mes doigts et mes orteils, il est fait comme nous ; il ne diffère que dans la couleur et le langage, cela est étonnant. Semez-vous de l'orge dans vos maisons? (il entendoit nos vaisseaux) » Non, lui répondis-je; nous ensemençons nos champs presque dans la même saison que vous. « Comment! s'écrièrent-ils tous, habitez-vous la terre? Nous croyions que vous étiez nés sur mer et que vous y viviez toujours. »

CHAPITRE XXXV.

Instruction sur la Barbarie, envoyée au docteur Forestier à Rome en 1785.

ME voici, mon cher docteur, au gré de mes desirs; je voyage, et je m'occupe entièrement de l'histoire naturelle. Il y a quelques jours que j'habitois l'ancienne Numidie, où j'arrivai sous les auspices les plus sinistres. La peste ravageoit ce pays depuis plus de deux ans; ce fléau terrible se propageoit de tribu en tribu par la négligence des habitans.

On m'a représenté les Arabes et les Maures comme les peuples les plus féroces de l'univers; ils sont ennemis déclarés des chrétiens, et par préjugés et par principes de religion.

Ces circonstances sont alarmantes pour moi qui ai envie de parcourir le pays. Je sais cependant m'armer de patience, et j'espère qu'en prenant quelques précautions contre la contagion et les brigands, je pourrai hasarder quelques excursions. Il me semble que les nations qui viennent vendre leur grain à la Calle, et communiquent avec les Européens, doivent-être un peu plus traitables. C'est par elles que je commencerai; mais je vous avouerai que l'apparence et le costume de ces Arabes m'épouvantent. Je veux m'y accoutumer cependant, car je n'ai pas dessein de borner mes voyages à ce rocher stérile, où 300 Corses et Provençaux se donnent bien de la peine pour enrichir quelques marchands français.

Le traversée fut assez agréable ; mais je ne pus être maître de quelques sensations douloureuses en perdant de vue les côtes de Provence. On m'avoit peint l'Afrique comme une terre stérile et sablonneuse; quelle fut ma joie en y arrivant ! Je vis de tous côtés des collines couvertes de verdure, des perspectives riantes, et de vastes plaines tapissées de fleurs. Je ne me donnai pas le temps de me reposer des fatigues de mon voyage ; je volai dans la campagne, et je trouvai au premier abord, l'*Antyllis barba jovis*, le *Spartium monospermum*, la *Passerina hirsuta*, le *Chamærops humilis*, et plusieurs autres plantes rares. Je me dépêchai de les cueillir comme si je devois ne jamais venir au même endroit. C'est ainsi qu'au nom de la botanique je pris possession du pays, et rendis mes premiers devoirs à la flore africaine. Je me présentai au gouverneur de la Calle, un gros bouquet de fleurs à la main. J'étois plus occupé de ce trésor, que des égards que je devois à cet officier, ce qui ne causa pas moins de surprise aux Français qui étoient présens à cette entrevue, qu'aux Maures qu'attiroit la curiosité. Ces côtes sauvages et incultes qui inspirent une espèce de langueur à ceux qui viennent y aborder, me parurent le plus beau jardin du monde. Combien d'objets dignes de remarque n'ai-je pas vus dans cette contrée barbare, soit que l'on considère la fertilité d'un sol abandonné à la nature, ou la vie errante et paresseuse des Maures et des Arabes Bedouins! Je n'ai encore vu les choses qu'en grand, pour vous en donner une idée; je vous en ferai dans la suite une relation plus détaillée.

Je suis, etc.

POIRET.

CHAPITRE XXXVI.

Aventure singulière.

La Calle, à 36 lieues de Tunis, est bâtie sur un rocher stérile de fort peu d'étendue. La compagnie des Indes y avoit son principal comptoir. Elle étoit sous la protection d'un gouverneur et de 15 officiers subalternes.

Les Maures en sont exclus, à l'exception de quelques-uns qu'on y reçoit en ôtage, ou pour les ouvrages grossiers. Elle a 300 à 400 habitans, la plupart Corses ou Provençaux.

Les femmes que le créateur forma pour le soulagement et la consolation des humains, sont exclues de cette île. Si quelquefois le gouverneur y conduisit la sienne, les troubles qui s'ensuivirent, le nécessitèrent bientôt à la renvoyer.

Cette privation influe beaucoup sur le caractère des habitans. Ils sont tristes et mélancoliques, divisés par leurs intérêts particuliers, jaloux les uns des autres, réunis par nécessité, se détestant par envie, sans liaisons, sans amusemens, sans plaisirs, les étrangers ne peuvent former ces sociétés aimables où l'harmonie et le desir de se rendre mutuellement heureux suppléent, pour ainsi dire, aux jouissances que l'on goûte dans le commerce du beau sexe. Si les hommes souffrent de cette privation, elle n'en est pas moins une source de chagrins et d'inquiétudes pour leurs épouses qui sont restées en France. Un pauvre artisan de Marseille, réduit à mendier son pain faute d'ouvrage, prit le parti d'abandonner sa femme qu'il aimoit tendrement, et de s'embarquer pour la Calle. Il se garda bien de lui donner aucun détail sur cette île qu'il ne connoissoit peut-être pas lui-même. Cependant ne recevant point de ses nouvelles, elle prit des informations exactes, inquiète, agitée, ne pouvant plus vivre sans lui, elle demanda en vain la permission de l'aller rejoindre. L'amour lui suggéra un expédient ; elle se déguisa en ouvrier, et se fit enregistrer dans le nombre des passagers qui alloient à la Calle.

Dans la traversée, elle montra beaucoup de courage ; sa figure et sa jeunesse lui gagnèrent l'amitié du capitaine et de tout l'equipage. Ils plaignoient le sort de ce pauvre malheureux reduit à aller habiter une contrée si fatale aux jeunes gens, et à ceux qui sont d'une constitution délicate. Leur pitié ne faisoit que renouveler sa douleur ; elle ne craignoit que pour son mari ; son imagination brûlante lui grossissoit les dangers.

A la hauteur des côtes d'Afrique, les vents contraires obligèrent le capitaine de relâcher à Bonne. En cherchant ses effets pour aller à terre, les matelots s'aperçurent qu'elle avoit du linge de femme. Ils conjecturèrent qu'elle n'étoit point ce qu'elle leur avoit paru d'abord. Bientôt leurs soupçons se réalisèrent. Elle auroit eu beaucoup à souffrir de leur brutalité, si le capitaine à qui elle se confia, ne l'eût prise sous sa protection.

Au premier vent favorable, il fit voile pour la Calle, et se présenta, en arrivant, au gouverneur avec cette épouse fidelle. Elle étoit si agitée qu'elle ne put jamais répondre à ses questions, avant qu'il lui eût donné des nouvelles de son mari. Quand elle apprit qu'il vivoit encore, la joie qu'elle en ressentit pensa lui devenir funeste. Le gouverneur voulut jouir lui-même d'une entrevue si attendrissante; il envoya chercher son mari. Dès qu'il parut quel fut son étonnement de voir un jeune ouvrier se jeter à son cou et l'arroser de ses pleurs, sans pouvoir proférer une seule parole! On lui dit que c'étoit sa femme il ne pouvoit en croire ses yeux. Tous deux absorbés par les plus douces sensations, ils faisoient des efforts pour parler, mais les mots expiroient sur leurs lèvres. Leurs yeux humides de pleurs ne pouvoient apercevoir les spectateurs qui jouissoient de leur bonheur. Le gouverneur leur donna un logement particulier; et l'époux vaincu par sa femme, s'embarqua avec elle pour (*) Marseille, où on lui procura de l'ouvrage.

Je suis, etc.
POIRET.

CHAPITRE XXXVII.

Du commerce de Barbarie.

AVANT la révolution française, le principal commerce de Barbarie étoit accordé exclusivement à une compagnie établie à Marseille, sous le nom de *compagnie royale d'Afrique*: elle devoit sa principale existence à la pêche du corail, qui a long-temps été la base de son négoce. Le produit autrefois en étoit certain et invariable, et rapportoit des sommes immenses. Il est vrai qu'alors la pêche étoit abondante, la dépense médiocre, le débit sûr et peut-être plus avantageux. Quand bien même cette compagnie eût éprouvé les plus

---

(*) Je suis moi-même revenu en France avec le capitaine qui avoit conduit en Barbarie cette femme héroïque. Il m'a confirmé lui-même la vérité de tout ce que je viens de rapporter.

grands revers dans les autres branches de son commerce, le gain qu'elle faisoit dans celle-ci suffisoit toujours pour l'entretenir dans un état solide, pour ne pas dire florissant. Depuis quelques années cette pêche alloit toujours en décroissant, au point qu'elle ne se soutenoit plus que par son trafic de blé et de laine. Le profit qu'elle faisoit sur ces articles étoit considérable. Elle les achetoit avec des écus d'Espagne, qu'elle altéroit de 16 sous par pièce, et qu'elle faisoit passer en Barbarie pour six francs. Cette spéculation lui produisoit un profit de 10 pour cent. Cette compagnie avoit été établie sous le règne de Louis XIV. Elle avoit son principal comptoir au bastion de France, situé à l'extrémité orientale du royaume d'Alger. La pêche du corail, et le commerce des grains étoient les deux principaux objets de son négoce. Elle partageoit cette dernière branche avec une compagnie anglaise établie à la Calle. Mais elle vint à manquer, et les Français restèrent possesseurs exclusifs de tout le commerce.

Par-tout où les Européens ont pénétré, ils sont presque toujours devenus despotes. Ils ont abusé de la bonne-foi des habitans a demi-sauvages, et ont toujours traîné après eux la trahison et les crimes. C'est ainsi que les Espagnols s'établirent en Amérique, les Anglais, les Hollandais et les Français aux Indes Orientales et dans différentes parties du globe. Batavia, le Pérou et Madagascar sont encore des preuves de ce que j'avance. S'ils ont épargné le sang de quelques nations, ils les ont rendu tributaires; et les marchands, qui d'abord leur avoient demandé la permission de trafiquer avec elles, en exigeoient un tribut pour les avoir traitées avec humanité.

Ceci cependant est bien différent sur les côtes de Barbarie. Le marchand qui en Amérique et dans les Indes est fier et hautain, devient soumis et rampant en Afrique. Il paye très-cher le droit d'acheter les productions de cette riche contrée qui est trop négligée.

Pour obtenir la liberté de pêcher le corail sur les côtes d'Alger, et avoir le privilège exclusif de commercer sur les grains, la laine, la cire et les cuirs, la compagnie payoit annuellement 100,000 livres au dey d'Alger, et étoit encore obligée de lui envoyer deux boîtes du plus beau corail. Le bey de Constantine exigeoit un droit de cent pour cent sur les grains qu'il faisoit vendre à

Bonne, et 3 livres 12 sous par cent pesant sur les laines.

Le marchand Européen, et sur-tout les habitans de la Calle sont exposés sur ces côtes à mille injustices. Toutes les fois que les Maures se présentent, ils sont nécessités de leur donner du pain, de l'huile, du sel et bien d'autres articles qu'ils demandent avec la plus grande insolence. S'ils éprouvent quelques difficultés, ils en viennent aux menaces, et bientôt aux coups, parce qu'ils sont sûrs de n'être jamais punis. Le mécontent se cache derrière un buisson en quelque défilé. Malheur au premier chrétien qui passe, il tombe bientôt sous le glaive de ce barbare. Il ne lui est pas difficile d'ailleurs d'engager toute sa nation à prendre ses intérêts ; souvent au lieu d'un ennemi, vous en avez cent qui vous tombent sur les bras. Le plus court parti est de faire un accommodement, en donnant au Maure tout ce qu'il desire ; encore n'est-on pas toujours en sûreté ; car c'est quand ils vous voient sans défense, qu'ils vous attaquent avec plus de succès. Ils commencent les hostilités en pillant les troupeaux, et ce n'est qu'aux conditions les plus humiliantes qu'ils les rendent.

Enfin, pour vous convaincre combien nous sommes en horreur sur ces côtes, il suffit de vous parler de la loi du sang. Si un Maure est convaincu d'avoir tué un chrétien en temps de paix, il est condamné à une amende de 300 écus, qu'il ne paye jamais; si un chrétien, au contraire, tue un Maure, à son corps défendant, il est condamné à une amende de 500 écus, dont on ne lui rabat pas un seul denier. Les Maures qui cherchent toutes les occasions de nous voler, assassinent souvent un de leurs compatriotes, déposent secrettement son corps dans le voisinage des chrétiens, les accusent, et leur font payer l'amende. Il s'ensuit que nous avons tout à souffrir de ces barbares, qu'il faut tout leur accorder, oublier les insultes qu'il nous font, supporter leur mépris, et en recevoir les lois les plus injustes et les plus humiliantes. Nous n'avons pas même le droit de choisir nos interprêtes : ils ont bien soin de n'employer que ceux qui sont les plus adroits à tromper les chrétiens.

Poiret.

CHAPITRE XXXVIII.

M. Poiret sort de la Calle pour aller chercher des fleurs et des plantes.

Je n'ai pu résister plus long-temps, mon cher docteur, au desir d'aller étudier la nature. Malgré la contagion, les guerres civiles, les représentations du gouverneur de la Calle et de tous les officiers, j'ai franchi nos barrières. Nous ne sommes encore qu'à la fin de mai, cependant la chaleur est si grande qu'on ne peut sortir passé neuf heures du matin. Il y a 15 jours, j'allai faire une tournée dans la campagne, j'avois à peu-près le même costume que Robinson Crusoé. j'étois enveloppé dans une espèce de manteau à capuchon qui me descendoit jusqu'aux talons. C'est l'habillement des Arabes, il est tout d'une pièce, sans couture, fermé par-devant, et orné de franges de soie aux extrémités et sur la poitrine. Le capuchon étoit fixé sur ma tête avec une forte corde de poil de chameau ; elle a plusieurs aunes de longueur ; les Maures s'en servent au lieu de turban. Pour me garantir du soleil j'avois encore un large chapeau fait de feuilles de palmiers, dont la plupart des chefs Arabes se servent en été. C'est ainsi que, moitié chrétien, moitié Maure en apparence, je traversai les sables brûlans de Barbarie. Mon tein brunit insensiblement comme celui des Affricains; il ne me manque plus qu'une barbe bien touffue, avec les jambes et les bras nuds, pour me déguiser entièrement. Quoique mon seul but soit de me procurer des insectes, des plantes, je n'en suis pas moins armé de pied en cap, comme les Arabes. Ils portent ordinairement une large ceinture de cuir remplie de cartouches, une paire de pistolets, une espèce de poignard, un sabre et un fusil. C'est dans cet accoutrement que je me présente hardiment devant les tentes des Arabes, suivi d'un domestique et de deux naturels du pays qui ont appris à la Calle la langue provençale; je ne me fie cependant ni à mon courage, ni à mes armes. Avant de pénétrer plus avant, j'ai soin de m'informer si la nation à qui je veux rendre visite, a quelques rapports avec la Calle, si elle est soumise à quelque chef, si un chrétien peut y être en sûreté, et sur-tout si la peste y a fait quelques ravages. Ce n'est que d'après le rapport de mes interprêtes que je me hasarde d'aller plus loin. Jusqu'à présent je n'ai rencontré aucun danger, quoiqu'on puisse fort peu compter sur les Arabes. Pour ce qui regarde la peste, comment vous peindre les idées confuses et contradictoires qui s'élevèrent dans mon esprit à la première vue de ces hordes barbares? Je n'étois qu'à une demi-portée de fusil, d'une trentaine de tentes; je m'avançois hardiment quand j'appris que la peste y étoit depuis huit jours. Je descendis aussitôt de cheval pour me rafraîchir. Je me trouvois précisément sur le bord d'un ruisseau dont l'eau claire et limpide serpentoit à travers des buissons de laurier, de térébenthine, et de myrte; l'horizon étoit couronné par des collines tapisseés de verdure; de nombreux troupeaux qui paissoient à une certaine distance rendoient la scène plus riante. C'est ainsi que la nature captivoit mon ame, en lui offrant le tableau séduisant de la vie champêtre; je me transportois en idée dans ces siècles heureux où les hommes ne connoissoient d'autres richesses que leurs troupeaux et les productions de la terre. Rempli de ces images enchanteresses, je laissois errer mes regards sur les beautés qui m'environnoient, et fixant les chaumières des Arabes, j'en vis tout-à-coup sortir douze, qui dirigèrent leurs pas vers l'endroit où je me reposois. Je vous avouerai qu'à la vue de ces êtres barbares je ne pus réprimer un sentiment de frayeur qui repandit sur tout mon esprit je ne sais quoi de sombre et de triste. Ils étoient armés, venoient-ils nous attaquer ? Les Maures qui m'accompagnoient me rassurèrent. Quand ils furent près de nous, je les saluai à la manière du pays, et leur fis dire de se tenir à quelque distance, de crainte de la peste. Ils ne firent pas la moindre difficulté, et s'asseyant autour de nous, ils causèrent avec mes interprêtes, ils me demandèrent si je voulois accepter du lait. Aussitôt deux d'entre eux allèrent m'en chercher chacun un bassin. J'en bus un peu, et malgré leurs mœurs féroces, et leur air menaçant, je ne pus me dissimuler qu'ils me faisoient un accueil gracieux. Je leur en témoignai ma reconnoissance par mes signes, et leur distribuai quelques balles et un peu de poudre qu'ils me demandèrent. Oubliant alors la peinture qu'on m'avoit faite de leur férocité, ou plutôt l'atribuant au despotisme sous lequel ils gémissent, et à leur commerce avec les Européens qui leur ont appris à voler, je tâchai de me persuader que plus l'homme est rapproché de la nature, plus il devroit être bon. Je vis en eux les patriarches de l'antiquité, occupés du seul soin de leur troupeaux, et exempts de cette multiplicité de besoins que le luxe a enfantés. Je vis des hommes à qui je devois l'hospitalité, puisqu'ils m'offroient un asile dans leurs tentes; et si je ne trouvois pas en eux cette politesse européenne, je crus y apercevoir au moins cette rustique franchise telle qu'on devroit la trouver dans l'homme de la nature. C'est ainsi qu'en raisonnant en moi-même, et me laissant aveugler par le desir que j'avois de trouver dans tout le genre humain un fonds naturel de bonté, je donnai dans une erreur que je ne ressentis que trop dans la suite.

En prenant congé de ces Arabes, la prudence ne me permit pas d'entrer sous leurs tentes; ils m'accompagnèrent presque une demi-lieue, et me souhaitèrent un bon voyage. J'ai eu à peu-près la même réception dans les différentes tribus que j'ai visitées; mais la crainte de la peste m'a quelquefois empêché de communiquer de trop près avec eux. Comme le temps étoit doux et le ciel pur, je me faisois construire une petite cabane de feuillages près de leurs tentes. J'y passois la nuit sur le gazon où je dormois aussi profondément que dans le meilleur lit. Cependant, comme le danger, vu de près, ne fait pas de si fortes impressions, je me suis réconcilié peu-à-peu avec les tentes des Arabes. Ils m'y reçoivent tous les soirs, et j'ai l'honneur d'être admis à leur table.

POIRET.

CHAPITRE XXXIX.

De l'habillement des Maures et des Arabes Bedouins.

TANDIS que vous admirez à Rome les chefs-d'œuvre des grands maîtres, je traverse les plaines de l'ancienne Numidie. Qu'elles jouissances je trouve dans ces déserts ! quelles richesses pour le naturaliste ! que de leçons utiles pour l'observateur philosophe ! Vous cherchez les Romains dans les Italiens, et peut-être ne trouverez-vous plus dans leur figure et leur caractère ce noble orgueil, ces traits de majesté et de courage qui caractérisoient ces maîtres du monde. Je suis plus heureux que vous : je crois voir un Gétulien ou un Numide dans chaque montagnard d'Arabie. Mais puis-je m'applaudir d'avoir observé ces traits de ressemblance chez un peuple qui a conservé la férocité des premiers habitans de ces contrées? Qu'il est humiliant pour la nature humaine de voir presque toutes les nations dégénérer peu-à-peu des vertus de leurs ancêtres, et de n'en retenir que les vices? telle est cependant la peinture que nous présente l'histoire de tous les siècles. Où trouverons-nous à présent les sages de la Grèce, les savans d'Egypte, et les héros de l'ancienne Rome.? En vain nous les chercherions dans leurs descendans, tandis que les Asiatiques ont conservé leur primitive mollesse, et que les barbares Africains sont encore altérés de sang. Combien de figures dignes de votre pinceau n'ai-je pas rencontré chez les Maures? Des yeux pleins de feu et de courage, un regard fier, des traits hardis, un nez aquilin, des bras nerveux, une figure large, une démarche noble, des jambes, des cuisses et des épaules presque toujours nues, sont les marques distinctives de la plupart des Maures. Malgré le proverbe, ils ne sont pas naturellement noirs, comme le pensent plusieurs historiens. Ils naissent blancs comme nous, et le seroient toute leur vie, si par leurs travaux, ils n'étoient pas exposés aux rayons brûlans du soleil. Les habitantes des villes ont le teint beaucoup plus clair que la plupart de nos dames d'Europe, mais celles qui habitent les montagnes, continuellement exposées au soleil, et presque toujours nues, deviennent, même dans leur enfance, noires comme la suie.

Leur costume est remarquable; je le crois très-ancien. L'on m'a assuré que vers le désert de Zaara, la plupart des Arabes sont tout nuds. Il est certain que j'en ai rencontré qui n'avoient aucune espèce de vêtement; d'autres ne portoient que des caleçons. Mais leur costume est plus ou moins simple en proportion de leur fortune et de leur naissance. Les plus pauvres, qui sont conséquemment les plus nombreux, s'enveloppent le corps et la tête dans une pièce de drap de la grandeur de 3 à 4 aunes. M. de Fénélon a très-bien décrit ce costume, quand il dit, en parlant des Béotiens : « Leurs habits sont aisés à faire; car, dans ce doux climat, on ne porte qu'une pièce d'étoffe fine et légère qui n'est point taillée, et que chacun met à longs plis autour de son corps, lui donnant la forme qu'il veut. » D'autres y ajoutent une chemise qui ressemble à celles de nos femmes, ou une tunique de drap de laine sans manches, qui leur vient jusqu'aux genoux. Les plus riches portent encore une espèce de froc, selon leur fortune. J'ai vu des chefs d'Arabes vêtus d'étoffes de laine si blanches que je les prenois d'abord pour de la mousseline. La laine de Barbarie a toujours été fort recherchée. Les femmes portent, comme les hommes, une pièce d'étoffe, mais elles l'arrangent différemment. Elles en font une espèce de robe qui leur couvre les parties que les hommes laissent à nud. Elles se servent encore de plusieurs ornemens qui ne contribuent pas à relever leur beauté. Elles se tressent les cheveux, ou les laissent flotter sur leurs épaules; au lieu que les hommes les rasent et n'en laissent qu'une touffe sur le sommet de la tête. Les femmes maures portent aux oreilles, aux bras et aux jambes des anneaux de fer, quelquefois elles y ajoutent des morceaux de corail. Les coquettes, car il y en a jusques chez les peuples sauvages, au lieu de rouge, qui feroit fort peu d'effet sur leur teint noir, se servent de poudre à tirer, mêlée avec de l'antimoine, pour dessiner différentes figures sur leur front et au-dessus de leurs paupières. Les hommes en font de même sur leurs bras, leur poitrine et leurs mains. Il y a un peu de superstition dans ces caractères mystiques. Si, pour suppléer à leur beauté, nos femmes Européennes étoient nécessitées de souffrir une opération aussi douloureuse que celle que se font les Maures, je doute qu'il y en eût une seule qui voulût corriger les caprices de la nature. Les femmes Arabes, pour rendre ces marques indélébiles, se piquent la peau en plusieurs endroits avec une aiguille; et quand le sang ne coule plus, elles se font entrer dans les pores, à force de frictions, cette poudre raffinée. C'est ainsi qu'elles n'ont pas la peine de laisser tous les soirs leur beauté factice sur leur toilette. J'ai vu bien des enfans qui avoient les ongles de la main peints d'un rouge jaunâtre; mais cette couleur ne dure pas. Le costume que j'ai décrit, est sur-tout commun aux Arabes qui errent sur les montagnes et dans les déserts. Il varie bien plus chez les habitans des villes. Les uns ont la tête nue, ou couverte d'un bonnet rouge; d'autres portent un turban comme les Turcs, avec une partie de leur habillement. Ils se servent de pantoufles; mais les montagnards vont pieds nuds.

Presque tous les habitans d'Afrique, jusqu'à la Guinée, et même les Arabes d'Asie, ont le même costume. Ceux qui aiment les antiques pourroient faire sur ce sujet des recherches curieuses. Ce qui me fait croire qu'il est très-ancien, c'est qu'ils ne connoissent pas la variété des modes. Un fils ne pense jamais à s'habiller autrement que son père; et quand il le voudroit, leur industrie est si limitée, que leurs tailleurs se trouveroient très-embarrassés, s'ils étoient obligés de changer la forme de leur habillement quelque incommode qu'il soit.

Les chaumières des Maures sont aussi simples que leurs vêtemens. Elles ne sont faites que de roseaux et de feuillages, ou bien ce sont tout bonnement des tentes. Quand il s'en trouve plusieurs ensemble, ils les appellent *douare*. Il est des douares où l'on en compte dix, quinze, vingt, et même plus de cent. Elles sont placées en cercle qui leur sert de parc pour y renfermer leurs troupeaux pendant la nuit. Si entre deux tentes il se trouvoit un espace vide, ils le ferment avec des épines et des buissons, pour en écarter les bêtes féroces. Chaque tente ressemble assez à un tombeau, ou à une carcasse de vaisseau renversée. Elles sont encore telles aujourd'hui qu'elles étoient du temps de Salluste. (*) Celles des chefs ont un peu plus d'élévation et de longueur. Ils employent pour cet objet du drap de laine très-serré, et teint en brun ou en noir. La facilité avec laquelle ils les transportent, les fait souvent changer de lieu, selon la saison ou leurs besoins. En hiver ils s'établissent au pied d'une colline du côté du midi; en été ils cherchent les pâturages et les fontaines. Il est facile de faire l'inventaire de leurs meubles. Ils n'ont pas d'autre lit que la terre; les plus délicats couchent sur la paille, quelquefois sur un matelas ou un tapis. Quelques vaisseaux de terre pour préparer leur manger et leur courconçon, un bassin de bois pour puiser de l'eau et traire leurs vaches, une peau de chèvre pour battre le beurre, et deux pierres portatives pour moudre leur grain; voilà tout ce qui compose leur cuisine.

Vous pouvez, d'après cela, supposer aisément que leurs repas ne sont ni somptueux

---

(*) Cœterum adhuc ædificia Numidarum agrestium quæ mapalia illi vocant, ob longa incurvis lateribus tecta, quasi navium carinæ suut.

Sall. Bell. Jugur.

ni délicats. Il n'y a en vérité rien de plus simple et de plus frugal. Ils ne font par jour qu'un repas qui demande un peu de préparation. Ils ne prennent rien autre chose, ou tout au plus quelques fruits et racines sauvages. Ceux cependant qui sont aisés font deux repas par jour.

Selon les principes de leur religion, les Maures sont obligés de se laver les mains, la bouche et la barbe, devant et après leur repas; mais plusieurs négligent cette cérémonie. Comme mahométans, ils ne peuvent boire que de l'eau, qu'ils puisent dans un bassin de bois, et qu'ils se passent à la ronde. Cependant ils ne font pas difficulté de boire du vin, quand on leur en offre, pourvu qu'ils ne soient vus de personne. J'en ai connu plusieurs qui s'enivroient.

Quand les Maures entreprennent de longs voyages, et qu'ils supposent qu'ils ne trouveront point de lieu où ils puissent recevoir l'hospitalité, ils portent avec eux une certaine quantité de farine. Quand ils sont pressés par la faim, ils en font des petites boules avec de l'eau dans le creux de leur main. Cette mince nourriture les soutient dans leurs plus longues courses.

Poiret.

CHAPITRE XL.

De la politesse et des coutumes des Maures.

Avec quel plaisir je prends la plume pour vous donner une idée de la politesse et des coutumes des Maures. Que ne puis-je jouir de votre aimable société, votre pinceau traceroit avec bien plus de force toutes les nuances que je ne puis saisir.

Quoiqu'à demi-sauvages, les Maures ont des signes pour exprimer l'amitié et le respect, signes qui n'ont chez eux pas plus de sincérité que chez nous. Leur manière de saluer quand ils se rencontrent, est de mettre la main droite sur la poitrine, de s'incliner et de se souhaiter le bon jour. Ils s'informent après cela de la santé de leur famille, de la jument, du troupeau, et n'oublient pas même la tente, etc. Si ce sont des amis, ils se baisent mutuellement les joues et les épaules; quelquefois ils se prennent par la main et s'embrassent. Quand ils sont étroitement liés, ils se contentent de se toucher l'extrémité des doigts, et de porter chacun la main à la bouche.

Quand ils abordent quelques personnes distinguées, telles qu'un chef, un Bey, ou un Kaide, ils leur baisent la main avec beaucoup de respect. Une marque de faveur de la part des grands est de présenter la paume de la main à ceux qui viennent leur rendre hommage, et qu'ils veulent distinguer; car ils ne présentent ordinairement que le revers. La plus grande marque de soumission est de leur baiser la tête, le turban, les épaules et la robe. Il en est même qui se prosternent devant eux en mettant un genou en terre. Jamais un Maure ne s'approche d'un grand sans quitter ses pantoufles. Quand deux Maures se rencontrent sur le grand chemin, ils se saluent et se font toutes ces questions sans s'arrêter, même quand ils vont en sens contraire; de sorte qu'ils ne peuvent souvent plus s'entendre avant d'avoir fini leurs complimens. Cela ne les empêche pas de continuer leur route.

Leurs gestes dans la conversation sont vifs, pleins de graces et expressifs. Quand on veut les étudier avec attention, il n'est pas difficile de comprendre quel est le sujet de leur discours. Ils ont la voix mâle et sonore, on peut les entendre de très-loin. L'habitude qu'ils ont de vivre dans les champs, et de se parler à une grande distance, leur fait prendre, dès leur enfance, un ton de voix très-élevé. Dans les villes leur accent est beaucoup plus doux, et fatigue moins l'oreille.

Les Maures ne pensent pas, comme les Européens, que ce soit une indécence de roter; au contraire, ils disent *Saha* à ceux à qui cela arrive, c'est-à-dire, que cela vous fasse du bien. Ils se servent de cette expression en plusieurs autres occasions; par exemple, quand ils mangent, boivent, ou fument. Quand ils se reposent, ils ne croisent pas les jambes, comme les Turcs; mais ils s'accroupissent avec leur fusil entre les genoux, car ils ne quittent leurs armes que dans leur tente. C'est ainsi qu'ils passent souvent les jours entiers à ne rien faire; la paresse fait leur plus grand bonheur.

Poiret.

CHAPITRE XLI.

Relation abrégée du voyage du gouverneur Philip à Botany-bay, et de l'établissement des colonies au port de Jackson, et à l'île de Norfolk.

La flotte étoit composée du *Sirius*, vaisseau de roi, commandé par le chef d'escadre Philip et le capitaine Hunter, de l'*Allége le Supply*, lieutenant Ball, de trois vaisseaux chargés de provisions et six de transport, qui portoient six cents hommes et deux cent cinquante femmes condamnées; il s'y trouvoit encore quarante femmes de matelots qui avoient obtenu la permission de suivre leurs maris.

Nous quittâmes l'Angleterre le 20 mai 1787, et allâmes mouiller aux îles de Canaries. Le gouverneur, à l'imitation du capitaine Cook, prit toutes les précautions nécessaires pour conserver la santé des condamnés et des équipages.

Dans la traversée les condamnés du Scarborougk voulurent se rendre maîtres de ce vaisseau. Mais heureusement ils furent découverts à temps; et l'on envoya les chefs du complot à bord du *Sirius*, où ils furent sévèrement punis et dispersés sur les autres vaisseaux. Cette précaution produisit un si bon effet, qu'ils ne furent plus tentés de se révolter.

D'après le rapport fait par les officiers de santé le lendemain de notre arrivée dans la baie de Santaruz, dans le Ténérif, il se trouvoit sur la liste des malades, neuf matelots et soixante-douze condamnés, il en étoit mort vingt-un et trois de leurs enfans.

Nous fîmes de vains efforts pour jeter l'ancre dans la baie de Porto-Praya de l'île Saint-Jacques au Cap vert; notre dessein étoit de nous procurer des végétaux qui étoient rares au Ténérif. Après ces contretemps nous passâmes sous la zône torride et allâmes mouiller le 6 août à Rio de Janeiro.

Nous restâmes jusqu'au 4 de septembre pour nous ravitailler. Nous y reçûmes un accueil bien plus gracieux que le capitaine Cook en 1768. Nous en fûmes redevables au chef d'escadre Philip qui avoit été au service des Portugais, et qui étoit connu du gouverneur de la baie ; cette circonstance heureuse sauva la vie à bien des malheureux qui étoient malades à notre bord.

La traversée de Rio de Janeiro au cap de Bonne-Espérance fut très-heureuse ; nous eûmes le même succès dans tout le cours de notre navigation jusqu'à Botany-Bay où nous mouillâmes le 18 janvier 1788.

CHAPITRE XLII.

Du port Jackson et des habitans du pays.

Le gouverneur trouva Botany-Bay trop malsaine pour y établir la colonie. C'est un pays marécageux et humide ; il n'y a point de baie sûre pour les gros vaisseaux. Conséquemment il fit voile pour le port Jackson. Il est si spacieux qu'on peut y faire manœuvrer 100 vaisseaux de ligne. Nous y trouvâmes une crique avec un excellent mouillage ; on pourroit à peu de frais y construire des quais, et y décharger les plus gros vaisseaux. Le gouverneur lui donna le nom de crique de Sidney, en l'honneur du lord Sidney.

Quand on voulut aller à terre, on découvrit un parti des naturels du pays. Ils étoient armés de lances, et poussoient de hurlemens horribles ; mais le gouverneur s'approcha d'eux seul et sans armes, et dé truisit facilement tous leurs soupçons. L'un d'eux qui paroissoit en être le chef, donn des marques d'une grande confiance et d'une fermeté admirable; il vint seul avec le gouver neur Phillip jusqu'à un endroit où l'équipag des chaloupes faisoit cuire la viande pou le dîner. Quand il se vit éloigné de ses com pagnons, il s'arrêta, et sembloit nous mena cer, par ses gestes et ses paroles, d'une ven geance éclatante, si nous abusions de s bonne-foi. Il s'avança alors tranquillement et examina ce qui étoit dans la marmite nous jugeâmes bien à la manière dont il ex primoit son admiration, qu'il vouloit pro fiter de ce qu'il voyoit. Le gouverneur cher cha à lui faire comprendre qu'on pouvoi se servir de larges écailles pour le même objet

Quand nous prîmes terre à Broken-Bay nous reçûmes la visite de plusieurs femmes Le gouverneur observa le premier qu'il leu manquoit deux jointures au petit doigt de l main gauche. Comme elles paroissoient être toutes mariées, il en conjectura d'abord que c'étoit une partie des cérémonies du mariage. Mais étant entré dans une chaumière, il y vit une fille de cinq à six ans qui avoit la main gauche également mutilée, et des vieilles femmes qui ne l'avoient pas. Les habitans de la nouvelle Galle méridionale, ont fort peu d'ornemens, à l'exception de ceux qu'ils se font sur la peau. Les hommes portent la barbe courte, on croit qu'ils se la brûlent. Il y en eut plusieurs à notre arrivée qui prirent plaisir à se faire raser par nos matelots. Ils attachent quelquefois à leurs cheveux des dents de chien ou d'autres animaux, des pattes d'écrevisses de mer, et des petits os qu'ils collent ensemble avec de la gomme. Nous n'en avons jamais vu porter aux femmes : il en est qui se blanchissent le cou et la poitrine avec une espèce de craie.

Quand ils s'aperçurent que notre intention étoit de nous établir chez eux, ils devinrent plus réservés, mais jamais ils ne nous firent aucun mal. Ils ont eu quelquefois des démêlés avec les condamnés ; mais il est facile de supposer que ces derniers ont toujours été les aggresseurs. Le gouverneur a montré tant de prudence et de fermeté, que l'Angleterre et la nouvelle Hollande ont tout lieu d'espérer que l'établissement de la colonie leur deviendra très-avantageux ; elle promet beaucoup aujourd'hui. Celle qui est sous la direction du lieutenant King, à l'slede Norfolk, est aussi très florissante.

CHAPITRE XLIII.

Remarques sur le pays.

Souvent nous voulûmes pénétrer dans l'intérieur du pays; mais nous y rencontrâmes tant d'obstacles que nos provisions étoient épuisées avant que nous pussions aller plus loin. La côte, sur-tout dans le voisinage de notre établissement, est obstruée par des forêts impénétrables. Les arbres qui y sont très-gros, sont enchaînés les uns aux autres par une espèce de plante qu'on nomme ordinairement *Jack*. Plus avant dans les terres, nous trouvâmes le pays plus découvert; nous y vîmes des sites agréables; le sol y est excellent. Dans l'une de nos excursions, nous aperçûmes pour la première fois un cigne noir, dont a parlé Damper dans son Voyage en ce pays. Cet oiseau est très-beau et bien plus grand que les cignes ordinaires. Nous le tirâmes, ce qui le fit lever, et nous découvrîmes qu'il avoit les aîles bordées de blanc, et le bec marqué de rouge.

Nous trouvâmes dans l'intérieur du pays quelques cabanes ; elles étoient faites d'une seule écorce, de onze pieds environ de longueur et de 4 à 6 de largeur. Ils plient cette écorce quand elle est fraîche, et lui donnent la forme d'un angle aigu.

Nous conjecturâmes qu'ils se servoient de ces huttes grossièrement faites, pour se mettre à l'affût. Nous remarquâmes plusieurs arbres dont l'écorce étoit coupée de manière à servir d'échelle. Dans quelques-uns il y avoit des trous où se retiroient probablement quelques animaux. On voyoit qu'ils avoient été élargis par les habitans pour les prendre dans leur retraite.

CHAPITRE XLIV.

Les habitans ont quelques idées de sculpture.

On est étonné de trouver des notions de sculpture dans des êtres si grossiers et si peu civilisés, ils n'ont pas même l'esprit de se vêtir dans le temps, où ils ont tant à souffrir du froid et de l'humidité. Le gouverneur Phillip a trouvé dans le voisinage de Botany-Bay et du port Jackson, des figures d'animaux, de boucliers, d'armes et d'hommes taillées, dans le roc. Telles qu'elles étoient, on ne pouvoit se tromper sur l'objet qui avoit été sculpté. On trouve souvent des figures de poissons. Nous vîmes un jour un lézard esquissé avec assez de précision. Une autre fois nous remarquâmes sur le sommet d'une colline, une statue beaucoup mieux travaillée. Elle étoit dans l'attitude d'une personne qui va danser.

CHAPITRE XLV.

De l'île de Norfolk; exécution de l'un des condamnés.

LE 19 mars 1788, le lieutenant Ball arriva de l'île de Norfolk, après y avoir débarqué le lieutenant King, sa colonie, ses provisions et ses armes. Ce débarquement se fit avec assez de peine; le port n'y est pas commode.

La description que nous en a donnée le capitaine Cook, qui l'a découverte, est absolument exacte. C'est un vrai paradis terrestre. « Si je voulois me faire hermite, dit un voyageur à son retour en Angleterre, je ne connois pas de lieu sur terre où je me fusse retiré avec plus de plaisir qu'à l'île de Norfolk, avant qu'on en fît un repair de voleurs. »

Sitôt que la colonie fut établie, on teint un conseil de guerre, où l'on condamna à mort six des déportés qui vouloient continuer leur ancien métier, tant l'habitude du crime étoit invétérée chez eux. Celui qui paroissoit être le chef de la bande, fut exécuté sur-le-champ. On fit grace à l'un qui étoit moins coupable que le reste ; et les quatre autres furent bannis dans une petite île, où on ne leur donna que du pain et de l'eau.

CHAPITRE XLVI.

On sème de l'orge et du froment ; perte de quelques vaches qui s'égarent. Rapport de l'officier de santé, des morts et des malades.

Au mois de mai, on ensemença 8 à 10 arpens de terre, outre ce que les officiers et les particuliers semèrent pour leur compte.

Le 6 du même mois, *Lady-penrhyn*, capitaine Sever, la *Charlotte*, capitaine Gibert, et le *Scarborough*, capitaine Marchall, sortirent du port Jackson et firent voile pour la Chine. Le *Supply*, lieutenant Ball, fit voile pour l'île du Lord Howe, qui avoit été découverte par le même vaisseau, dans son voyage à l'île Norfolk. Il espéroit pouvoir se procurer des tortues de mer, pour arrêter les progrès du scorbut, dont la colonie étoit encore si cruellement affligée, qu'il y avoit près de 200 hommes incapables de travailler.

Le 25, le *Supply* revint de l'île d'Howe sans rapporter aucune tortue. Nous en conclûmes qu'elles ne s'y retirent qu'en été, puisqu'on en avoit vu un grand nombre quand on fit la découverte de cette île. En ce même mois, les naturels du pays tuèrent trois déportés, et en blessèrent un dangereusement au dos. Il y avoit lieu de croire que ces derniers avoient été les aggresseurs.

Au commencement de juin, la colonie essuya une grande perte. Deux taureaux et quatre vaches s'égarèrent par la faute de celui qui les gardoit. On ne les revit plus depuis.

En juin, on jugea et condamna à mort deux autres déportés.

Il parut par le rapport de l'officier de santé, fait le 30 du même mois, qu'il étoit mort dans la traversée une femme, un enfant et un matelot; que, depuis notre débarquement, nous avions perdu trois matelots et deux enfans, et qu'il y avoit encore sur la liste des malades trente matelots, six femmes et enfans. Ainsi, l'on avoit perdu dans la traversée trente-six déportés, quatre femmes et cinq enfans; et depuis notre arrivée, vingt déportés, huit femmes et huit enfans. Il en restoit soixante-six au régime.

CHAPITRE XLVII.

Du premier acte de déprédation commis par les naturels du pays.

Au mois de juin, les naturels du pays, sans avoir été provoqués, se présentèrent en grand nombre avec des dards empoisonnés, tandis que nous étions occupés à la pêche. Ils étoient disposés à en venir aux mains si nous avions fait quelque résistance. Ils restèrent en ordre de bataille, tandis que quelques-uns d'entre eux, se jetoient sur le poisson et l'emportoient. Le gouverneur suppose qu'ils furent portés par nécessité à cet acte de violence; parce que les provisions de toute espèce et sur-tout le poisson, sont très-rares en hiver.

En juillet, le gouverneur fit une excursion pour examiner le pays entre le port Jackson et Broken-Bay. Il trouva le sol en général très-fertile. Nous eûmes dans notre tournée plusieurs entrevues avec les naturels; mais tout se passa le mieux du monde. Ils nous donnèrent cependant de nouvelles preuves qu'ils n'étoient pas bien flattés de nous avoir pour voisins. Le 2 octobre le *Sirius* fit voile pour le cap de Bonne-Espérance, pour acheter du grain pour semer, et des vivres. Les officiers avoient alors leur maison particulière, et tout le détachement étoit passablement logé.

CHAPITRE XLVIII.

Du climat et du sol de la crique de Sidney.

L'on a intention de bâtir à la crique de Sidney une ville dont la principale rue doit avoir 200 pieds de largeur. Il y a beaucoup de matériaux excellens; mais on n'a pu encore trouver de quoi remplacer la chaux qui manque absolument.

Le climat en est aussi agréable que dans les plus belles parties d'Europe. Il n'y pleut pas long-temps; et rarement il y fait du brouillard. Le sol, quoique léger et sablonneux, est aussi bon que celui de nos côtes. Toutes les plantes et les arbres fruitiers que nous apportâmes du Brésil et du cap réussirent très-bien. Les légumes y sont en abondance. Le gouverneur a dans ses jardins de très-bons melons et de beaux choux-fleurs. Les orangers sont couverts de fleurs ; le figuier et la vigne promettent encore davantage.

CHAPITRE XLIX.

Des découvertes du lieutenant Shortland qui retourna de Botany-Bay en Angleterre par la voie de Batavia.

Nous laissâmes le gouverneur dans sa nouvelle colonie, et mîmes à la voile le 14 juillet 1788, de concert avec le *Prince de Galles*, *Borrowdale* et l'*Amitié*; nous perdîmes bientôt de vue les deux premiers. Nous trouvâmes sur notre passage beaucoup de petites îles. A en juger par les habitans que nous vîmes dans leurs canots, elles doivent être très-fertiles. Le 11 septembre, le scorbut nous obligea de relâcher dans une petite île qui n'avoit pas encore été découverte. Nous aperçûmes sur le rivage beaucoup de branches de cocotier jetées çà et là ; et nous en conçûmes le doux espoir de trouver des rafraîchissemens pour les malades. Nos deux vaisseaux mirent chacun une chaloupe à la mer.

Tandis que nos gens cherchoient un endroit commode pour débarquer, plusieurs Indiens vinrent à leur rencontre dans leurs canots, et les invitèrent par signes à aller à terre. Ils vouloient débarquer à un endroit qui paroissoit être un *morai* ou cimetière, mais les naturels ne voulurent pas le souffrir. Plusieurs individus des deux sexes se jetèrent à la nage, et nous apportèrent des bambous remplis d'eau. Ce sont les seuls vaisseaux que l'on connoisse dans les îles de Pélew. M. Sinclair, capitaine de l'*Alexandre*, qui étoit dans l'une des deux chaloupes, ne pouvant leur faire comprendre qu'il demandoit des cocos et non de l'eau, débarqua aussitôt qu'il put trouver un endroit commode, et rencontrant un vieillard qui avoit au bras un ornement d'os, il en conclut que c'étoit un chef. Il lui donna des clous et des grains de verre, et se concilia ainsi son amitié. Cet Indien nous rendit de très-grands services, en faisant retirer les plus insolens de ses compatriotes qui se pressoient autour de nous pour voler tout ce qui leur tomboit sous la main. Mais M. Shortland ne put en avoir que 30 cocos, et encore verts. Ces Indiens étoient bien formés et de moyenne taille. Ils avoient les cheveux très-longs, et mangeoient la plupart du poivre bâtard. Ils tenoient à la main un petit bâton creux, qui ressembloit à l'ébène, ils en faisoient sortir une espèce de poudre blanche.

Leurs armes sont une lance et une herminette de fer, qui ne peut venir que des Européens. Le vieux chef fit aussi des présens au capitaine. C'étoit un composé de poisson, d'yams et de plusieurs autres ingrédiens dont l'odeur empestoit. A notre approche, les Indiens prononcèrent le mot *Englees*, comme pour demander si nous étions de cette nation. Quand nous leur fimes comprendre que nous en étions, ils secouèrent la tête, et dirent *Espagnols*. Ils ne furent plus alors si honnêtes qu'ils l'avoient été dans leurs canots. Il est probable que cette île s'appelle Artingal, où nos compatriotes s'étoient distingués 5 ans auparavant, en portant du secours à leurs ennemis.

Le scorbut faisoit de si grands ravages, qu'on fut nécessité de vider l'*Amitié* et de le couler bas. Quand les deux équipages furent réunis, il ne restoit, en y comprenant les officiers, que seize hommes et deux mousses capables d'agir. Si l'*Alexandre* eut été un peu plus éloigné de Batavia, c'en étoit fait, *il ne* seroit pas resté un seul homme pour manœuvrer. Le 17 novembre, il n'y avoit plus qu'un matelot qui pût travailler. Un peu plus tard on se vit obligé d'abandonner le vaisseau à la merci des vents et des flots. A six heures du soir, comme il n'y avoit pas de vent, tous les malades se mirent à l'ouvrage, et après les plus grands efforts, nous jetâmes l'ancre entre les îles de Leyden et d'Alkmara; bientôt après nous fîmes le signal de détresse. Le 18, à deux heures après minuit, ne voyant aucun secours, il fallut lever l'ancre. On peut s'imaginer combien il nous en coûta pour en venir à bout dans l'état où nous étions.

CHAPITRE L.

Relation du lieutenant Wattse, *du retour du vaisseau de transport* Lady-penrhyn, *du port Jackson à Canton par la voie d'Otaheite.*

Nous jetâmes l'ancre aux îles de la Société en juillet 1788. Omai et les deux enfans de la nouvelle Zélande, que le capitaine Cook y avoit laissés, étoient morts depuis quelques années. Mahune, chef d'Eimo, pour se venger des pertes qu'il avoit essuyées, avoit attaqué Otoo, et tué tous les troupeaux que Cook lui avoit laissés. Otoo vivoit encore, il n'avoit point changé de sentiment à notre égard. Nous y retrouvâmes aussi Oediddée qui avoit accompagné Cook vers le sud. Il se souvenoit encore de tous les lieux où il avoit été; il nous revit avec un vrai plaisir.

Les naturels du pays nous firent connoître aussi combien notre arrivée leur étoit agréable. Ils nous apportèrent d'amples provisions de cocos, de fruits de pain, de plantain, de taro, de pommes d'Otaheite. Ils crioient autour de nous *tayo, tayo*, c'est-à-dire, ami, et *patri notulli*, vaisseau de Cook. L'affection avec laquelle ils demandèrent des nouvelles du capitaine Cook, nous intéressa infiniment. Plusieurs d'entre eux, nous rapportèrent les différentes circonstances de la mort d'Omai; ils s'accordèrent tous dans leur relation. Voici celle de Tutti, chef d'Owarrhée.

« Quand Omai fut bien établi dans cette île, il fut nécessité d'acheter beaucoup de draps et d'autres articles pour lui et sa famille. Les peuples voisins lui firent payer extraordinairement cher tout ce dont il avoit besoin. Il alloit souvent à Ulitea avec de riches présens.

Il mourut chez lui, de même que les enfans de la nouvelle Zélande, mais je ne sais pas de quel genre de mort. Les habitans d'Ulitea vinrent nous attaquer bientôt après; ils prétendirent qu'étant leur compatriote, tous ses biens leur appartenaient. Ils enlevèrent tout ce qu'il avoit laissé, et particulièrement les fusils dont ils cassèrent la monture. Quant aux poudres, ils les enterrèrent dans le sable. Le combat fut sanglant, les deux partis perdirent beaucoup de monde; nous ne sommes pas encore aujourd'hui en très-bonne intelligence. La maison que le capitaine Cook a fait bâtir pour Omai, subsiste encore. Elle est couverte par une autre bien plus grande faite à la mode du pays, et occupée par le chef de l'île. Quant aux chevaux, la jument a pouliné, mais elle mourut peu après avec son poulain; le cheval vit encore, sans pouvoir être d'aucun service. »

C'est ainsi que les intentions bienveillantes de sa majesté furent sans fruit, le capitaine Cook s'est donné inutilement bien de la peine pour conserver le bétail dans une traversée si longue et si ennuyeuse.

Otoo auroit bien voulu que nous eussions pu lui faire passer d'autres chevaux ; il avoit tant de vénération pour le capitaine Cook qu'il portoit toujours son portrait. Nous ne jugeâmes pas à propos de l'instruire de sa mort, elle lui eût causé trop de chagrin. Quand nous fûmes sur notre départ, Oédiddée pria le capitaine de le transporter à Ulitéa ; mais Otoo le conjura de n'en rien faire, je ne sais quelle en étoit la raison. Le capitaine le lui promit, et en prenant congé d'Oédiddée, celui-ci se mit à pleurer à chaudes larmes, disant qu'il étoit bien malheureux ; quand il eut quitté le vaisseau, il ne se retourna pas une seule fois pour le regarder.

CHAPITRE LI.

Relation du capitaine Marshall, de la traversée du Scarborough, *de conserve avec la* Charlotte, *capitaine Gilbert, du port Jackson à Canton, par la voie de Tinian.*

Nous sortîmes du port Jackson au commencement de mai 1787, et prenant quelques rafraîchissemens à l'île d'Howe, nous passâmes à la hauteur de l'île de Norfolk, et tirâmes vers le nord. Le 18 juin nous passâmes la ligne à 174 degrés de longitude orientale.

Le 31 juillet, nous doublâmes les îles Larrones, et le 4 d'août nous jetâmes l'ancre au sud-ouest de Tinian. La première chose que nous fîmes, fut de mettre nos malades à terre. Il y en avoit quinze qui ne pouvoient plus se remuer, et le reste n'étoit guères en meilleur état. Il n'y restèrent que trois à quatre jours, et cependant ils se trouvèrent tellement soulagés qu'ils arrivèrent sans accident à Canton le 8 septembre.

Nous découvrîmes dans cette traversée beaucoup de petites îles. Quant aux habitans, ils ne furent pas très-curieux de nous voir ; tout ce que nous pûmes en apprendre, c'est qu'ils sont couverts de peaux, et se mettent des coquilles dans les cheveux.

Voici ce que nous apprîmes des autres îles : si nous jugeons des habitans par la construction de leurs cancts, ils sont très-ingénieux ; il en est qui contiennent de seize à vingt personnes. Ils sont étroits, excellens voiliers, et l'on ne court aucun risque de chavirer ; car ils se tiennent en équilibre avec un portelof fixé du côté du vent, qui ressemble assez à une échelle : à l'une des extrémités, ils attachent un loc de bois, taillé dans la forme d'une chaloupe ; et à l'autre extrémité une grosse corde qui correspond au haut du mât et sert de haubans. Quand le vent est frais, deux à trois hommes, selon la grandeur du canot, se mettent sur l'échelle pour la faire tenir droite. Quoiqu'ils manœuvrent toujours du même côté, ils le font avec tant d'adresse qu'ils vont beaucoup plus vîte que nos chaloupes.

CHAPITRE LII.

Espèce particulière de poisson trouvé dans le port Jackson, par le lieutenant Watts, et nommé de là poisson de Watts.

Les Jchthyologistes n'avoient jusqu'alors aucune connoissance de ce poisson. Il a la tête large et de forme angulaire; son corps arrondi, et à peu-près par-tout d'égale grosseur, est terminé par une petite queue. Ses écailles rembrunies sont marquées de plusieurs taches irrégulières. Sa bouche placée à l'extrémité de la tête, est garnie de trois rangs de crocs bien affilés. Il a les yeux extrêmement saillans et situés sur la partie supérieure du crâne. Ce poisson est, en proportion de sa grosseur, aussi vorace que tous ceux de son espèce. Il y avoit deux heures qu'il étoit sur le pont sans remuer, un chien vint à passer, il se précipita sur lui avec une férocité incroyable, et le saisit par la patte. On eut beaucoup de peine à lui faire lâcher prise.

CHAPITRE LIII.

Du chien de la nouvelle Galles méridionale.

CE chien n'a pas deux pieds de hauteur, sur deux et demi de longueur. Sa tête ressemble beaucoup à celle du renard. Il a l'oreille courte et dressée, le museau couvert de fanons d'un à deux pouces de longueur, les pattes blanches, la queue d'une grandeur moyenne, un peu touffue, mais moins que celle du renard, et les dents comme les autres chiens. Il est d'un brun pâle sur le dos, et un peu plus clair sous le ventre.

Le gouverneur Phillip fit présent à M. Nepean d'une femelle qui est en la possession de la marquise de Salisbury. C'est d'après elle que j'ai fait cette description. Elle lappe comme les autres chiens, et tient beaucoup de leur caractère; mais elle est si sauvage, qu'il n'est guère croyable qu'on puisse l'apprivoiser. Elle ne gronde point, elle n'aboie jamais quand on la harcelle; mais elle hérisse son poil comme des soies et paroît furieuse. Elle est ardente à poursuivre sa proie; elle aime beaucoup les lapins et les poulets cruds; mais elle ne veut pas manger de la viande apprêtée. Son agilité et sa férocité lui donnent beaucoup d'avantage sur les animaux plus gros qu'elle. Un jour on lâcha sur elle un très-beau chien renard; elle le saisit par les reins, et l'auroit tué si on ne fût venu à son secours. Elle saute avec légéreté sur le dos d'un âne, et s'y attache si fortement, que ce pauvre animal ne peut s'en débarrasser. Elle met à mort les brebis et les bêtes fauves.

M. Lascelles en a un semblable; mais il désespère de pouvoir jamais l'apprivoiser.

CHAPITRE LIV.

Expédition du lieutenant Paterson dans le pays des Caffres. Relation d'un Allemand qui a vécu plusieurs années avec les Hottentots en 1777, 1778, et 1779.

Séduit par la perspective d'une contrée dont on ne connoissoit pas les productions, je quittai l'Angleterre pour satisfaire ma curiosité. Si mon but n'étoit pas louable, il étoit au moins innocent.

A mon arrivée au Cap, je rencontrai le colonel Gordon qui venoit de Hollande. Cet officier, qui avoit fait un voyage dans le pays en 1774, parloit la langue des Hottentots, et entendoit aussi le hollandais. Il voulut bien m'accompagner dans ma première expédition.

De la ville du Cap, nous dirigeâmes notre route chez les Hottentots Hollandais. Comme le pays situé entre *False-Bay* et *Talbe-Bay* est inhabitable, parce que les vents du sud-est y soufflent des tourbillons de sable blanc, nous fûmes nécessités de longer la côte. Nous y trouvâmes la *myrica cerifera*, dont le fruit sert à faire d'excellente chandelle.

Au sud-est du *Cap False*, ou *Hang-lip*, est une large plaine couverte de plusieurs espèces de mauvaises herbes. J'y découvris une sorte d'*érica*, avec une touffe de belles fleurs jaunes.

Nous allâmes ensuite à Zwellendam, où le *Land-Drost*, ou chef de la justice, fait sa résidence. Elle est située sous une chaîne de montagnes qui commence près de la Baie Alagoa, et s'étend à l'ouest-nord-ouest. Le climat de ce pays est bien différent de celui du Cap. Rarement le vent de sud-est y souffle avec violence, au lieu que celui du nord-ouest y est souvent très-orageux. Comme nous étions dans la saison où les *Boords*, ou fermiers, se rassemblent pour cultiver la terre, nous y restâmes quelques jours. Je fis plusieurs excursions le long des montagnes et dans les bois. Malheureusement alors les arbres n'étoient pas encore en fleurs, je ne pus conserver d'échantillons.

Le *piper cordifolia* est très-commun dans les bois. Je trouvai de très-beaux *hélianthus philicas*. Ce pays est très-fertile en blé et en vin ; les pâturages y sont excellens.

Le 26 octobre, nous allâmes dans le *Groot Faders Bosch*, bois du grand père, où nous nous arrêtâmes quelques heures pour laisser passer la pluie. Nous envoyâmes notre voiture à *Plata Kloaf*, et prîmes le plus court ; mais le chemin étoit si glissant que nos chevaux ne pouvoient se soutenir. Nous passâmes la rivière de Dovenhocks, du Pigeonnier, et nous arrivâmes très-tard à une ferme située au passage du Kloaf. Ce district porte le nom de *Terre d'Egypte*. On y trouve environ treize fermes éloignées les unes des autres de 4 à 6 milles. On nous servit d'excellens fruits d'Europe et des oranges.

Nous fûmes obligés d'attendre notre voiture jusqu'au 28. Je profitai de ce temps pour parcourir le pays; j'y trouvai beaucoup de plantes curieuses, et de fourmis blanches. J'observai que la pluie les avoit fait sortir, et qu'elles avoient des aîles. Je rencontrai beaucoup d'Hottentots et d'esclaves qui en faisoient des collections pour leur nourriture. Le préjugé seul a empêché jusqu'à présent les Européens d'en faire le même usage. Je me suis trouvé dans la nécessité d'en manger dans mes différens voyages, et j'en ai été fort content. Feu M. Smeathman en a fait une description très-exacte sous le nom de *Termites*. Ces insectes diffèrent beaucoup selon le climat et le terroir. Dans les Indes orientales, ils détruisent le bois; mais au Cap ils ne touchent à aucuns végétaux, excepté à l'herbe, encore ne la détruisent-ils qu'en élevant beaucoup de fourmillières qui arrêtent le progrès de la végétation.

Nous quittâmes cette contrée fertile pour entrer dans la plus stérile qui soit peut-être dans l'univers. On l'appelle *terre de Channa*, d'une espèce de mezembryanthimum, à qui les habitans donnent le nom de *Channa*, et dont ils font grands cas; ils s'en servent comme de tabac à fumer.

Au mois de novembre nous dirigeâmes notre course à l'est-sud-est, et le 11, nous passâmes un jour dans la maison d'un Européen. J'augmentai ici ma collection de plantes.

Nous tirâmes ensuite à l'est, laissant à droite le mont Comnassia, et à gauche le Swart. Nous trouvâmes des bains chauds, où deux fermiers se baignoient. L'un d'eux avoit été mordu par un serpent, et se trouvoit beaucoup mieux, quoiqu'il eût la jambe encore très-enflée et très-foible. Les montagnes voisines sont couvertes de larges couches de fer. Le thermomètre s'éleva dans ces différentes sources de 105 à 108 degrés. Nous trouvâmes l'après-dîner beaucoup d'autruches et de koedoes sur le Comnassia, qui s'étend du nord-ouest-nord, au sud-est-sud, et se termine au sud-ouest-sud à deux lieues des bains.

Le 4 nous continuâmes notre route à travers une plaine vaste appelée *la Vallée des Ours*. A 9 du matin heures nous découvrîmes de misérables chaumières faites dans le goût de celles des Hottentots. Nous y trouvâmes un Allemand qui demeuroit depuis 20 ans avec les Hottentots. Il étoit vêtu, comme eux, de peau de brebis, et vivoit à leur manière. Il me dit qu'il faisoit, tous les 3 à 4 ans le voyage du Cap, pour y vendre quelques bestiaux. Le produit lui servoit à acheter de la poudre, du plomb et des colifichets pour les Hottentots. Il y a en cet endroit beaucoup plus de lions que dans les autres parties habitées du pays. Avant notre arrivée, l'Allemand en avoit tué beaucoup, il nous en montra de très-grands.

Je m'arrêtai quelque temps chez lui pour parcourir les montagnes, qui me parurent couvertes de plantes très-rares, malgré les dangers auxquels je m'exposois; car les bêtes féroces et les hommes des bois en rendent l'approche difficile. Ils enlèvent les troupeaux des habitans, dès qu'ils peuvent en trouver l'occasion. Je rencontrai un parti de ces sauvages, mais ils ne me firent point de mal. Je leur donnai du tabac qu'ils me demandèrent. Ils m'offrirent du miel qu'ils avoient ramassé sur les montagnes. Ils étoient armés d'arcs et de flèches; leur chef avoit au bras droit de gros anneaux d'ivoire, il portoit une *hassagai* ou lance. J'appris à mon retour à la ferme, qu'ils étoient de la tribu de Chonacquas.

Le 23 au soir un domestique nous avertit qu'il avoit vu un lion à mille pas environ de notre résidence. Nous nous préparâmes à nous défendre en cas qu'il vînt nous rendre visite pendant la nuit. Mais nous apprîmes le lendemain matin, qu'il avoit été ravager le troupeau d'une vieille femme à 4 milles de distance. Je m'y rendis, et plaçai par où il avoit passé un fusil à ressort. La nuit du 22 nous entendîmes le bruit du fusil, et le matin nous trouvâmes une lionne étendue sur la place; elle n'étoit pas très-grosse.

Le 3 décembre j'allai dans le lieu le plus agréable et le plus fertile que j'eusse encore vu en Afrique. Il est situé à la source de la rivière de l'Éléphant. Il produit du blé en abondance, presque sans culture. Les habitans ensemencent leurs terres quand la rivière est rentrée dans son lit. Le climat est si favorable qu'on y fait toujours la moisson un mois plutôt qu'au Cap. On y trouve de bons fruits, tels que figues, oranges, pêches, abricots, amandes, etc. On donne à ce lieu le nom de *Bonne-Espérance*.

CHAPITRE LV.

De l'hospitalité des Caffres, leurs mœurs, leurs coutumes, leurs lois.

Je tuai dans mon second voyage de très-beaux oiseaux que je ne connoissois pas, et j'augmentai de beaucoup ma collection de botanique. Entr'autres plantes, je trouvai du *geranium*, une nouvelle espèce d'*ixia*, avec une longue tige de fleurs d'un rouge vif et brillant, plusieurs espèces de *morœa*, de *gladiolus*, d'*euphorbia oxalis* et d'*erinum*.

Dans mon troisième voyage j'eus le bonheur de traverser une partie du continent d'Afrique, où aucun Européen n'avoit encore pénétré; je veux dire le pays des Caffres. Jaloux des établissemens qu'y ont fait les Hollandais, qui sont les seuls Européens qu'ils connoissent, ils ne permettent à aucun étranger d'entrer sur leur territoire. Les états, ou la compagnie n'ont pas jugé à propos d'en faire la conquête en raison de la trop grande distance. La difficulté de l'entreprise ne me rebuta point. Rempli de ce grand projet, je quittai la ville du Cap le 23 décembre 1778, et dirigeai ma route vers Zwellendam où j'arrivai le 3 janvier 1779. J'y trouvai M. Tunies l'un des inspecteurs de la compagnie, qui alloit à l'est échanger des bestiaux pour du tabac et des grains de collier.

Nous passâmes les rivières de *False* et de *Caffre-Kulls*, et nous avançâmes vers la rivière de Gouds. Ensuite nous tirâmes sur le *Hagal-Kraal*, laissant à droite le rivage de l'océan des Indes à 3 lieues environ; et le 12 nous franchîmes les monts Atquas Kloaf, qui sont très escarpés.

Le 14, nous tournâmes à l'est, et le soir nous nous trouvâmes à l'entrée du lange Kloaf. M. Mason remarque qu'il a environ cent mille de longueur et deux de largeur. Le sol en est rougeâtre, et les pâturages en sont dangereux.

Le 23 nous marchâmes droit à la rivière de Camtours, où nous nous reposâmes pendant la chaleur du jour. Elle coule au milieu d'une forêt de gros arbres, particulièrement de mimosas, et d'autres arbustes inconnus. On y trouve de nombreux troupeaux de buffles sauvages qui sont très-féroces, et qui rendent ces bois fort dangereux. Sur les 10 heures du soir, je retrouvai ma voiture qui étoit arrivée avant moi. Je vis tout près un bufflesauvage, que je pris d'abord pour un de mes bœufs, à notre approche il s'enfuit dans la forêt.

Nous continuâmes notre route au sud-est à travers une contrée inégale, et arrivâmes le soir à la rivière Van Stada près d'un bois charmant qui s'étend le long de ses bords jusqu'à une colline voisine. J'y trouvai des *aletris-eragrans* de 20 pieds de haut, et de très belles fleurs ; j'y vis aussi une infinité d'oiseaux du plus beau plumage.

Le 26, je me rapprochai du bord de la mer dont j'étois éloigné de deux lieues au sud. A environ mille pas de la mer, l'embouchure de la rivière forme un lac, parce qu'elle se trouve fermée par un banc de sable qui s'étend le long du rivage.

Nous continuâmes notre route l'après-midi à travers une plaine étendue, où je trouvai beaucoup de plantes bulbeuses, et différens troupeaux d'*élans*, de *quaca*, de *zèbres* et de *gazelles*, que les Hollandais appellent *Hartebeart*, et qui est la *Capra dorcas* de Linnæus, nous en tuâmes une.

Nous vînmes passer la nuit sur les bords de la rivière de Swart-Kops.

Le lendemain nous rencontrâmes un paysan qui alloit à Boshmenland, (dans le pays des hommes des bois). Comme nous devions passer par le même endroit, il nous accompagna.

Nous passâmes à midi la rivière de Swart-Kops. Le lac de Zoutpan est digne de l'attention des voyageurs. Il est beaucoup plus élevé que la mer, il peut avoir une lieue de circonférence. Il y a des saisons où il ne forme qu'une grande masse de sel blanc. Les pluies en avoient fondu la plus grande partie avant notre arrivée ; mais nous trouvâmes encore sur les bords des croûtes très-dures qui ressembloient à la glace.

Le pays adjacent est couvert d'une infinité de plantes très-rares. Nous vîmes pour la première fois deux Caffres ; rarement ils se hasardent d'aller si loin de leur patrie. Nous arrivâmes sur le soir à un endroit appelé par les Hottentots *Kow-cha*. Il y a beaucoup de lions, de rhinoceros et de buffles.

Le 29, nous prîmes à l'est, du côté de la rivière de Sondag (dimanche). Nous vîmes des meutes de chiens sauvages ; ils voyagent toujours en grande troupe, et malheur aux troupeaux de brebis qu'ils rencontrent. On en trouve aussi près du Cap, ils sont beaucoup plus gros que le Jackal, (espèce de gros singe). Après une marche pénible à travers un pays sec et pierreux, nous arrivâmes le soir sur les bords de la rivière de *Dimanche*. Elle est à 300 lieues environ de la ville du Cap. M. Mason n'alla pas plus loin à l'est.

J'allai voir le lendemain un fermier Hollandais, qui demeuroit depuis très-long-temps en ce pays. Il avoit de nombreux troupeaux, mais point de blé, et presque pas de quoi se loger, quoiqu'il fût dans un lieu très-agréable.

Nous allâmes l'après-midi jusqu'à une plantation appelée *sand-fleet*, (flotte de sable). Je n'ai rien vu de plus riant, de plus pittoresque. Elle est environnée d'une infinité de petites collines couvertes d'ombres épaisses. Mille petits ruisseaux serpentent dans la plaine, et entretiennent la verdure. On trouve dans le voisinage beaucoup de lions, de panthères, d'éléphans, de rhinoceros, de buffles, etc.

Il y a à quelque distance de ce lieu une tribu de Hottentots qu'on nomme Chonaquas. Ces peuples ont le teint bien plus rembruni, et sont beaucoup mieux faits que tous ceux que j'avois encore vus. Il arrive souvent qu'ils se querellent et en viennent aux mains avec les Caffres. Ces derniers alors appellent leurs compatriotes à leur secours, ils se rassemblent en grand nombre et vont attaquer l'ennemi qui est toujours moins nombreux. Mais les Hottentots empoisonnent leurs flèches, et savent si bien s'en servir, qu'ils ont une grande supériorité sur les autres qui n'ont que des *hassagais*. Nous continuâmes notre course à l'est vers la rivière du Boschman; et à midi j'entrai dans une Kraal qui appartenoit à un capitaine Hottentot, nommé de Royter.

Dans la nuit du 2 de février, nous arrivâmes à un lieu appelé K'acha-chow, qui est un des bras de la rivière du Boschman. De là nous gagnâmes la rivière des Poissons, où nous restâmes deux jours. Le tonnerre se fit entendre toute la nuit, et fut suivi d'une pluie horrible. La rivière prend ici une direction méridionale, et va se jeter dans l'Océan, à 7 lieues de distance. On y trouve des hippopotames dans les endroits les plus profonds. Les bois adjacens sont remplis d'éléphans, de rhinoceros et de buffles. Nous tuâmes quelques uns de ces derniers, ils étoient beaucoup plus pesans que nos bœufs européens.

Informés que nous n'avions plus que deux à trois jours de marche pour pénétrer chez les Caffres, nous tirâmes à l'est. Je trouvai beaucoup d'arbustes que je ne connoissois pas, à l'exception de l'*euphorbia antiquorum* de l'*erythrina corallodendron*, et du *gardenia stellata*. Nous prîmes avec nous un Hottentot qui parloit très-bien la langue des Caffres. Nous eûmes beaucoup de difficultés à nous frayer un chemin à travers les buissons qui couvrent les bords de la rivière des Poissons ; et nous fûmes très-heureux de trouver un sentier battu par un éléphant, nous le suivîmes jusqu'à midi. Nous passâmes alors la rivière, et entrâmes dans une vaste plaine où nous eûmes le plaisir de voir les plus beaux arbres du monde. J'y trouvai beaucoup de plantes bulbeuses, telles que l'*irisis*, le *crinum*. Nous passâmes la nuit sous un grand mimosa, et nous allumâmes de grands feux.

Au sortir de cette plaine, nous entrâmes dans un bois de trois lieues environ de largeur. Nous y vîmes de nombreux troupeaux de buffles qui n'avoient rien de sauvage, nous en blessâmes un. Peu après nous aperçûmes environ quatre-vingts éléphans; ils passèrent si près de nous qu'il nous fut facile de remarquer la longueur et l'epaisseur de leurs dents. Au sortir de la forêt, nous franchîmes une montagne très-escarpée, d'où nous découvrîmes l'océan des Indes au midi, et au nord une contrée montagneuse couverte d'arbres toujours verts, de dix lieues environ d'étendue. L'horison étoit borné par une chaîne de montagnes appelées *Bamboo-Berg*, (montagnes de Bambou), où l'on trouve une espèce de bambou. A l'orient nous eûmes la jouissance d'un pays charmant, tapissé de belles plantes. Il y a ici d'excellens pâturages. Le 7, nous découvrîmes vers le soir un grand feu allumé sur le penchant d'une colline, à la distance de trois lieues environ. Notre interprête nous dit que c'étoit le premier village des Caffres. Au coucher du soleil nous en aperçûmes un autre bien plus près avec de nombreux troupeaux. Sur les huit heures nous rencontrâmes trois Caffres, qui parurent fort surpris de notre présence. Il est certain qu'ils n'avoient jamais vu d'Européens. Ils retournèrent à la hâte et répandirent l'alarme dans tout le village. Mais à notre arrivée, ils nous reçurent avec beaucoup de politesse ; ils nous apportèrent du lait, et nous offrirent un bœuf gras. Ce village, appelé dans leur langue,

Mugu-Lanic, est situé sur le bord d'une rivière ; il est composé de 50 maisons environ qui appartiennent toutes à un chef. Il peut contenir trois cents habitans ; ils sont tous soldats ou domestiques ; ils ne vivent que de lait et de gibier ; car il ne leur est pas permis de tuer une seule pièce de leurs troupeaux, ils n'en sont que les gardiens. Ce sont les hommes qui traient les vaches ; les femmes cultivent les jardins et labourent les terres.

Tout le peuple nous accompagna de village en village, jusqu'à ce que nous fussions arrivés à la résidence de leur roi. Son habitation est située sur le bord de la rivière *Becha Cum* (rivière de lait) ; il n'y avoit autour ni blé, ni jardin. Il avoit cent vaches environ pour le service de sa maison. Il est toujours suivi d'une vingtaine de domestiques. D'abord il fut à notre égard très-peu communicatif ; il resta à-peu-près une heure à une grande distance. Les Caffres se rassemblèrent autour de lui et l'accompagnèrent jusqu'à son habitation. Il nous envoya alors un de ses gens pour nous inviter à y entrer. Je lui offris des grains de collier et du tabac ; il accepta les premiers avec plaisir ; mais il sembla préférer son tabac qui étoit bien plus léger. Il m'offrit à son tour un troupeau de bœufs gras; mon refus parut lui faire beaucoup de peine; il me répéta souvent, que pensez-vous de notre nation? J'acceptai enfin un de ses bœufs, et nous lui tirâmes sur-le-champ un coup de fusil. Quelle fût la surprise des Caffres! ils n'avoient probablement jamais vu de pareils instrumens. Nous fîmes apprêter une partie de notre bœuf; je le trouvai bien meilleur que celui du Cap. Je distribuai le reste au roi et à ses gens. Il parut encore affligé que je ne voulusse rien accepter de plus. Conséquemment je lui demandai quelques paniers. C'est un ouvrage de femme, très-curieux. Ils sont faits de verdure tissue si adroitement qu'il peuvent contenir toute sorte de fluides. Il me donna encore deux hassagais.

J'examinai qu'il avoit pendant la nuit deux sentinelles à sa porte, qui se relevoient à-peu-près toutes les deux heures.

Séduit par la beauté de la campagne, et la variété des plantes inconnues dont elle étoit tapissée, je proposai le 9 de continuer notre route à l'est. Mais nous trouvâmes la rivière *Kyscomma* qui nous ferma le passage, et nous retournâmes sur nos pas.

Les Caffres sont grands et bien faits; ils attaquent avec beaucoup de courage les lions et les autres bêtes féroces. Cette nation est divisée aujourd'hui en deux provinces. Celle du nord a pour chef un *Chatha Bea*, ou *Tambushic*, du nom de sa mère qui s'appeloit Tambukics, de la tribu des Hottentots. Il étoit fils d'un chef nommé *Pharoa*, mort depuis trois ans. Il avoit laissé deux fils Cha Cha Bea et Dsirika. Ce dernier réclamoit la suprême autorité, parce qu'il étoit né d'une Caffre. Les deux frères se firent la guerre, Cha Cha Bea fut vaincu et chassé de sa patrie avec plusieurs de ses adhérens. Il alla s'établir au nord de Khouta et fit alliance avec les Hottentots *Boshmen* (des bois). Les Caffres sont aussi noirs que le jais; ils ont les dents blanches comme l'ivoire, et de très-beaux yeux. Les deux sexes portent à-peu-près les mêmes habillemens; ce sont des peaux de bœuf souples comme le drap. Les hommes roulent autour de leurs cuisses des queues de différens animaux; ils portent dans leurs cheveux des morceaux de cuivre et de gros anneaux d'ivoire aux bras. Ils se font encore différens ornemens de crins de lion, de plumes, etc., qu'ils s'attachent sur la tête.

A neuf ans on les circoncit. Ils aiment beaucoup les chiens, qu'ils achètent pour des bestiaux; s'ils en trouvent un de leur goût, ils donnent jusqu'à deux bœufs pour l'avoir. Ils passent les jours à la chasse, à la pêche et à la danse. Ils sont très-adroits à manier la lance; en temps de guerre ils se servent de boucliers faits de peaux de bœuf. Ce sont les femmes qui cultivent les jardins et labourent les terres. Ils ont certaines plantes qui m'ont paru étrangères à leur pays, telles que le tabac, les melons d'eau, les haricots et le chanvre. Les hommes sont très-orgueilleux de leurs troupeaux; ils leur coupent les cornes de manière à leur faire prendre telles formes qu'ils veulent, et leur apprennent à répondre à un coup de sifflet. Quand ils veulent les faire rentrer dans leurs étables, ils sortent de la maison et se mettent à siffler avec un petit instrument d'os ou d'ivoire, qui ressemble à la pipe des hommes des bois. Les troupeaux les entendent de très-loin, et reviennent sans aucune difficulté. Le terroir y est si fertile que tous les végétaux y viennent presque sans culture.

Je crois que ce pays vaut beaucoup mieux que tout ce que l'on connoît de l'Afrique, j'y ai vu de très-beaux papillons, mais ils ne se laissent pas approcher.

Le 9, nous retournâmes à notre voiture, accompagnés du chef du pays. Il avoit à sa suite environ six cents hommes. Nous prîmes congé de lui à midi, et dirigeâmes notre route du côté de la rivière des Poissons où nous passâmes la nuit.

Le 12 nous revînmes sur nos pas; en traversant les bois, je recueillis diverses semences et des fruits d'arbres toujours verts.

Nous arrivâmes sur le soir à Now Tio. M. Van-Renan quitta la voiture pour aller tirer des buffles qu'il aperçut à la distance d'un tiers de lieue.

A notre arrivée à la rivière de Cobleows, nous résolûmes d'y passer quelques jours. Nous y trouvâmes en abondance des raisins, des melons d'eau et des pêches.

Nous nous avançâmes au couchant de la rivière de Zie-Koe, et le premier mars nous entrâmes dans la maison d'un Hollandais. Le lendemain nous passâmes la rivière de Krome.

Comme je trouvois le pays extrêmement sec et stérile, je laissai la voiture à M. Van-Renan, et dirigeai ma course vers le Cap, où j'arrivai le 23 de mars, après un voyage de trois mois.

CHAPITRE LVI.

Des fatigues que M. Paterson et sa suite eurent à supporter. Description du Camelopardalis.

Nous continuâmes notre route au nord, à travers un pays sablonneux. Nous remarquâmes à l'est une longue chaîne de montagnes de sable, que les vents du sud-est y avoit accumulées. D'après les observations que nous fîmes à midi, nous nous trouvâmes à 29 degrés, 5 minutes de latitude. Nous quittâmes la voiture, et dirigeâmes notre course le long du rivage qui étoit très-élevé. Nous trouvâmes beaucoup de coquillages pétrifiés sur les rochers qui s'élevoient à 150 pieds au-dessus de la mer.

Nos gens et nos troupeaux eurent alors beaucoup à souffrir de la soif. Ces pauvres animaux ne pouvoient plus se soutenir, quand nous découvrîmes heureusement une fontaine à deux lieues environ au nord. Nous y passâmes le jour pour laisser reposer nos troupeaux, et nous fîmes, le colonel Gordon et moi, une excursion vers la mer qui étoit à trois lieues de distance. Nous vîmes une grande quantité de gros mimosa (arbres) que l'océan avoit jetés sur le sable à un mille du rivage ; nous en conclûmes que nous n'étions pas éloignés de la grande rivière.

Nous laissâmes les voitures en arrière, et continuâmes notre route. Nous trouvâmes un nid d'autruche, où il y avoit trente-quatre œufs qui étoient excellens. Nous vîmes quantité de Zébres, d'Elans et de *Quachos*. A dix heures du soir nous arrivâmes sur les bords de la rivière. Ce fut pour nous une nouvelle vie ; nous avions erré neuf jours au milieu des sables brûlans, sans trouver ni plantes, ni animaux. Nous dessellâmes nos chevaux et nous couchâmes à l'ombre d'un saule, sur le rivage. Nous trouvâmes en cet endroit plusieurs chaumières inhabitées, et beaucoup d'os de singes et de bêtes féroces. A mille pas environ de la rivière, le sol est extrêmement stérile et très-montagneux à l'est. On n'y trouve pas les moindres signes de végétation ; mais dans la plaine au couchant, j'y ai vu une infinité de belles plantes, particulièrement du *géranium*, et de l'*asclépias*. Il y a sur le rivage des arbres très-élevés, tels que le *mimosa*, le *salix* et une espèce de *rhus* que les Hollandais appellent *zezyne-houd*. Il y a aussi de l'ébéne, mais en bien plus grande quantité à l'est. L'après-midi, comme nos voitures n'étoient point encore arrivées, nous retournâmes sur nos pas, et nous vîmes que nos gens avoient pris une autre route. Nous suivîmes leurs traces, et les rencontrâmes à l'embouchure de la rivière.

Le soir nous mîmes à l'eau la chaloupe du colonel Gordon, avec pavillon Hollandais. Nous donnâmes à cette rivière le nom d'Orange. Comme les pâturages y étoient excellens, nous y passâmes quelques jours.

Le soir du lendemain, M. Pinard, qui étoit de la suite du colonel Gordon, nous rejoignit avec quatre Hottentots. Ils s'étoient égarés dans les déserts, et n'avoient pu trouver pendant cinq jours ni eau, ni nourriture. Ils étoient dans un état pitoyable.

Le 20 d'août, je passai la rivière avec le colonel Gordon, et nous fîmes quelques excursions à l'ouest. Nous remarquâmes l'empreinte encore fraîche de pieds humains; nous en suivîmes la trace, et trouvâmes en chemin plusieurs pièges qu'on avoit tendus pour les bêtes féroces. A cinq lieues au nord, nous aperçumes des naturels du pays sur une colline de sable. Nous en étions encore à un mille, nous leur fîmes différens signaux; mais ils prirent la fuite. Nous arrivâmes à leur hutte; à notre approche, toute la famille s'enfuit, il ne resta qu'un petit chien. Nous nous arrêtâmes quelques instans à examiner leur cabane. Nous y trouvâmes plusieurs plantes aromatiques sèches, et quelques peaux de veaux marins. Leurs huttes étoient bien mieux construites que celle des autres Hottentots; elles étoient plus élevées et couvertes de chaume. Leurs meubles étoient faits de vertébres de *grampus*. Nous y vîmes plusieurs espèces de poissons suspendus à des pieux plantés en terre.

Le colonel Gordon alla à leur poursuite; il eut beaucoup de peine à leur persuader de revenir dans leur Kraal. Ils étoient au nombre de onze, les seuls qui habitassent cette contrée.

Malgré leur petit nombre, ils avoient un chef qu'ils appeloient *Cout*. Leur manière de vivre est des plus malheureuses. Ils sont beaucoup plus mal propres que tous les autres Hottentots. Ils mangent la chair de veau marin et de singe, et se vêtissent de leur peau. Quand il arrive que les flots jettent un *grampus* sur le rivage, ils s'y établissent, et vivent de sa chair tant qu'il y en a. Quelquefois elle leur dure six mois; toute putréfiée quelle est, ils ne laissent pas de s'en nourrir.

Ils se graissent d'huile, dont l'odeur est si forte qu'on peut les sentir bien avant de les voir. La vessie des veaux marins qu'ils tuent à coups de flèches, et les coquilles d'œufs d'autruches leur servent de vases pour puiser de l'eau.

Le lendemain nous repassâmes encore la rivière pour demander à ces malheureux s'il nous étoit possible de continuer notre route à l'est; mais ils ne purent nous donner aucun éclaircissement. Nous observâmes qu'il leur manquoit à tous la première jointure du petit doigt. Ils nous dirent que c'étoit pour les préserver d'une maladie à laquelle ils étoient sujets dans leur jeunesse.

La veille de notre départ ils vinrent nous rendre visite, comme nous nous amusions à pêcher. J'observai qu'ils mangèrent avec beaucoup d'appétit de vieux souliers que leur donnèrent les Hottentots qui nous accompagnoient. Ils ne portent que des pantoufles pour se garantir des épines.

Nous trouvâmes, d'après une observation

exacte, que l'embouchure de la rivière est à 28 degrés 33 minutes de latitude.

M. Pinard retourna le soir à la voiture, et nous avertit qu'il y avoit à quatre lieues environ à l'est un grand nombre de lions attirés par l'odeur d'un éléphant qu'il avoit tué pendant son absence.

Nous continuâmes notre route à l'est à travers un pays montagneux et tout-à-fait stérile.

Le 29, nous quittâmes les bords de la rivière, et après trois heures de marche, nos chiens attaquèrent un troupeau de zèbres qui n'étoient qu'à quelque distance de nos voitures. Il ne paroissoient point avoir peur. Nous en tuâmes deux, et nous passâmes une heure à les dépecer. Nous en emportâmes les meilleurs morceaux, et nous les trouvâmes excellens.

Nous arrivâmes le second de septembre à la grande fontaine; le lendemain nous nous remîmes en route à travers le désert, et le 4 nous nous trouvâmes sur les bords de la rivière de Sable, où nous nous reposâmes.

Le 6, nous continuâmes notre route vers la petite *Nimiqua*, et nous arrêtâmes le soir sur les bords de cette rivière à 8 milles de la fontaine du Rhinoceros que nous avions déja vue. Nous commencions à manquer de provisions; mais l'un de nos Hottentots ne voulant pas souffrir de privation, vola pendant la nuit les souliers de nos gens et les dévora en entier.

A notre arrivée chez M. Engelbright, nous nous trouvâmes tout-à-coup dans l'abondance. Nos yeux ne pouvoient se lasser d'admirer les trésors de la nature. Nous sortions d'un pays inconnu aux humains, ou tout au plus habité par quelques malheureux sauvages; et nous étions dans une société agréable, où l'on nous prodiguoit tout ce que nous pouvions desirer; après avoir erré pendant six semaines à travers des sables brûlans et des déserts stériles, nous contemplions avec plaisir un pays où les fleurs naissoient sous nos pas.

Nous passâmes quelques jours en ce lieu délicieux. Le colonel Gordon se sépara de nous. Il dirigea sa course à l'est, cherchant une nation nommée *Briquas*, de la tribu des Caffres. J'avois intention d'aller au nord, de passer la rivière d'Orange, et de pénétrer dans la grande *Nimiqua*.

Quand nous fûmes avancés jusqu'à la grande fontaine de Brack, nous rencontrâmes des

Hottentots qui avoient été à la grande Nimiqua échanger des troupeaux pour du tabac et des grains de collier. Le 14 octobre nous passâmes la rivière d'Orange, avec beaucoup de difficultés, et allâmes camper à 4 lieues au nord, sous un grand ébénier. Dirigeant alors notre course nord-est, nous passâmes la rivière des Lions. On lui a donné ce nom, parce que l'on trouve beaucoup de ces animaux sur ses bords. A une journée de là, je trouvai une très-belle plante de la classe de la *pentendria monoginia*, qui s'élève à la hauteur de six pieds. Elle est couverte de longues épines depuis le pied jusqu'au sommet, et forme une belle couronne de feuilles frisées, de fleurs rougeâtres nuancées de jaune et de vert.

Le 17, suivant toujours la même direction, nous arrivâmes à une petite fontaine. Nous découvrîmes en cet endroit une vaste plaine au nord, bordée de hautes montagnes qui font partie du *Brenas*. Nous y vîmes beaucoup de zèbres, de *rhinoceros*, de *Koedoes* et de *camélopardalises*. Nous chassâmes six de ces derniers, et nous en tuâmes un qui étoit mâle. On doutoit en Europe de l'existence de cet animal. J'en ai conservé la peau et le squelette, dont voici les dimensions :

MODERNES.

Hauteur de sa position naturelle. *

	p^s.	p.	l.
Du sabot à l'extrémité des cornes.	14	9.	
Du sabot aux épaules............	9	7	5.
Du sabot de derrière à la croupe...	8	1	5.
Longueur des jambes de devant...	5	7.	
Longueur des jambes de derrière..	5	6	5.
De la crinière de la tête aux épaules.	5	2	5.
Du corps de l'épaule à la croupe....	5	9.	
Circonférence du bas du col........	5.		
Du milieu...............	2	10.	
A la tête................	2	1.	
Longueur du col...........	5	3.	
De la queue sans y comprendre les crins...............	2	9	5.
Avec les crins...........	4	10	5.
Largeur du sabot de derrière.......	5	5.	
Longueur................	8	3.	
Du sabot de devant............	8	9.	
Largeur.................	5	9.	
Longueur des cornes.........	1	0	5.
Leur distance...............	3.		

La crinière est rougeâtre, et les crins ont de 3 à 4 pouces de longueur.

(*) Je l'ai fait empailler ; il est en la possession de Jean Hunter esq. Leicester-Square.

Ces animaux vivent principalement de feuilles de *mimosa* et d'abricots sauvages. Ils sont en général rougeâtres, ou d'un brun foncé et blanc ; on en trouve de blancs et de noirs. Ils ont le pied fendu, et quatre mamelles. Leur queue ressemble à celle d'un jeune bœuf ; les crins en sont noirs et très-forts. Ils ont huit dents canines à la mâchoire inférieure, mais à la supérieure seulement six molaires de chaque côté. Leur langue se termine en pointe, elle est très-rude ; ils ne courent pas très-vîte, mais ils peuvent faire beaucoup de chemin sans s'arrêter. Il est difficile de les distinguer de loin ; on les prendroit pour de vieux arbres renversés, à la longueur de leur corps et de leur col.

Dans le cours de ce voyage, j'ai souvent eu occasion de parler du *mimosa* qui est très-commun dans la grande Nimiqua. Je ne puis cependant finir ce journal, sans rappeler encore une fois au souvenir du lecteur, cette plante bien digne de son attention, tant par sa hauteur extraordinaire, que par son utilité. Il produit une grande quantité de gomme, que les naturels du pays regardent comme une nourriture délicieuse. Le Camelopardalis se nourrit de ses feuilles et de l'extrémité de ses branches. Son tronc est si haut et si glissant qu'il sert de défense au *loxia* contre les serpens qui mangeroient ses œufs.

CHAPITRE LVII.

Du nid du Loxia.

Ces oiseaux construisent leurs nids d'une manière fort curieuse. J'en ai vu qui en contenoient de huit cents à mille. Ils ressembloient à une chaumière. Le toit formoit un angle très-aigu, couvroit tellement l'entrée, qu'il étoit impossible qu'aucun reptile y pénétrât.

Ces volatiles ont autant d'industrie que les mouches à miel. Elles travaillent tout le jour avec beaucoup d'application. Elles portent de l'herbe pour bâtir, réparer ou augmenter leur merveilleuse habitation. Le peu de temps que je suis resté en ces lieux, ne m'a pas permis de m'assurer, de mes propres yeux, si elles augmentent leurs bâtimens en raison de l'augmentation annuelle des habitans. Cependant je le croirois assez, puisque j'ai vu des arbres affaissés sous le poids de ces villes aëriennes qui étoient abandonnées. Il est clair qu'elles en bâtissent d'autres quand ce malheur leur arrive.

Pour en connoître la structure, j'ai eu la curiosité d'en briser une que j'ai trouvée déserte. L'intérieur répond au-dehors. Il y a plusieurs entrées dont chacune forme une rue très-régulière. Les nids sont alignés de chaque côté à deux pouces l'un de l'autre.

L'herbe qu'elles emploient à cette construction, s'appelle herbe de l'*homme des bois*. Je crois que la graine leur sert de nourriture. J'ai cependant trouvé des vestiges de différens insectes qu'elles avoient dévorés.

CHAPITRE LVIII.

Expédition de M. Consett en Suède, dans la Laponie suédoise, et en Finlande.

M. Consett de compagnie avec sir George Liddel, Bart, et M. Bowes, s'embarqua à Shields le 24 mai 1768, sur le *Gottenburgh*, vaisseau marchand, capitaine George Fothergill, et prit terre à Gottenburgh le 27. Cette ville est propre et bien bâtie; les rues en sont régulières et uniformes. Les maisons, la plupart en bois, sont peintes de manière à faire croire qu'elles sont de briques ou de pierres. La moitié de la ville est dans une plaine marécageuse et coupée par des canaux comme en Hollande, l'autre moitié est sur le penchant d'une colline. Le port en est sûr et commode. L'entrée en est défendue par le fort de la nouvelle Elffburgh, qui est situé dans une petite île bordée de rochers. On y trouve à très-bon compte tout ce qui est nécessaire à la vie. Le bourgmestre de Gottenburgh est chef de la magistrature; il a l'inspection de la ville comme les maires d'Angleterre. De Gottenburgh nos voyageurs allèrent à Stockholm, où ils arrivèrent le 7 de juin.

Le lendemain ils dînèrent à une auberge où ils furent servis comme dans celles de Paris. Le soir ils allèrent à l'Opéra; ils trouvèrent la salle bien éclairée. On y jouoit Gustave I. Les Suédois lui ont érigé une statue magnifique devant l'hôtel de ville; ils le regardent encore aujourd'hui comme leur sauveur.

Le 10, ils allèrent voir la citadelle. C'est un ancien bâtiment qui ne renferme de remarquable que la chemise, l'habit, les bottes et les gants que Charles XII portoit au siége de Fredrickshall où il fut tué. Son uniforme est d'un bleu foncé avec de grands boutons dorés, la veste et les culottes sont jaunes, la chemise sans garniture, la cravatte noire, les bottes fortes, longues et quarrées, avec des éperons d'acier, les gants de peau très-épaisse; son chapeau est percé d'une balle au-dessus de l'œil; ce fut le coup qui lui donna la mort. On n'en connoit pas encore l'auteur. Il en est qui croient qu'il fut tué par un de ses officiers. Ce qu'il y a de certain, c'est que ses gants sont encore tout ensanglantés, et l'empreinte de ses doigts est marquée sur la garde de son épée. Il paroît qu'il a porté d'abord la main à sa blessure, et qu'ensuite il a voulu tirer son épée pour en percer l'assassin. Il est bien vrai qu'il avoit mis sa patrie au bord du précipice; bouillant, impétueux jusqu'à la folie, il n'avoit jamais voulu prêter l'oreille aux plaintes de ses sujets. On peut donc attribuer sa mort prématurée à sa dureté inflexible. Il fut le martyr de son ambition.

De Stockholm ils allèrent à Upsal, et ensuite à Tornao qui est la capitale de la Bothnie occidentale à 320 milles nord-est de Stockholm. Cette ville est située sur une rivière qui prend sa source en Laponie, coule sud-est, et se jette dans le golfe de Bothnie. Les habitans font commerce de fourrures avec les Lapons, leurs voisins au couchant et au nord, et avec les Finlandais qui habitent la rive orientale du golfe.

Quoique nous fussions en ce pays assez mal-à-l'aise, dit M. Consett, cependant l'honnêteté de nos hôtes nous dédommagea des autres privations. A quelque distance de Tornao, j'appris qu'il y avoit une famille de Lapons dans le voisinage. Je quittai ma voiture et m'avançai à travers les bois où je découvris leur hutte. Elle étoit habitée par un vieillard et sa femme, un jeune homme marié et un enfant de deux mois environ. Cet enfant étoit singulièrement emmailloté dans une machine faite d'écorce et semblable à un étui de violon. Il y étoit attaché avec une espèce de chaîne de cuivre très-légère. Quand les Lapons voyagent, leurs femmes portent derrière le dos l'enfant et le berceau fait quelquefois d'un tronc d'arbre creusé dans la forme d'un bateau. Elles le couvrent de mousse sur laquelle elles étendent une peau de jeune renne. Quand elles veulent l'endormir, elles attachent le berceau à la voûte de leur hutte et le bercent ainsi plus commodément.

Je leur offris du vin en prenant congé d'eux. Ils aiment beaucoup cette liqueur; mais ils me firent entendre que l'eau-de-vie leur étoit encore plus agréable.

Les Lapons ont les traits hardiment dessinés; quoique très-petits, ils sont tellement endurcis, qu'ils supportent les plus grands froids. Nés dans les bois, ils passent leur vie sur la neige, sans avoir de demeure fixe. Leurs huttes sont faites de soliveaux joints ensemble, et couvertes de gazon, ou d'écorce de pin. J'ai appris qu'en quelques endroits, ils se logent sur les arbres de crainte d'être étouffés par la neige, ou dévorés par les bêtes feroces.

Ils portent en été un espèce de sarreau étroit qui leur descend jusqu'à la moitié des jambes, et qu'ils fixent avec une ceinture. Ils n'ont point de linge; leurs habits sont généralement faits de laine crue, qu'ils ne savent pas même teindre. Leurs souliers et leurs bonnets sont de peau de renne dont ils laissent le poil en dehors. En hiver, ils s'enveloppent d'une peau avec le poil en dedans. Le costume des femmes ne diffère guère de celui des hommes.

On dit que ce voyage de sir Liddel fut la suite d'une gageure qu'il fit d'aller en Laponie, et d'en revenir dans un temps donné, avec deux Lapones et deux rennes. Quoi qu'il en soit, il n'en est pas moins vrai qu'il les amena en Angleterre. Elles fixèrent pendant quelque temps la curiosité du public; après quoi on les renvoya dans leur pays, avec la somme de cinquante guinées qu'elles regardoient comme un grand trésor.

CHAPITRE LVIX.

Voyage dans l'intérieur de la Chine et en Tartarie, fait en 1792, 1793, et 1794, par le lord Macartney, ambassadeur du roi d'Angleterre, auprès de l'empereur de la Chine.

Motif de ce Voyage. Madère. Iles Canaries. Pic Ténériffe.

Les Portugais avoient devancé tous les autres peuples de l'Europe dans la navigation de la Chine. Les Hollandais les y suivirent de près, et ayant rendu quelques services aux Chinois, ils y reçurent quelque accueil. Bientôt d'autres nations suivirent cette route, et par le moyen des missionnaires chrétiens, elles cherchoient à se ménager les avantages qu'un empire aussi vaste promettoit à leur commerce. Les Portugais avoient obtenu un établissement à Méaco, et Canton, capitale d'une des provinces Chinoises, renfermoit plusieurs maisons de commerce de différentes nations. Les Anglais n'y étoient pas vus d'un œil favorable ; et cependant ils étoient plus intéressés qu'aucun autre peuple à y étendre leurs relations commerciales ; leurs possessions dans l'Inde sont, pour ainsi dire, contigues à celles de la Chine, et depuis un certain nombre d'années, la consommation du thé devenoit si prodigieuse, que le gouvernement songea aux moyens de s'assurer des liaisons intimes avec l'empire Chinois. Il fut décidé qu'on y enverroit une ambassade, dont le choix tomba sur lord Macartney.

Après avoir reçu ses instructions du ministre et du roi qui lui remit une lettre pour l'empereur de la Chine, lord Macartney se rendit à Portsmouth au mois de septembre 1792, où il trouva l'*Indostan*, et le *Lion* destinés pour conduire l'ambassadeur, avec les présens qu'il devoit offrir à l'empereur.

Le 10 octobre, ils parurent à la vue de Porto-Santo et de Madère. Cette île fut découverte par Robert Macham, qui vivoit sous le règne d'Édouard III, roi d'Angleterre. On dit que cet Anglais étoit devenu éperdument amoureux d'une jeune fille d'un rang plus élevé que le sien; qu'à cause de cette inégalité de naissance et de fortune, le père de la jeune fille obtint un ordre du roi, pour faire mettre

Macham en prison, jusqu'à ce qu'elle eût épousé celui que son père lui destinoit; que délivré de sa prison, Macham lui avoit proposé de l'enlever et de la conduire en France; que pendant la traversée, il s'éleva une tempête qui les fit errer pendant treize jours sur le grand océan, et qu'ils abordèrent à cette île qui étoit toute couverte de forêts, et qui fut appelée Madère à cause de ses bois. Pendant la nuit, la tempête arracha le vaisseau à ses ancres, et le jeta sur les côtes de Barbarie, où il fit naufrage. On assure que la jeune Anglaise fut si affectée de la perte du vaisseau, qu'elle en mourut de douleur, et que Macham ne put lui survivre.

On dit que le feu s'étant communiqué du rivage aux arbres, dont toute l'île étoit couverte, l'incendie dura une année entière, et que le sol en a conservé sa fertilité pendant de longues années.

La population de cette île s'élève tout au plus à quatre vingt mille habitans. La vigne en est la principale richesse. Elle produit annuellement, dit-on, près de vingt-cinq mille pipes de vin, dont la moitié s'exporte en Angleterre, dans l'Amérique septentrionale et dans les deux Indes, le prix en est évalué à près de deux cent mille livres sterlings. Les droits que le gouvernement portugais perçoit sur les vins qu'on exporte, et sur les marchandises qu'on importe, ne lui rendent pas plus de huit mille livres sterlings au-delà de ce qu'il lui en coûte pour l'entretien de ses employés civils, militaires et des autres dépenses de l'île. Ainsi, les profits que les Anglais retirent de cette île sont bien plus considérables que ceux qu'elle donne à sa métropole. Funcal en est la capitale. Le 18 octobre 1792, les deux vaisseaux firent voile de sa baie pour les îles Canaries.

Ces îles, au nombre de sept, portoient autrefois le nom d'*îles fortunées*, qu'elles ont perdu sans perdre ce qui le leur avoit mérité. Elles appartiennent au roi d'Espagne.

Les Gouanches qui étoient les naturels du pays, quand les Espagnols s'en emparèrent au quinzième siècle, sont aujourd'hui réduits à un petit nombre. Voici comment il est parlé, dans le voyage de Macartney, de celui qui conduisit quelques Anglais au sommet du Pic de Ténériffe.

« Cet homme conservoit dans sa personne presque tout ce qui caractérisoit son ancienne race. Il avoit les membres forts et une taille de près de six pieds. Il se tenoit droit, et, quoiqu'il eût près de soixante ans, il marchoit encore d'une manière ferme. Les traits de son visage étoient fortement dessinés. Il avoit les sourcils hauts et bien arqués, les os des joues proéminens, le nez aplati et les lèvres presque aussi épaisses que celles des nègres de la côte d'Afrique. »

La cour d'Espagne accorde au peu de Gouanches qui restent, une petite solde pour prix de la soumission de leurs ancêtres, et ils mettent une sorte d'orgueil à la réclamer exactement. Aussi ne peut-on attribuer la diminution de ce peuple à la cruauté que les Espagnols ont manifestée en Amérique. Les Gouanches n'ont disparu que parce qu'un peuple ignorant et sauvage ne peut se soutenir devant un peuple civilisé. On a souvent trouvé dans les cavernes des montagnes, des Gouanches qui y avoient été anciennement enterrés, et dont le corps enveloppé dans plusieurs peaux de chèvres s'étoit très-bien conservé.

Le revenu annuel que le roi d'Espagne retire des îles Canaries s'élève, après qu'on en a extrait tout ce que coûte leur administration, environ à soixante mille livres sterlings.

C'est de Madère et des îles Canaries qu'on a transporté la canne à sucre en Amérique, où la culture a beaucoup mieux réussi. Aujourd'hui elle est fort négligée dans ces îles, et leurs productions principales consistent en vin qui s'exporte en Angleterre et en Amérique.

Ténériffe n'est pas la plus grande des îles Canaries; mais si l'on en juge par le nombre de ses habitans, elle est sans contredit la plus fertile. D'après les meilleurs notions qu'on ait sur la population de la grande Canarie, il y a plus de quarante mille ames. L'île des Palmes n'en a que trente mille; celle de Forteventura, que dix mille; celle de Lancerotta, que huit mille; celle de Goméra, que sept mille, et celle de Ferro, que quinze cents. C'est du méridien de cette dernière île, que les géographes et les navigateurs calculoient généralement les degrés de longitude, comme ceux de latitude le sont de l'équateur. Aujourd'hui les astronomes prennent la longitude, à partir du point où ils font leurs observations. Les Anglais les calculent d'après le méridien de Greenwich, et les Français, d'après celui de Paris.

Le Pic de Ténériffe est la plus haute montagne de l'île, et on l'aperçoit à plus de dix-huit lieues en mer. Voici comment M. Johnstone, un des savans attachés à l'ambassade, s'exprime en parlant de l'excursion qu'il fit au sommet de cette montagne.

« Nous campâmes sur un sol couvert de pierres-ponces, et ayant de chaque côté une couche de lave. Nous avions devant nous une plaine stérile, et au sud-est la grande Canarie, qui sembloit s'élever du sein d'une immense campagne de glace, formée par les nuages qui étoient au-dessus de nous. Le lendemain, vers les quatre heures du matin, le temps étant très-beau, et la lune très-brillante, nous commençâmes à monter par une espèce de petit sentier qui suit le contour du premier grand fragment de cône, et conduit au plus élevé, appelé le *pain de sucre*. Le passage est très-roide et la pierre-ponce qui le couvre, et dans laquelle on s'enfonce à chaque pas, le rend très-désagréable. Après une heure de marche, nous arrivâmes à l'Alta-Vista, où nous fûmes obligés de grimper sur la lave, et de sauter d'une grosse pierre sur l'autre, jusqu'à ce que nous arrivâmes au pied du pain de sucre.

« Nous commençâmes à l'escalader. C'est la partie du chemin la plus fatigante, parce qu'elle est presque perpendiculaire et couverte de pierres-ponces ; aussi à chaque pas le pied s'y enfonce et glisse en arrière. Nous étions à tout moment obligés de nous arrêter pour respirer. Cependant il n'étoit guères plus de six heures, quand nous arrivâmes sur le sommet du pain de sucre. Beaucoup de nuages étoient alors rassemblés à environ un mille et demi au-dessous de nous. Ils étoient épais et faisoient un effet très-singulier, ressemblant à une vaste étendue de mer glacée, et couverte d'un nombre immense de petites montagnes de neige, au-dessus desquelles les îles de Palma, de Gomera, de Gierro et la grande Canarie, élevoient leurs têtes. Lorsque le soleil fut un peu plus haut, les nuages se dissipèrent, et nous découvrîmes aisément le rivage, tandis que les personnes qui étoient à Orotova, distinguoient par le moyen de leurs télescopes, les pavillons que nous avions plantés sur le Pic.

« Quand on est sur le Pic, on jouit d'une vue très-romantique et sur-tout très-étendue ; car il n'y a rien à l'entour qui puisse la borner.

« Il y a sur le sommet du Pic, une excavation

de quatre-vingt pieds de profondeur. Nous y descendîmes et y ramassâmes du soufre, dont le sol étoit presque tout couvert. Il y avoit des endroits où nous ne pouvions pas rester une minute sans sentir nos pieds incommodés par la chaleur de la terre. De là s'exhalent des tourbillons de fumée. Immédiatement au-dessous de la surface de la terre, on trouve une argile rouge et molle, si brûlante, qu'on ne peut y tenir la main un seul instant. Dans l'excavation du Pic, l'odeur sulfureuse est insuportable; mais au-dehors on la trouve beaucoup moins forte. »

« M. Johnstone trouva que la hauteur perpendiculaire du Pic étoit de deux mille vingt-trois toises anglaises, ce qui est à-peu-près la même élévation que celle qui a été déterminée par M. de Borda. Les observations que M. de Borda fit avec le baromètre, sur le Pic et au bord de la mer, lui donnèrent, à deux brasses de différence, la même hauteur que son mesurage géométrique.

Suivant l'estimation de M. Johnstone, le Pic est éloigné du port d'Orotava, de dix mille cinq cent quatre-vingt trois toises anglaises, c'est-à-dire, près de onze milles et demi, et il porte au sud 48 degrés ouest. La variation de la boussole y est de 16 degrés, à l'ouest du pôle. »

CHAPITRE LX.

Iles du Cap-verd. Famine. Sécheresse du sol, ses productions.

Le 27 octobre le *Lion* et l'*Indostan* firent voile pour le port de Praya, dans l'île de Saint-Yago, une des îles du Cap-verd. Le 3 novembre, ils ancrèrent dans cette baie, autrefois fréquentée par les vaisseaux qui alloient dans l'Inde. Ils y trouvoient, à un prix raisonnable et en abondance, des bœufs, des moutons, des cochons, des chevaux, de la volaille et des fruits. Il y a aussi beaucoup de poissons. On y jette la seine auprès de l'endroit où l'on mouille, et on la tire sur le rivage. Un seul coup de filet suffit pour l'approvisionnement du vaisseau. On y prend aussi une excellente espèce de morue que l'on pêche à la ligne, entre ses rochers.

De dessus le pont du *Lion*, l'île paroissoit noirâtre, quoique la verdure des cocotiers et des dattiers, qui croissoient dans le sable du rivage, lui donnât un aspect assez agréable. Cependant, lorsque les canots eurent abordé, une figure qui marchoit avec vîtesse, et ressembloit plutôt à un spectre qu'à un homme, donna aux voyageurs une triste idée de ce pays. C'étoit un matelot anglais qui, à son retour de l'Inde, étoit resté à San-Yago.

« Il dit qu'une horrible famine régnoit dans l'île, que depuis trois ans il n'y étoit presque pas tombé de pluie ; que la terre y étoit dépouillée de toute espèce d'herbes ; que la plupart des rivières étoient entièrement desséchées ; que le bétail y avoit péri en grande partie, faute d'eau et de paturage ; que plusieurs habitans avoient quitté l'île, et que les autres y mouroient de faim.

La révolution qui s'étoit faite ans l'atmosphère de cette partie de l'Afrique, dont les îles du Cap-verd sont très-voisines, ou dans le vaste continent qui s'étend à l'est, et d'où provenoit un si terrible effet, avoit des causes qui resteront sans doute à jamais inconnues, puisqu'elles se firent sentir dans des lieux où il n'y avoit point d'hommes assez savans pour les observer et les décrire ; et que la théorie n'est point assez audacieuse pour suppléer à l'observation. Cependant, quellesque fussent les causes qui avoient ainsi arrêté les sources de la fertilité, la vigueur de quelques arbres et de quelques plantes, montroit qu'ils pouvoient tirer d'un sol aride toute l'humidité nécessaire à leur végétation, tandis que d'autres restoient absolument privés de cet avantage.

Ces plantes et ces arbres sont les palmiers dont la verdure contrastoit avec un sable brûlant ; le *grand asclépias* qui abonde en sucs laiteux et corrosifs ; le *jatropha-curcas*, connu dans les Antilles sous le nom de *bois immortel*. Le borasse, ou le grand palmier à éventail, élevoit sa tête superbe, étendoit ses larges feuilles, sans que leur beauté parût altérée de la sécheresse. Un *adamsonia*, arbre à pain de singe, offroit à l'œil étonné une circonférence de cinquante-six pieds, et sur son tronc deux branches perpendiculaires de quarante-deux pieds de grosseur. Ainsi la végétation la plus puissante sembloit démentir cet épuisement de la nature.

Les îles du Cap-verd, tant petites que médiocres, sont au nombre de vingt, et appartiennent au Portugal. Leur population se trouvoit alors réduite, par l'effet de cette sécheresse, à quarante-deux mille ames. C'est de San-Yago, qu'on fait la traite des nègres sur la côte d'Afrique ; mais cette traite est un monopole de la couronne. L'état des habitans est tel, que n'ayant aucune communication régulière avec les autres pays, ils dépendent absolument, pour tout ce que le leur ne produit pas, des vaisseaux qui relâchent accidentellement dans leur port. Comme ils ont fort peu, ou point d'argent, ils échangent ce qu'ils ont, contre du blé et des étoffes.

Après s'être arrêtés cinq jours dans la baie de Praya, le *Lion* et l'*Indostan* remirent à la voile, le 8 novembre, et dirigèrent vers le Brésil.

CHAPITRE LXI.

Passage des îles du Cap-verd au Brésil. Requin monstrueux. Observation sur les vents.

Les matelots eurent le plaisir de harponner un requin de plusieurs pieds de long, et dont l'énorme gueule et les nombreux rangs de dents annonçoient la voracité. En le disséquant, on trouva qu'il n'avoit point de poumons. L'intérieur de sa poitrine paroissoit n'être qu'une enveloppe osseuse du cœur. Les cinq trous qu'il avoit derrière la tête communiquoient simplement avec les ouies placées près des mâchoires. On prit aussi à la ligne un superbe dauphin, et l'on eut occasion d'observer combien les couleurs de ce poisson varient au moment où il meurt. De jaune, il devient graduellement bleu et couleur de pourpre.

En traversant cette partie de l'océan, on observe toujours que les vents, qui soufflent d'Afrique, changent à mesure qu'on approche des côtes de l'Amérique, et qu'ils prennent même leur direction entre le nord et l'ouest. Ces vents sont favorables aux vaisseaux qui ont besoin de doubler le cap de Bonne-Espérance, qui est au sud-est, et d'ailleurs on trouve sur la côte de l'Amérique méridionale des rafraîchissemens qu'on ne trouve pas toujours ailleurs.

Dans les environs de la ligne, la stagnation de l'atmosphère est souvent cause que la chaleur équinoxiale agit avec une extrême force sur le corps humain. Mais au passage du *Lion* et de l'*Indostan*, il y avoit très-peu de calme. La brise du sud-est se faisoit régulièrement sentir, et l'air étoit agréable.

A mesure que les vaisseaux s'écartoient de la côte d'Afrique, on sentoit que l'air de venoit meilleur. La mer étoit unie, et des courans fréquens et inégaux portoient les vaisseaux, tantôt vers le sud, tantôt vers le nord. Vers le neuvième degré nord, au-delà de l'équateur, le vent de nord-est commença à diminuer, ensuite il devint plus *est*, et passa quelquefois au sud-est.

Les vaisseaux qui passent la ligne doivent se régler sur les vents qui changent à chaque saison. Quand le soleil est très-avancé vers le sud, les vents de sud-est commencent à sept degrés de latitude nord, ce qui force quelquefois les vaisseaux d'aller jusqu'au 27me degré de longitude ouest avant de passer la ligne. — Quand le soleil est dans le nord, les vents soufflent ordinairement du nord-est, et l'on peut passer la ligne dans une longitude beaucoup plus *est*.

L'*Indostan* et le *Lion* eurent un vent de sud-est qui continua sans autre variation que de passer à l'est-sud-est, jusqu'au 17me degré de latitude sud. Alors le voisinage des côtes du Brésil, influant sur le vent, il devint d'abord nord-est, et passa graduellement jusqu'au nord-nord-ouest.

La traversée d'Angleterre aux côtes de l'Amérique méridionale fut de soixante jours.

Si on déduit les dix-neuf passés à Madère, à Ténériffe, à San-Yago, on trouvera que chaque jour de navigation, l'un portant l'autre, fut de plus de cent cinquante milles. Aucun navigateur n'avoit fait ce voyage en moins de temps.

CHAPITRE LXII.

Descriptions de Rio-Janéiro, ses édifices, mœurs des habitans, maladies qui y règnent. Manufactures, pêcheries, traite des nègres. Population du Brésil. Des naturels du pays. Importance politique du Brésil.

Rio-Janéiro est par les 22 degrés 54 minutes de latitude sud, et par les 42 degrés 44 minutes de longitude, à l'ouest du méridien de Greenwich. Cette ville, connue autrefois sous le nom de *Saint-Sébastien*, jouit d'un excellent port, et d'une situation aussi pittoresque qu'avantageuse. Les édifices sont en partie de pierre de taille, les rues sont généralement droites, bien pavées, et ont des trottoirs de chaque côté. Les places y sont ornées de fontaines qui reçoivent l'eau d'un aqueduc extrêmement long; car, malgré son nom, la ville de Rio-Janéiro n'a auprès d'elle ni ruisseau, ni rivière. L'aqueduc est soutenu dans les vallées où il passe, par de doubles arches placées les unes au-dessus des autres, et sa structure est un des ornemens de la ville.

Les fontaines sont gardées par des soldats chargés de veiller à la distribution de l'eau. Elle a l'avantage de se conserver en mer, plus long-temps qu'aucune autre. Outre ces aqueducs et ces fontaines, on trouve plusieurs autres embelissemens dans cette ville, entre autres un grand quai de granit et des promenades agréables. On y voit des boutiques remplies de marchandises anglaises; ce qui prouve que la prospérité du Portugal et de ses colonies, tourne presqu'entièrement au profit de l'Angleterre. Il faut cependant que ce profit soit réciproque, au moins à Rio-Janéiro; car tout y annonce que le pays est dans un état florissant. Toutes les classes de la société y recherchent les plaisirs avec avidité. Les couvents, quoique jadis établis pour convertir les Brasiliens, ne respirent que la molesse, et les religieuses elles-mêmes ne se piquent pas d'austérités. L'inquisition n'y est point établie; mais on y est exposé à d'autre fléaux, à la piqûre des Marangouins qui sont insurportables, et à des fièvres putrides, ou intermittentes. C'est sur-tout à Rio-Janéiro qu'on voit des créoles blancs et nègres affligés d'une maladie cruelle qui détruit les tégumens de la peau, gonfle, déforme et décolore toutes les parties qu'elle attaque. Les jambes se couvrent de rugosités, grossissent énormément, et deviennent semblables à celles des l'éléphant, dont cette horrible maladie tire son nom; elle se nomme *éléphantiasis*.

La chochenille du Brésil fournit la couleur pourpre, comme celle du Méxique. Cet insecte vit sur les feuilles de *l'orumbella*, espèce de naupal, qui avoit jusqu'à la hauteur de vingt pieds. Mais les habitans de Rio-Janéiro ne tirent pas un grand profit de la cochenille, parce qu'ils ne savent pas bien la préparer.

Ce genre de manufacture n'est pas le seul qu'on ait établi dans les environs de cette ville; il y en a un autre dans le port, pour convertir en huile la graisse des baleines noires, qu'on ne prend plus comme autrefois dans la baie, mais qu'on va pêcher dans des endroits où ces poissons sont moins troublés par l'approche des vaisseaux. Les os de baleine, ou les cartilages des mâchoires sont aussi séparés et nettoyés à Rio-Janéiro, avant d'être envoyés en Europe.

Les baleines blanches dont on tire le sperma-cœti, se pêchent souvent jusques dans l'océan pacifique. Un navire anglais, qui revenoit de cette mer, et relâcha à Rio-Janéiro, avoit à son bord soixante-neuf baleines, valant chacune à-peu-près deux cents livres sterlings. Quelques uns de ces poissons sont assez gros pour valoir juqu'à mille guinées. Comme on a récemment découvert que leurs parties musculaires peuvent être converties en une matière semblable au sperma-cœti; il est probable que désormais les profits des pêcheurs diminueront.

On importe, chaque année, au Brésil, vingt mille esclaves, dont cinq mille sont vendus par la seule ville de Rio-Janéiro. Le prix est de vingt-huit livres sterlings l'un dans l'autre. Ceux qui les achètent en Afrique ne peuvent les embarquer, qu'après avoir payé à l'agent de la reine de Portugal, un droit de dix mille *reis* par tête d'esclave. C'est un impôt annuel de soixante mille livres sterlings.

La population du Brésil est évaluée à deux

cent-mille blancs, et à quatre cent-milles esclaves. Les nègres attachés aux plantations du Brésil, peuvent travailler pour eux, deux jours par semaine. Les Africains paroissent naturellement gais et pleins de vivacité. Ils aiment avec passion la danse et la musique. La couronne de Portugal emploie jusqu'à dix mille nègres à l'exploitation des mines de diamans. Ceux qui appartiennent aux moines jouissent d'une condition plus douce. On croit avoir découvert dans ceux qui sont nés d'un blanc et d'une négresse plus de talens et d'intelligence que dans les autres.

On n'a pu réduire à l'esclavage, ni même à l'état de civilisation les naturels du Brésil. Leur taille est en général au-dessous de la moyenne taille des Européens; mais ils sont carrés, bien musclés et très-agiles. Ils ont une antipathie héréditaire pour les Portugais, et chaque fois qu'ils peuvent les massacrer, ils le font impitoyablement. La plus grande partie de la côte qui s'étend de Rio-Janéiro à Bahia, est encore habitée par eux, ce qui est cause qu'il ne peut y avoir par terre aucune communication régulière entre ces deux villes.

Le Brésil est divisé en huit gouvernemens, non-compris celui de Rio-Janéiro, dont le gouverneur prend le titre de vice-roi du Brésil. Ces différentes provinces sont devenues riches et d'une grande importance. Elles fabriquent, depuis peu, une grande partie des choses les plus nécessaires à leur consommation. Leurs productions sont si considérables que la balance du commerce commence à être en leur faveur. Indépendamment des marchandises qu'on leur fait passer d'Europe, on est obligé de leur envoyer de l'argent pour payer le surplus de leurs denrées. Aussi commencent-elles à sentir leur importance, et déja elles ont tenté de se soustraire à la domination de leur métropole. Lorsqu'en 1761 les Espagnols envahirent une partie du Portugal, cette cour fut sur le point de transférer au Brésil le siége du gouvernement. On avoit calculé le nombre de vaisseaux et déjà l'on s'étoit assuré de ces transports, quand le projet s'évanouit avec le danger qui l'avoit fait naître.

On évalue à un million de livres sterlings, ce que le Portugal retire du Brésil; il faut déduire un tiers de cette somme, pour les frais d'administration. Les prétentions du gouvernement sur le *bois rouge* ou le bois de Brésil, sur celui de construction pour les vaisseaux, et sur les mines, sont supportées avec la dernière impatience; chaque jour le courage des habitans s'accroît, s'irrite, s'indigne, et chaque jour semble menacer d'une révolution.

Lord Macartney qui avoit été indisposé à la mer, se rétablit à terre au bout d'une quinzaine de jours. Impatient d'arriver au lieu de sa destination, il pressa les approvisionnemens. Le bois, l'eau, les comestibles, furent fournis en si grande quantité, que les voyageurs crurent qu'ils n'auroient pas besoin de s'arrêter au cap de Bonne-Espérance, et qu'ils pourroient poursuivre leur route, avec très-peu de délai, jusques dans les mers de la Chine. Ils levèrent l'ancre le 17 décembre 1792.

CHAPITRE LXIII.

Des îles d'Acunha et d'Amsterdam. Rencontre d'un Français dans cette dernière. Chasse prodigieuse de veaux-marins et de lions de mer. Oiseaux.

Les deux vaisseaux partis par un vent d'ouest, l'eurent constamment favorable, et le 23 décembre ils reconnurent les îles de

Tristan d'Acunha, dont la plus grande est la seule qui porte ce nom. Ces trois îles sont séparées de toute espèce de terre à l'ouest et au nord, par une étendue de mer d'environ quinze cents milles. Elles se trouvent dans cette partie de l'hémisphère méridional, dans les environs duquel on s'est flatté long-temps de découvrir un nouveau continent. La côte de ces îles abonde en lions de mer, en veaux marins, penguoins et albatrosses, oiseaux dont les aîles ont jusqu'à dix pieds d'envergure.

Il y a dans ces mers une immense quantité de baleines. On les voyoit bondir sans cesse, et sur-tout au coucher du soleil. Leurs énormes grouins paroissoient au-dessus des vagues, et l'eau jaillissoit par l'ouverture qu'elles ont sur la tête. Tantôt leur dos monstrueux et recourbé s'élevoit comme un rocher au milieu de l'océan, tantôt elles déployoient leur queue, comme un immense éventail, et en frappoient les eaux avec violence. On apercevoit aussi beaucoup d'espadons, et ce spectacle attiroit d'autant plus l'attention des voyageurs, que ces mers n'offroient que très-peu d'autres objets de distraction. Ils ne rencontrèrent qu'un seul vaisseau entre *Rio-Janéiro* et *Tristan d'Acunha*.

En se rendant des îles de Tristan d'Acunha à celles de Saint-Paul et d'Amsterdam, les courans en sens contraire devinrent très-forts sur-tout à la distance d'environ trente lieues; un jour on observa qu'ils avoient porté le vaisseau à vingt milles dans le nord.

Pour découvrir un courant, on met un canot à la mer, et on l'envoie à quelque distance du vaisseau. Là, il laisse tomber dans la mer un poids ou un pot de fer, jusqu'à la profondeur de deux cents brasses. Ce poids fait l'effet d'une ancre, et empêche le canot d'avancer, parce qu'il est lui-même immobile au fond de l'eau, les courans ne se faisant pas sentir à plus de dix brasses au-dessous de la surface de la mer. Ceux qui sont dans le canot jettent ensuite dans l'eau un morceau de bois aplati et assez mince, pour qu'il ne puisse recevoir aucune impulsion du vent; de sorte que s'il remue, c'est nécessairement par l'effet d'un courant; et dès-lors il est aisé d'en observer la direction et la vîtesse.

L'île d'Amsterdam est située par les 38 degrés 42 minutes de latitude sud, et par les 76 degrés 54 minutes de longitude, à l'est du méridien de Greenwich. Celle de Saint-Paul sur la même longitude est à environ 17 milles au sud de la première. Les veaux marins y abondent. On remarqua dans celle d'Amsterdam des bassins d'eau chaude, et un rocher très-curieux, isolé et de forme conique. Tout dans cette île porte l'empreinte de l'éruption d'un volcan à une époque très-reculée.

On prit un requin de onze pieds de longueur et de près de cinq pieds de grosseur. Il avoit dans l'estomach un pengouin tout entier. Le pengouin est un animal que les naturalistes classent parmi les oiseaux, mais qui tient certainement beaucoup de la nature du poisson. Il réside habituellement dans l'eau, ses plumes sont arrangées comme des écailles, et ses aîles ressemblent à des nageoires. On les voit par troupeaux sur les rochers se redresser au soleil, et se jouer parmi les veaux marins. Linnæus en distingue une espèce qui a de longues plumes jaunes qui forment deux demi-cercles autour des yeux et ressemblent à des sourcils.

On y remarqua aussi différentes espèces d'albatrosses. Cet oiseau a beaucoup de difficulté à prendre sa volée. Il est obligé de s'élancer d'un précipice ou de courir long-temps sur la plage, afin d'acquérir assez d'impulsion pour s'élever. Quand il est posé sur l'eau, il ne peut en sortir qu'après beaucoup d'efforts.

Le *grand pétrel* noir est l'ennemi de l'albatrosse. Il l'attaque toutes les fois qu'il la rencontre en l'air, mais il n'ose la poursuivre dans l'eau. Le pétrel est méchant et vorace, il poursuit encore plus souvent les pétrels bleus qui sont de la grosseur d'un pigeon ; il les éventre, puis leur dévore le cœur et le foie.

L'*oiseau d'argent*, de la grosseur de l'hirondelle, et qui a, comme elle, la queue fourchue, est le plus beau de tous ceux de cette île. Son bec et ses jambes sont d'un cramoisi brillant, son ventre est blanc, son dos et ses ailes sont d'un bleu cendré. Il se nourrit de petits poissons, qu'il enlève à la surface de l'eau. Lorsqu'on en prend un jeune, tous les autres voltigent long-temps autour du ravisseur, font autant de bruit qu'ils peuvent, et paroissent vouloir le frapper à coups de bec, afin de lui reprendre sa douce proie.

Nos voyageurs rencontrèrent dans l'île d'Amsterdam un Français appelé Perron. Il leur raconta que deux de ses compagnons étoient Français, ainsi que lui, et que les deux autres étoient des marins anglais qui avoient passé au service des Bostoniens; qu'ils étoient partis tous les cinq de l'île de France, dans un vaisseau appartenant à des Français et à des Américains; que depuis environ cinq mois, ils avoient été laissés dans cette île, pour y préparer une cargaison de vingt-cinq mille peaux de veau-marin, et aller les vendre à Canton; qu'ils en avoient déjà près de huit mille, et qu'ils espéroient se procurer le reste dans l'espace de dix mois. Leur vaisseau, ajouta-t-il, étoit en ce moment allé à Nootka-Sound, sur la côte nord-ouest de l'Amérique, charger une certaine quantité de peaux de castor, les porter à la Chine, et revenir ensuite prendre la cargaison de peaux de veau-marin, pour les aller vendre également à la Chine, où l'art de les préparer est porté à un très-haut degré.

C'est particulièrement en été que ces amphibies viennent à terre, en troupeaux de huit à neuf cents. Il s'y trouve au moins trente femelles pour un mâle. Il ne faut qu'un seul coup de bâton sur le museau pour les abattre. Ils mugissent, quand on les attaque, et on les entend à un mille du rivage.

De grands troupeaux de lions marins sortant aussi des eaux en hiver, couvrent le rivage;

et font des hurlemens affreux ; quelques-uns ont jusqu'à 18 pieds de longueur.

Perron avoit accompagné les Anglais dans l'île, il leur avoit communiqué ses remarques, et il méritoit de la reconnoissance. Cependant sir Érasme Gower, à son retour de la Chine, ayant appris que la guerre étoit déclarée entre la France et l'Angleterre, rencontra le brick qui devoit venir reprendre les cinq hommes qu'ils avoient trouvés dans l'île d'Amsterdam, et contre les lois de l'humanité et de la reconnoissance, il le déclara de bonne prise, ensorte que ces malheureux ont pu difficilement sortir de cette île.

CHAPITRE LXIV.

Traversée des îles d'Amsterdam à Batavia. Iles de corail. Description de Batavia, son climat. Chinois nombreux dans cette ville. Massacre horrible qui s'en fit en 1740. Des Javanais, leur caractère. Despotes de cette île. Grand commerce de Batavia.

Lord Macartney, après avoir navigué dans les hautes latitudes méridionales pendant tout le premier mois de l'année 1793, commença à se flatter d'être bientôt dans des parages où les navires partis de Canton pour retourner en Angleterre, pourroient lui apprendre quelle impression avoit faite en Chine, la notification d'une ambassade. Les deux vaisseaux cinglèrent, dans cette espérance, vers le détroit de la Sonde, en faisant route, chacun de son côté pour l'île du nord, qui est le rendez-vous accoutumé dans ce détroit. Parvenu à cette île, le *Lion* trouva l'*Indostan* à l'ancre, et ce dernier avoit rencontré à l'entrée du détroit un vaisseau de la compagnie des Indes, en revenant de la Chine. Les commissaires de la compagnie à Canton avoient chargé ce vaisseau de leurs dépêches pour lord Macartney, et il s'étoit arrêté à Batavia ; mais voyant, après dix jours, que lord Macartney n'arrivoit point, il avoit déposé les dépêches et s'étoit remis en route. Le *Lion* et l'*Indostan* se rendirent donc ensemble de l'île du Nord à Batavia.

Cette traversée ressembloit à une promenade de plaisir. La mer étoit extrêmement unie, et on voyoit à sa surface un nombre immense de groupes d'îles de corail. La substance qui les compose est très-dure et semblable à du rocher. En divers endroits, les voyageurs tirèrent du fond de la mer une quantité considérable de zoophites, dont les uns étoient d'une contexture charnue, et les autres ressembloient à du cuir. Il y a aussi de grandes masses de corail de différentes espèces, des madrepores, des tubipores, des cellipores, les uns plats, les autres ronds, les autres branchus, tantôt blancs, tantôt bleus, tantôt bruns, et le même pied réunissant quelquefois ces trois couleurs parmi les rochers de corail qu'on voit au-dessus des eaux, et sur lesquels la végétation commence à prospérer. Il a en a un si grand nombre de petits, que chacun d'eux ne porte qu'une seule tige semblable à un mat de vaisseau ; de sorte qu'à une certaine distance, ils offrent l'image de plusieurs vaisseaux à l'ancre. Le *Lion* et l'*Indostan* mouillèrent auprès d'un de ces groupes, auquel le grand nombre de rochers qui le composent a fait donner le nom de *mille îles*.

Le 6 mars, 1793, ils entrèrent dans la baie de Batavia, assez vaste pour contenir tous les vaisseaux qui doublent le cap de Bonne-Espérance. Elle est protégée par de petites îles, couvertes de palmiers qui dérobent la vue de ses édifices à ceux qui sont dans cette baie. On a déja vu dans le voyage de Bougainville, que cette ville étoit remarquable par la beauté de ses environs, et des maisons de campagne qui en font l'ornement. Le climat en est si malsain qu'il est passé en proverbe que c'étoit la défense de cette ville la plus sûre. Il est constamment funeste aux Européens, et semble toutefois ménager les Chinois qui y sont en grand nombre ; ce sont les facteurs et les fermiers des Hollandais. L'ignorance des médecins y est si grande, qu'ils sont presque aussi dangereux que les fièvres dont ils veulent guérir leurs malades.

La défense du pays est confiée à des soldats venus d'Europe, engagés le plus souvent par la fraude, et qui n'ont presque jamais la facilité d'y retourner, même quand la permission leur en seroit donnée. Les Hollandais ont aussi une milice chinoise et javanaise à laquelle ils n'osent se fier, depuis qu'en 1740 ils coururent le danger d'en être chassés.

Rien ne contraste plus avec le luxe et l'indolence des Hollandais, les mœurs, la parure et le caractère de leurs femmes, que l'industrie, la sobriété des Chinois, leur patience dans les travaux et leur intelligente activité. Quoique sortis de leur contrée, ils conservent les mœurs de leurs ancêtres, le même respect pour leurs morts et leurs usages dans les derniers devoirs qu'ils leur rendent, même soumission pour ceux qui les commandent. Le gouvernement Hollandais s'est montré plus d'une fois atroce à leur égard. Dans le soulèvement qui a eu lieu en 1740, ils avoient attaqué Batavia, de concert avec les Javanais, et ils avoient été repoussés. Quelque temps après le feu prit dans leurs quartiers. On les accusa de s'être armés pour empêcher d'éteindre l'incendie. Aussitôt on appelle les matelots qui étoient à terre, on leur promet le pillage des Chinois, et l'on commande de mettre à l'instant à mort tous les chefs des familles chinoises. Les malheureux se laissèrent égorger, sans faire la moindre résistance. Cependant les directeurs de la Compagnie craignirent que cette atrocité n'excitât l'indignation de l'empereur. Ils envoyèrent des députés pour excuser cette mesure cruelle sur la nécessité. L'empereur leur dit avec calme qu'il s'inquiétoit fort peu du sort des sujets indignes qui, par amour du luxe, avoient dédaigné leur patrie et abandonné les tombeaux de leurs ancêtres.

Les Javanais ont un caractère moins flexible que les Chinois. Quand ils veulent se venger, ils prennent de fortes doses d'opium, et dans leur ivresse, ils se livrent à l'impétuosité de leur fureur et massacrent leurs ennemis.

Les habitans de Java sont en général trop éloignés de la civilisation, pour avoir d'autres besoins que ceux qu'on peut satisfaire aisément dans un pays chaud. On n'essaie point de les réduire à l'esclavage, et ils trouvent le gouvernement hollandais moins vexateur que celui des autres conquérans qui partagent avec eux la souveraineté de l'île. Le sultan de Matavam règne dans la partie orientale, l'empereur de Java au centre, et le roi de Bantam à l'occident. Mais le rivage de la mer et la véritable puissance appartiennent aux Hollandais. Les trois autres souverains sont comme eux d'une origine étrangère. Ce sont des Arabes qui, en établissant le mahométisme, ont soumis à leur joug presque tous les premiers possesseurs du pays. Le petit nombre de ceux qui leur ont résisté, s'est retiré dans les montagnes où il conserve son indépendance et sa religion. Elle consiste à croire à la transmigration des ames. Il y en a d'autres qui rendent un culte au crocodile.

L'empereur de Java ne confie la garde de sa personne qu'à des femmes ; elles sont élevées dans le métier des armes, et d'esclaves elles deviennent souvent épouses du monarque. Il craint d'armer un peuple dont les souvenirs et la férocité lui deviendroient funestes.

Tout le commerce de l'île est concentré à Batavia. C'est là que dans de grands magasins on renferme toutes les riches productions des Moluques et des autres îles à épiceries. On y dépose en outre, le café, le sucre, le poivre et l'arraque que produit Java. Ainsi Batavia est le magasin du monde, pour cette partie du commerce. Quand l'Europe est approvisionnée, on brûle ou l'on jette le surplus, dans la crainte que la trop grande abondance n'en fasse diminuer le prix.

Ternate, Banda, Amboine sont les seules îles où ces productions si précieuses soient cultivées. Par-tout ailleurs où elles croissoient, les Hollandais les ont fait extirper, afin de s'en réserver le monopole exclusif.

CHAPITRE LXV.

Iles du Bouton et du Bonnet. Cavités profondes daus leurs montagnes. Nids d'hirondelles qui s'y trouvent. Commerce qui s'en fait à la Chine. Les Malais, leurs pirateries, leurs armes. Ile de Banca. Son étain. Ile de Pulo-Condor. Conduite de ses habitans. Arrivée de l'escadre à la Cochinchine.

L'AMBASSADE se rembarqua le 17 mars, pour profiter de la mousson favorable à la navigation de la Chine. La mousson est le vent qui souffle dans ces mers environ six mois du nord au midi, et six mois dans une direction opposée. Le changement des moussons est graduel, et l'on étoit à la veille de l'époque où il commence à avoir lieu. On fit route pour le détroit de Banca.

Arrivés à l'île du Nord, qui n'est qu'une production coralline, les deux vaisseaux rencontrèrent le brick le *Jackall* qui étoit resté en arrière à Madère. Quelques Anglais profitèrent du calme pour relever l'entrée du détroit; ils déterminèrent, dans ce moment d'inaction, la longitude de plusieurs îles.

Dans le nombre sont les petites îles du Bonnet et du Bouton, dont les côtes sont si rapides, si escarpées, qu'on n'y aborde que très-difficilement. Tout y retrace les ruines d'un volcan. Dans l'île du Bonnet, on trouve deux cavernes qui s'étendent horizontalement dans les flancs du rocher, et contiennent une immense quantité de nids d'hirondelles adhérens les uns aux autres, ainsi qu'aux côtés de la caverne, et formant des rangs sans aucune interruption. Les oiseaux qui les construisent sont des hirondelles grises dont le ventre est blanchâtre. Elles vont en troupes considérables, et sont si petites et si rapides, qu'il est impossible de les tuer au vol. Les

Chinois sont très-friands de ces nids qui sont pour les Javanais un objet important de commerce.

Pour pénétrer dans ces cavernes, on commence par sacrifier un buffle, on prononce quelques prières, on se frotte le corps d'huile odoriférante, et l'on parfume l'entrée avec du benjoin. On adore, près de la caverne, une déesse tutélaire, un prêtre brûle de l'encens; ensuite il étend ses mains protectrices sur tous ceux qui doivent y descendre. En même temps on prépare soigneusement un flambeau qu'on fait avec de la gomme, et qui ne peut pas être aisément éteint par l'air fixe et les vapeurs souterraines; puis l'on descend dans ces cavités profondes et dangereuses par des échelles de bambou ou de cordes, quelquefois jusqu'à cinq cents pieds de profondeur. On ne retrouve point ces nids dans la partie méridionale de Sumatra.

Cette partie est habitée par les Malais, peuple qui ne vit que de pirateries, et dont les mœurs sont extrêmement féroces; ils vivent dans un état de guerre continuelle, vont à demi-nuds, et toujours armés. L'arme des Malais de Sumatra est une espèce de dague ou poignard, dont ils trempent la pointe dans le suc d'une plante venéneuse. D'autres Malais habitent les îles les plus orientales, et se réunissent parfois en flottes nombreuses, composées de canots armés de quatre ou six canons, et pillent indifféremment les vaisseaux de toutes les nations. Cette partie de l'île est presque entièrement couverte de mangliers, qui croissent dans la mer et dans les marais salés. Aux racines ou branches renversées de cet arbre, s'attachent fréquemment des huîtres et autres petits crustacés; ce qui a donné quelquefois occasion de dire que les huîtres croissoient sur les arbres.

Le 28 avril, on découvrit les montagnes de Banca, île connue par ses mines d'étain, que les Chinois préfèrent à celui d'Europe. Les Hollandais se sont emparés de ce commerce qui s'élève à 150,000 liv. sterlings, moyennant les secours des troupes qu'ils donnent au roi de cette île, pour le soutenir contre ses voisins.

L'escadre s'arrêta le 17 mai dans une baie de Pulo-Condor. Les Anglais y avoient un établissement au commencement de ce siècle. Ils y furent presque tous assassinés par les Malais. Il paroît que les habitans de cette île sont originaires de la Cochinchine. Les habitans d'un village avoient promis des vivres à l'escadre ; lorsqu'on envoya pour les chercher, on trouva le village abandonné, et les portes des maisons ouvertes, et dans la principale cabane un papier écrit en Chinois, dont voici à-peu-près la traduction littérale. « Les habitans de l'île sont peu nombreux et très-pauvres. Ils ont fui, épouvantés à l'arrivée d'aussi grands vaisseaux et d'hommes aussi puissans, que ceux qui sont en rade, d'autant plus qu'ils ne sont point en état de les satisfaire, à l'égard de la quantité de bétail et des autres provisions qu'ils demandent. Les pauvres habitans de Pulo-Condor en ont très-peu à fournir, et conséquemment ils ne peuvent faire ce qu'on attend d'eux. La crainte d'être maltraités et le desir de sauver leur vie, leur à fait prendre le parti de s'enfuir. Ils supplient le grand peuple d'avoir pitié d'eux. Ils ont laissé dans le village tout ce qu'ils ont, ils prient seulement qu'on ne brûle pas leurs cabanes ; ils concluent, en se prosternant cent fois aux pieds du grand peuple. »

On ne toucha absolument à rien de leurs maisons, ni de leurs vivres. On laissa même un léger présent dans la principale cabane, avec une lettre pour les rassurer. Après quoi, le signal de lever l'ancre fut donné le 18 mai, et l'on dirigea vers la baie de Turon, dans la Cochinchine. Les maladies occasionnées par le séjour de Batavia, par les influences pestilentielles dans les détroits de la Sonde et de Banca, obligèrent l'escadre à chercher un lieu commode, où les équipages pussent se refaire. Sur trois cents cinquante hommes qui composoient l'équipage du *Lion*, il y avoit quelquefois cent vingt malades. Turon est la baie que d'anciens navigateurs avoient indiquée comme une station sûre pour les vaisseaux, et un séjour propre à rétablir les malades.

Les vaisseaux avoient été quelque temps par le travers de la Cochinchine. La route qu'ils firent entre la côte et une multitude de petites îles et de rochers, ne fut pas sans dangers. Il falloit prendre les plus grandes précautions contre les courans, être aussi en garde contre les tempêtes, connues sous le nom de *Typhons*. Enfin le 24, on vit dans l'éloignement un enfoncement de terre, qu'on jugea être la baie de Turon. L'île de Campelle est au sud de cette baie.

On aperçut plusieurs canots de pêcheurs

entre l'escadre et la terre. Le canot de l'*Indostan* en atteignit un qu'il amena à bord. C'étoit un vieillard, dont la consternation fut extrême à la vue de la grosseur du vaisseau et des mâts. On eut bien de la peine à lui faire entendre qu'on lui demandoit l'entrée de la baie de Turon. Lorsqu'il comprit cette demande, il se rassura et la montra du bout du doigt.

CHAPITRE LXVI.

De la Cochinchine. Description des mœurs du pays, ses productions, ses arts. Comment on dresse l'éléphant à la guerre. Insecte qui produit la cire. Importance politique et commerciale de la Cochinchine.

Lorsqu'on eut jeté l'ancre, le premier soin fut de chercher sur le rivage un endroit propre à débarquer les malades. Comme on étoit occupé de ce soin, un officier cochinchinois se rendit à bord, pour s'informer de tout ce qui avoit rapport à l'escadre. La dernière révolution arrivée dans le pays, avoit fait concevoir des soupçons et des projets d'hostilités. Dans la conférence qui eut lieu entre l'officier et les interprètes chinois, on écrivit les questions et les réponses. Les dispositions pacifiques de l'escadre furent annoncées, ses motifs généraux déclarés, et ses besoins immédiats, accompagnés d'une demande de provisions.

Quelques jours après, on vit s'avancer vers la baie de Turon un Cochinchinois élevé en dignité. Il montoit une galère magnifique, escortée de neuf grands canots chargés de présens et de provisions. Le gouverneur de Turon vint aussi à bord offrir sa table à l'ambassadeur ; pendant tout le temps de son séjour, et dès ce moment, on chercha à vivre en bonne intelligence avec lui. Le gouverneur avoit ses vues dans ses offres amicales. La Cochinchine étoit en guerre civile, depuis vingt ans, et il auroit desiré qu'on lui cédât des armes.

La baie abonde en poissons. On y voit des canots, où des pêcheurs, leurs femmes et leurs enfans habitent toute l'année. On attache au cou des enfans de grands morceaux de calebasse, afin que s'ils tombent dans la mer, leur tête soit tenue à flot, et qu'ils ne puissent passe noyer. On en voit, à l'âge de trois ans nager comme de petits cannetons. Toutes les fois que les pêcheurs vont à terre, ils érigent entre les branches des grands arbres, ou dans d'autres endroits élevés, des autels où ils déposent du riz, du sucre, etc. Ils y brûlent du bois odorant et sacré, pour la conservation de leur famille et le succès de leur pêche.

C'est dans la rivière de Turon qu'on voit le *pélican du désert*, cet oiseau fameux dont le cou, le bec, les aîles semblent plus grands qu'ils ne devroient être proportionnément à son corps, qui pourtant est de la grosseur d'un gros coq-d'inde.

La ville de Turon, que les Cochinchinois nomment Han-san, n'est guère plus qu'une bourgade. Le gouverneur donna à quelques personnes de l'escadre un repas où il n'y avoit point de vin, quoique la vigne croisse facilement dans les montagnes. On y supplée par d'autres liqueurs distilées. L'éléphant se sert sur la table des grands. Le roi en envoie des morceaux aux personnes élevées en dignité, et ces présens sont regardés comme une grande faveur. Cet animal sert aussi pour la guerre, et les généraux comptent beaucoup sur lui, quand il est bien dressé.

Le gouverneur conduisit les convives au spectacle. On représentoit une comédie jouée par des acteurs qui paroissoient ne pas manquer de mérite. C'est l'art dans son enfance, un spectacle plus curieux étoit offert par les habitans, montés sur les arbres, pour voir les étrangers qui y assistoient ; une partie de la salle étoit ouverte par le haut.

Si les Cochinchinois ne sont pas bons comédiens, on peut au moins vanter leur goût pour la musique, leur agilité dans leurs jeux et leur extrême habileté à conduire un canot. Hommes et femmes sont dans l'habitude de fumer. Les grands ont des esclaves qui portent leurs pipes, et leur sachet de bétel. Après le riz et le sucre, ce qu'ils recherchent le plus sont les liqueurs spiritueuses, le tabac, la noix d'Arèque et les feuilles de bétel. Ils mêlent un peu de chaux et d'eau avec ces deux derniers ingrédiens. Ils préfèrent la viande du buffle à celle du bœuf; jamais on ne les voit traire aucune espèce d'animaux; le lait, comme nourriture, leur est inconnu.

On se fait peu de scrupule de s'approprier ce qui appartient à d'autres, et quand on s'en aperçoit, ils ne paroissent pas très-déconcertés. En revanche, ils ont de la libéralité. Ils cèdent même à bon marché leurs filles et leurs femmes. Ceci ne doit s'entendre que des classes inférieures, car les grands sont exclusifs dans leurs jouissances et très-jaloux.

La subordination se témoigne par des prosternations fréquentes, ainsi qu'à la Chine, dont ce peuple paroît avoir tiré cet usage. — Il y a peu de différence dans l'habillement des deux sexes. Les hommes portent des turbans et les femmes des chapeaux, mais jamais de bonnets. L'usage des souliers y est inconnu, ainsi que celui du linge. On y porte une légère veste de soie ou de coton pour chemise, et un pantalon de la même étoffe pour caleçon.

Les soldats Cochinchinois sont armés de sabres et de piques d'une énorme longueur, ornées de glands de poil teint en rouge, couleur que personne ne peut porter ni dans ses vêtemens, ni dans ses équipages, excepté dans le service militaire ou par ordre du souverain. Malgré la dépopulation occasionnée par une guerre civile de plus de vingt ans, le nombre d'hommes sous les armes est encore très-considérable. Hué-Fou, capitale du royaume, avoit encore une garnison de trente mille hommes, armés de mousquets et de fusils. On dresse l'éléphant au combat, en plaçant devant lui des rangs de soldats postiches qu'on lui fait attaquer avec furie, frapper de sa trompe et fouler aux pieds.

Après le militaire qui tient le premier rang dans le pays, viennent les juges, dont la vénalité reconnue est aussi oppressive, que l'orgueil de la première classe est tyrannique.

Les Cochinchinois sont peu versés dans les sciences; mais ils y suppléent, par l'adresse et par l'attention, dans les choses qui peuvent leur procurer de l'avantage ou de l'agrément. Dans la culture des terres et dans le peu de manufactures qu'ils ont, ils ne se montrent nullement inférieurs aux nations parmi lesquelles les arts fleurissent. Ils emploient quelquefois des procédés beaucoup plus commodes et plus efficaces que ceux dont on se sert ailleurs.

Ils ne possèdent pas chimiquement l'art de réduire le minérai en métal; mais ils sont parvenus par la pratique à se procurer de très-bon fer, à en faire des fusils à mèches, des lances et d'autres armes.

Les rivières y charient de l'or, et leurs mines abondent en minérai. Il y a aussi beaucoup de mines d'argent. C'est avec des lingots de l'un et de l'autre métal, qu'on y traite avec l'étranger. La Cochinchine faisoit un commerce brillant avant ses guerres civiles. Elle est susceptible par sa situasion de relations plus ou moins commerciales avec la Chine, le Tunquin et l'Inde. D'ailleurs elle a beaucoup de ressources dans son propre sol ; les inondations périodiques et fréquentes en été le rendent très-fertile, et contribuent encore à la salubrité de son climat.

Parmi les curiosités naturelles du pays, on distingue des essaims d'un insecte extraordinaire, qui travaille avec beaucoup d'activité sur les branches d'un arbuste. La grosseur de l'insecte n'excède pas celle d'une mouche. Il est tout couvert d'une poudre blanche, et l'arbuste est entièrement blanchi par la poudre qu'il y répand. En dissolvant une certaine quantité de cette poudre dans trois fois autant d'huile d'olive chaude, elle forme, en se réfroidissant, une masse coagulée qui a la compacité de la cire produite par les *abeilles*.

CHAPITRE LXVII.

Des îles Larrons, des îles Qué-San et Chu-San. Leur population.

L'escadre fit voile de la baie de Turon, le 16 juin 1793. Le port de Tien-Sing, où l'ambassadeur se proposoit de débarquer, étoit encore à une distance considérable. Avant de s'y rendre, on résolut de toucher à une des îles Larrons, situées vis-à-vis Macao, parce que de là on vouloit faire passer des dépêches en Europe, par les occasions qui pouvoient se rencontrer à Canton ou à Macao même. On vouloit sur-tout s'informer de ce qui intéressoit l'ambassade, et savoir s'il n'étoit pas possible de se procurer des pilotes pour la mer Jaune, dont la navigation étoit entièrement inconnue aux Européens. Lorsqu'on eut atteint l'une des îles Larrons, on fit partir un brick pour Macao, où trois Chinois attachés à l'ambassade, s'embarquèrent avec les personnes que lord Macartney envoyoit à Méaco.

Les commissaires de la factorerie anglaise

informèrent lord Macartney qu'à l'exception de quelques officiers Chinois, la cour de Pekin voyoit l'ambassade d'un œil favorable ; que ces officiers chercheroient à pénétrer ses vues, et peut-être à le traverser dans ses desseins, et que deux Chinois lui serviroient d'interprêtes à Pekin. Avant d'arriver aux îles Qué-San, l'escadre souffrit beaucoup dans le détroit de Formose. Le nombre des bâtimens chinois que la curiosité avoit attirés étoit si grand, que la marche de l'escadre en étoit gênée. Le *Lion* en compta plus de trois cents pressés autour de lui. On en voyoit plus loin plusieurs milliers, dont les petits étoient occupés à pêcher, et les autres à charrier différens bois de charpente et diverses autres marchandises. Ils avoient des voiles de nattes au lieu de toile; et un équipage beaucoup plus nombreux que celui des Européens, dans les bâtimens de même grandeur. Tout annonçoit un grand commerce et une population immense.

Quelques-unes des îles Chu-San ont l'aspect le plus attrayant. L'une qu'on nomme *Pou-Tou* est représentée comme un véritable paradis terrestre. L'art a beaucoup ajouté à ses beautés naturelles. Cette île appartient à un ordre religieux; on y compte au moins trois mille célibataires. Il y a quatre cents temples, et auprès de chacun sont des jardins et des maisons habitées par les moines. Ce vaste monastère est richement doté et célèbre dans tout l'empire.

Entre les îles Qué-San et Chu-San, c'est-à-dire dans une space d'environ soixante milles de long et trente milles de large, on compte plus de trois cents îles, et il n'y en a presque point où des vaisseaux de toute grandeur ne puissent trouver un port parfaitement sûr.

CHAPITRE LXVIII.

Description de Chu-san, pieds et vêtemens Chinois. Audience donnée par le gouverneur. Arbres nains, lanternes, terrasses, toits des maisons. Distinctions chinoises.

Lord Macartney envoya le brick *Clarence* au port de Chu-San. Lorsque ce brick eut mouillé, quelques officiers civils et militaires se rendirent à bord, pour s'informer des motifs qui le conduisoient à Chu-san. Lorsqu'on se fut expliqué à cet égard, il fut arrêté que les Anglais descendroient le lendemain à terre pour être présentés au gouverneur et lui faire leur demande.

Dès qu'on sut que le brick appartenoit à l'ambassade, pour laquelle la cour de Pekin avoit envoyé des ordres sur toute la côte, afin qu'on lui procurât des secours, et qu'on lui rendît des honneurs qui n'avoient jamais eu lieu en pareille occasion. Le gouverneur envoya à bord des présens de toute sorte de provisions. Le lendemain il reçut les Anglais avec beaucoup de politesse, leur donna un grand repas, les fit assister à des spectacles, et leur fit connoître qu'il avoit envoyé à bord du *Lion*, pour engager l'ambassadeur à venir à terre, où on lui préparoit de grands honneurs. Le desir de paroître bientôt en présence de l'empereur servit de motif pour ne pas accéder à des propositions qui pouvoient occasionner du retard, et pour presser l'envoi des pilotes. Le gouverneur promit de faire conduire l'escadre le long des côtes, jusque dans la province au nord de la Sienne, où d'autres personnes la mèneroient jusqu'à Tien-Sing. L'idée de naviguer vers le golfe de Pekin, en s'écartant des côtes, lui paroissoit entièrement neuve. Il demanda à y réfléchir jusqu'au lendemain. Les Anglais profitèrent de ce retard pour visiter la ville de Ting-Hai.

Les murs de la ville sont de trente pieds de haut ; et semblables à ceux d'une grande prison, ils cachent le faîte des maisons qu'ils renferment. Le long de ces murs et de cent pas en cent pas, il y a des tours carrées en pierres. Les parapets sont garnis d'embrasures et de meurtrières pour les archers ; mais il n'y a que quelques vieux canons de fer, près de la ville. La porte est double, et, en dedans on voit un corps-de-garde avec plusieurs soldats : des arcs, des flèches, des piques, des fusils à mèche, rangés en ordre sont destinés à leur usage. De toutes les villes d'Europe, Venise est celle à laquelle Ting-Hai ressemble le plus ; mais elle est moins grande, presque entièrement environnée et traversée par des canaux. Il y a des ponts très-élevés, où l'on monte par des marches, comme sur le Rialto. Les rues sont très-étroites, et pavées en pierres carrées et plates. Mais les maisons, au lieu d'être hautes, comme celles de Venise, sont très-basses, et n'ont en général qu'un seul étage. L'ornement de ces maisons se borne presque au toit, dont les tuiles qui couvrent les chevrons sont, non seulement jointes avec du plâtre, pour que les coups de vents ne puissent pas les faire tomber ; mais façonnées de manière à imiter le faîte courbe et les bordures des tentes ou les couvertures faites avec des peaux d'animaux et d'autres matières fléxibles. On voit sur le faite des maisons des figures d'animaux grossièrement façonnés en argile, en pierre, ou en fer. La ville est remplie de boutiques où sont principalement étalés, avec avantage, des vêtemens, des comestibles et des ustensiles de ménage. Il y a même des cercueils peints de couleur très-jolies et variées. La volaille et les plus petits quadrupèdes, même les chiens destinés à être mangés, sont exposés en vente tout vivans. Les poissons sont dans des vases d'eau, ou les anguilles dans du sable. La quantité d'endroits où l'on vend des feuilles d'étain, et de ces bâtons de bois odoriférant qu'on brûle dans les temples, montre combien ce peuple est supertisieux.

Les personnes des deux sexes portent des robes larges et des culottes longues. Les hommes ont des chapeaux de paille ou de jonc, parce que leur cheveux sont coupés très-courts, ou rasés, à l'exception d'une touffe très-mince et très-longue. Les femmes, ont au contraire, tous leurs cheveux tressés et noués élégammet sur le sommet de la tête, comme on le voit dans quelques statues antiques. La plupart des femmes, même celles de la moyenne classe, et de la plus inférieure, ont le pied extrêmement petit, ou plutôt mutilé. Il semble que le bout a été coupé par accident, et que le reste conserve sa grosseur naturelle. Elles le couvrent de ligatures, comme si on leur avoit réellement fait une amputation. Quelques-unes des dernières classes, sur-tout dans les montagnes et loin des grandes villes, n'ont point une coutume si contraire à la nature; mais les femmes de cette classe sont regardées par les autres avec le plus profond mépris, et on ne les emploie qu'au service le plus abject. Le préjugé qui donne l'avantage à des pieds mutilés est tellement invétéré, que de deux sœurs parfaitement ressemblantes, celle qui n'auroit pas les pieds estropiés seroit pour la famille un objet de honte, et condamnée à toute la bassesse de la servitude.

Le lendemain matin, les Anglais se rendirent à la salle d'audience. Cette salle étoit très-vaste et environnée de galeries. Le toit en étoit supporté par plusieurs rangs de colonnes de bois, peintes en rouge et très-bien vernissées, ainsi que les poutres et les chevrons. Des lampes et des lanternes de toutes formes et de toutes grandeurs étoient en grand nombre suspendues aux poutres et autour des colonnes par des cordes de soie, ornées de glands de diverses espèces et de diverses couleurs. Quelques-unes de ces lanternes étoient composées de gaze, sur laquelle on avoit peint des oiseaux, des insectes, des fleurs et des fruits. La forme en bois qui soutenoit la gaze étoit très-bien travaillée. D'autres lanternes étoient entièrement de corne, mais si mince, si transparente, que dès les premiers momens les voyageurs les crurent de verre. Les Chinois préfèrent la corne au verre pour ces sortes d'ustensiles, parce qu'elle est plus légère, moins sujette à se casser, moins chère, et en cas d'accident plus facile à raccommoder.

La salle d'audience fournissoit encore un autre objet de curiosité, dont les Anglais furent frappés. C'étoient des caisses remplies de terre qui contenoient des arbres nains, tels que des pins, des chênes, des orangers avec leurs fruits. Aucun de ces arbres n'avoit plus de deux pieds de haut, et quelques-uns portoient des marques de décrépitude. On avoit semé sur la terre qui les entouroit, de petits monceaux de pierres qui, proportionnément aux arbres nains, pouvoient être appelés des rochers. Ils étoient corrodés et couverts de mousse, comme s'ils étoient là depuis plusieurs siècles; ce qui servoit à augmenter l'illusion et à donner à tout l'ensemble un air d'antiquité. Cette espèce de végétation rabougrie est très en vogue et très estimée des Chinois.

Tandis que les voyageurs prenoient des renseignemens sur les objets exposés dans la salle d'audience, on annonça l'arrivée du gouverneur. Il étoit accompagné d'un magistrat civil, distingué par une broderie formant un carré sur sa poitrine, et sur laquelle on avoit représenté, en soie de diverses couleurs, un oiseau qui est le phénix des Chinois. Le gouverneur avoit au contraire sur sa robe une broderie qui offroit la figure d'un tigre, pour annoncer ses fonctions militaires. Les deux officiers et quelques-uns de leurs subalternes se placèrent dans des fauteuils couverts d'écarlate d'Angleterre, et les Anglais s'assirent sur des fauteuils pareils, vis-à-vis les autres.

Après les premières civilités, on servit du thé. Le magistrat dit que l'usage des Chinois étoit de naviguer le long des côtes, et que Chu-San ne pouvoit fournir des pilotes, tels qu'on les demandoit, parce que le port de Chu-San n'étoit qu'une dépendance du grand port de Ning-Pou. Sur la réponse qu'on se rendroit à ce port, le gouverneur parut alarmé. Il fit entendre que l'empereur croiroit qu'il les avoit mal accueillis, et qu'il perdroit sa place et sa dignité. En prononçant ces derniers mots, il montroit du doigt un bouton rouge et rond qu'il portoit à son bonnet, et qui annonçoit qu'il appartenoit à la deuxième classe des officiers de l'empire. Les classes des personnes ainsi employées dans l'administration, sont au nombre de neuf. Hors de là, il n'y a ni rang ni dignité. Le gouverneur, ne voulant pas être disgracié, fit chercher dans la ville des marins connus pour avoir été à Tien-Sing. On en trouva deux qui eurent ordre de se rendre à l'escadre.

CHAPITRE LXIX.

Étendue des côtes de la mer Rouge. Rencontre de l'Endeavour. Nouveaux détails sur les îles Pélew.

Depuis la frontière orientale du Tunquin jusqu'aux îles Chu-San, la côte de la Chine comprend plus d'un millier de milles nautiques qui ont un sixième en sus des milles anglais ordinaires. Mais il restoit encore une plus grande étendue de côtes, des îles Chu-San au port le plus près de Pékin, dans le golfe auquel cette capitale donne son nom.

L'escadre entra dans la mer Jaune, le 9 juillet 1793. Le 14, l'*Indostan* que la brune avoit séparé des autres vaisseaux, fit rencontre de l'*Endeavour*, commandé par le capitaine Procter. Une jonque chinoise, dans les mers d'Europe, n'auroit pas occasionné plus de surprise, si l'on n'avoit pas été prévenu, par un avis de Macao, qu'avant l'arrivée de l'escadre, les commissaires anglais avoient envoyé dans la mer Jaune un navire chargé de dépêches pour l'ambassadeur.

L'*Endeavour* avoit été sous le commandement du savant capitaine Mac-Cluer, pour faire des découvertes et des observations dans le grand Archipel oriental. Le capitaine Mac-Cluer étoit considéré, comme un observateur non moins actif qu'intelligent. Il avoit déja visité les îles Pélew, où il s'étoit formé une haute idée de leur climat et de la disposition des habitans, d'après les relations du capitaine Wilson. Décidé à chercher dans les îles Pélew le bonheur, qu'il considéroit sans doute plus difficile à trouver dans une société plus nombreuse et plus corrompue. Le capitaine Mac-Cluer s'étoit occupé long-temps de son projet, et pourvu de tout ce qui pouvoit lui être nécessaire dans son nouvel asyle. En y arrivant, il céda le commandement de son vaisseau au second capitaine, et écrivit aux agens de la compagnie, pour leur rendre compte du parti qu'il prenoit. Il leur dit, entr'autres raisons, qu'il ne se déterminoit à ce parti, que parce qu'il vouloit se distinguer par une conduite dont on avoit déja donné quelques exemples. Les habitans de l'île Pélew l'accueillirent avec joie, et avec des distinctions honorables. Ils lui offrirent, en même-temps, de lui donner une grande autorité sur eux ; ce qu'il refusa, se contentant d'une petite portion de terre pour la cultiver, aimant mieux se rendre utile à la patrie qu'il adoptoit, par les avis que la supériorité de ses connoissances le mettoit en état de lui donner, que d'y exercer aucune sorte de commandement. Une telle conduite étoit certainement plus propre à lui concilier l'attachement des insulaires, que l'exercice d'un pouvoir qui n'auroit pas manqué, avec le temps, d'exciter de la jalousie et du mécontentement.

Le capitaine Proctor confirma, à beaucoup d'égards, l'éloge que le capitaine Wilson à fait des îles Pélew. Loin d'avoir de la férocité dans le caractère, et de voir les étrangers avec horreur, les habitans de ces îles accueillent avec la plus grande bienveillance, ceux qui viennent parmi eux, et admettent quelques uns des principaux au nombre de leur noblesse, ainsi que l'ont éprouvé les capitaines Wilson et Proctor. Ce dernier qui a vu quelques parties de la nouvelle Guinée, où les étrangers sont au contraire traités avec inhumanité, attribue une conduite si différente à un esprit de ressentiment, excité par des actes de trahison et de cruauté que se sont sans doute permis quelques aventuriers qui ont abordé sur cette côte. Il ne pense pas que le caractère de ses habitans soit naturellement méchant.

CHAPITRE LXX.

Arrivée à Ten-Chou-Fou, ville du premier ordre. Immenses provisions envoyées à l'escadre par le gouverneur, lord Macartney, complimenté par ordre de l'empereur.

Le 17 juillet, les deux divisions de l'escadre se réunirent, et le 21 l'escadre jeta l'ancre; dans la baie de Ten-Chou-Fou, cité du premier ordre, ayant plusieurs moyennes et petites villes dans sa juridiction. Lorsque le gouverneur fut informé que l'ambassadeur étoit à bord du *Lion*, il lui envoya un présent de fruits et d'autres provisions. Dans une entrevue qu'il eut avec lui sur le vaisseau, cet officier montra, non-seulement de la dignité, mais de l'aisance et de la politesse. Il invita lord Macartney et sa suite à descendre à terre; mais l'ambassadeur pressé d'arriver à Pekin se refusa aux fêtes et aux honneurs qu'on vouloit lui rendre.

L'escadre continua sa route dans la mer Jaune. Lorsqu'elle fut prête d'arriver au lieu de sa destination dans le golfe de Pékin, l'ambassadeur fit une proclamation tendante à prévenir toutes les personnes à bord, de se conduire avec la plus grande prudence, dans un pays où l'on avoit peint les Anglais, comme le peuple de l'Europe le plus mauvais. Cette proclamation fit sur les esprits une impression telle, qu'au départ de lord Macartney, un Mandarin lui fit l'aveu que des Chinois, quelque choix qu'on en eût fait, ne se seroient pas conduits avec plus de réserve.

Lorsque l'escadre fut arrivée vis-à-vis la barre de la rivière Pei-Ho, le *Jackall* fut envoyé à la recherche d'un port dont les pilotes chinois avoient parlé. Il n'en trouva point où les vaisseaux pussent être en sûreté. Deux Mandarins vinrent à bord du *Lion*, et envoyèrent des provisions abondantes aux autres vaisseaux, après s'être informés des présens que l'ambassade destinoit à l'empereur. Peut-être est-il assez intéressant de donner l'état des objets envoyés en une seule fois. Le voici :

Vingt jeunes bœufs, cent vingt moutons, cent vingt cochons, cent têtes de volaille, cent canards, cent soixante sacs de farine, quatorze caisses de pain, cent soixante sacs de riz ordinaire, dix caisses de riz rouge, dix de riz blanc, dix de menu riz, dix caisses de thé, vingt-deux boîtes de pêches sèches, vingt-deux boîtes de fruits confits au sucre, vingt-deux caisses de prunes et de pommes, vingt-deux boîtes d'ochras, quarante paniers de gros concombres, vingt-deux boîtes d'autres végétaux, mille giromons, quarante paquets de laitue, vingt mesures de pois en cosses, mille pastèques, trois mille melons musqués, quelques jarres de vin doux et de liqueurs, dix caisses de chandelles, trois paniers de porcelaine.

Ce fut avec la même abondance et la même générosité que les Anglais reçurent constamment des provisions, sans avoir besoin d'en demander. Certes, l'hospitalité et les attentions de toute espèce avec lesquelles l'ambassade et l'escadre furent traitées dans toutes les occasions, mais principalement dans la baie de Turon, aux îles Chu-San, à Ten-Chou-Fou, et à l'embouchure du Pei-Ho, ne peuvent se rencontrer que dans l'Orient.

Deux des premiers Mandarins, l'un de l'ordre civil, l'autre militaire, vinrent complimenter lord Macartney, au nom de l'empereur et en leur propre nom, sur son heureuse arrivée, après avoir traversé une immense étendue de mers. Ils lui dirent que la cour impériale les avoit chargés de l'accompagner; que l'intention de leur souverain étoit qu'il fît un voyage sûr et agréable.

Le Mandarin de l'ordre civil étoit un homme grave, mais non austère. Tout annonçoit en lui un esprit droit et solide. Il s'appeloit Chow-Ta-Zhin. Le Mandarin militaire étoit simple, franc et brave. Il s'appeloit Van-Ta-Zhin. Cette dernière dénomination signifie grand, et la première partie de ces deux mots désigne le nom de famille. Une troisième personne de grande considération, un homme de race tartare, avoit été envoyé comme le principal légat de l'empereur, qui lui-même est d'une dynastie tartare. Naturellement hautain, et craignant beaucoup la mer, le légat avoit attendu l'ambassadeur à terre.

Les Mandarins témoignèrent beaucoup d'envie de connoître les présens destinés à l'empereur et ils en demandèrent formellement la liste, afin de la faire parvenir à sa majesté impériale. Cette liste leur fut donnée, avec la description qui pouvoit en relever le prix. Les présens furent mis à bord des jonques chinoises, afin de leur faire passer la barre qui est à l'embouchure du Pei-Ho. L'ambassade quitta, en même-temps, les vaisseaux, passa la barre, et entra dans le Pei-Ho, pour se rendre à Pekin.

CHAPITRE LXXI.

Ville de Ta-Cou. Le Neptune chinois. Loo, instrument destiné à donner les signaux. Pyramides de sel. Soldats chinois avec des éventails. Ville de Tien-Sing. Opposition que lord Macartney rencontre dans ses projets.

L'ambassadeur, toujours défrayé pendant sa route, avec son escorte, aux dépens de l'empereur, reçut devant Ta-Cou la visite du vice-roi de la province. C'étoit l'homme le plus élevé en dignité qu'il eût encore eu occasion de voir en Chine. Le vice-roi avoit sa résidence dans le principal temple de Ta-Cou, consacré au dieu de la mer, sous le nom de Toung-Hai-Vaung, c'est-à-dire, *roi de la mer orientale* : c'est le Neptune chinois. Il est représenté assis sur les vagues, avec fierté, aisance et dignité; et, quoique sa main ne soit point armée d'un trident, pour rassembler les monstres de la vaste et profonde mer, il ne paroît pas avoir moins de sécurité, que le Neptune grec; car, d'une main il tient une pierre d'aimant, et de l'autre un dauphin, signe de son pouvoir sur les habitans des eaux. Sa barbe jetée dans tous les sens, et ses cheveux épars, semblent indiquer qu'on a voulu personnifier en lui l'élément des tempêtes sur lequel il règne.

Le vice-roi fit servir à l'ambassadeur, de retour dans son yacht, un repas somptueux, avec trois autres tables de vingt-quatre couverts pour les trois personnes qui l'avoient accompagné dans sa visite. L'usage, dans un grand repas, est de se servir de tables séparées, dont chacune n'admet jamais plus de quatre convives.

On ne tire jamais le canon à la Chine pour donner un signal, on se sert pour cela de grandes plaques de cuivre rondes et avec un rebord, dans la composition desquelles on mêle de l'étain ou du zinc pour les rendre plus sonores. On les frappe avec un maillet de bois, et le bruit qu'elles rendent se fait entendre à une distance considérable. Les Chinois donnent le nom de *loo* à cet instrument. On s'en sert sur l'eau : mais à terre, on frappe deux pièces de bois l'une contre l'autre, et le bruit est semblable à celui d'une crécelle. Il paroît qu'on ne fait point usage des tambours dans les armées ; mais ils font partie de la musique religieuse qu'on entend dans les temples.

Près de quelques villes et de quelques villages, les voyageurs apperçurent des pyramides de quinze pieds de hauteur, et de différentes dimensions quant à la longueur et à la largeur. Elles étoient composées de sacs remplis de sel, couverts de nattes pour les garantir de la pluie. M. Barrow a évalué à six cents millions de livres pesant la quantité de sel contenu dans deux cent vingt deux de ces pyramides qui couvroient une partie du rivage opposé à un cimetière. Ce tas suffiroit à trente millions de personnes par an, en supposant vingt livres par tête. Qu'on juge, d'après ce seul fait, de l'énorme population de la Chine. Le sel qui sort des provinces de Quan-tong et de Fo-Chien, et qu'on transporte sur le Pei-Ho, suffit pour charger annuellement deux mille jonques, du port de deux cents tonneaux chacune. L'empereur tire un revenu immense du produit du sel.

La flotte des jonques s'arrêta à Tien-Sing, lieu céleste. Cette ville sert d'étape générale aux provinces septentrionales de la Chine. L'ambassadeur débarqua avec les principales personnes attachées à l'ambassade, accompagné de tous ses domestiques, ses musiciens et ses gardes. Il fut reçu au rivage par le vice-roi et le légat. Un corps de troupes chinoises étoit aligné derrière eux, suivant un ordre de parade de front. Comme il faisoit extrêmement chaud, plusieurs de ces militaires portoient des éventails avec leurs armes. Les éventails sont généralement en usage à la Chine, parmi les personnes des deux sexes et de tous les rangs. Le vice-roi conduisit l'ambassadeur dans un pavillon, au fond duquel il y avoit un endroit obscur, un sanctuaire où la majesté de l'empereur étoit supposée résider sans cesse. Il étoit enjoint de témoigner un grand respect à cette ombre de majesté, et le vice-roi n'omit, sur-tout en présence du légat, aucune des prosternations ordonnées par l'usage. Après le thé et les rafraîchissemens, le vice-roi dit que l'empereur étoit à Zhé-Holl en Tartarie, qu'il y célébreroit l'anniversaire de sa naissance, et qu'il avoit donné ses ordres pour y recevoir l'ambassadeur. Lord Macartney ne fut point fâché d'un voyage qui lui donnoit occasion de voir la fameuse muraille de la Chine.

Il reçut à Tien-Sing une lettre d'un vieux missionnaire de Canton, qui l'informoit des obstacles qu'il pourroit éprouver à Zhé-Holl. Cette lettre lui étoit portée secrettement par un jeune néophyte, dévoué aux ordres de ses supérieurs. D'ailleurs il ne pouvoit la recevoir par la poste; car l'usage n'en est point connu dans le pays. Le service des lettres s'y fait par des messagers de l'empereur, pour correspondre uniquement avec les gouverneurs de provinces, et quelquefois on leur permet de se charger des messages des particuliers.

D'après l'estimation des Mandarins, la ville de Tien-Sing contient une population de sept cent mille ames, et les Anglais la jugèrent aussi étendue que Londres. C'est le port le plus rapproché de la résidence de l'empereur. La foule des spectateurs fut immense, quand les Anglais la traversèrent dans leurs jonques. Ceux-ci admirèrent la beauté du spectacle offert par une si grande multitude; et la décence, l'ordre de leur conduite furent pour eux un objet plus frappant encore que la beauté de ce spectacle. Dans le nombre des habitans, il y en a beaucoup qui résident, hommes, femmes et enfans, constamment sur la rivière. Tout rivage leur est étranger. La terre est un élément sur lequel ils se hasardent rarement.

Les maisons sont bâties en briques bleues ou couleur de plomb. Il y en a très-peu de rouges. Ces différentes couleurs ne proviennent point de la nature de la terre, mais des différentes méthodes de convertir cette terre en briques. Contre l'usage des Chinois, plusieurs maisons avoient deux étages.

En remontant le fleuve, on voyoit la plupart des champs de how-leang ou millet des Barbades; c'est-à-dire, le grand blé. Il rapporte cent pour un. Les racines servent de chauffage, et suppléent à l'usage du bois qui y est d'une rareté extrême. Le how-leang sert aussi à déterminer par le nombre de ses grains la capacité des mesures, dont chacune se divise en proportions décimales.

Lorsqu'il y a très-peu de vent, et que la navigation sur le fleuve est trop lente, on a besoin d'employer plusieurs hommes à la rame. Les mouvemens sont réglés par un air très-gai que chante le pilote, et auquel les rameurs répondent en chœur. Ce même air est chanté à bord de tous les bâtimens, et lorsque dans une nuit paisible, par un beau clair de lune, on l'entend répéter de cent différentes jounques, on se fait une agréable idée du contentement de cette classe laborieuse, qui vit continuellement sur l'eau, et forme une partie considérable de la population de la Chine. Quand la rame ne suffit pas pour remonter le fleuve, au lieu de chevaux qu'on emploie en Europe, on se sert d'hommes pour haler le bâtiment. Il y avoit environ quinze hommes ainsi employés à chaque yacht de l'ambassade, et ils étoient au moins cinq cents qu'un pareil nombre relevoit alternativement. Tous étoient bien musclés, bien faits, mais ils avoient les épaules extrêmement arrondies. En été, ils sont nus depuis la ceinture jusqu'en haut, aussi cette partie de leur corps est-elle couleur de cuivre, quoique d'ailleurs ils soient fort blancs. C'est au son d'un air commun que les haleurs vont en ligne. Cet air les aide à régler leurs pas, à unir leurs efforts, et à les animer dans leur travail.

Pendant que l'ambassadeur s'avançoit vers Pekin, il s'élevoit à Zhé-Holl différentes préventions contre les Anglais. Un général qui avoit commandé les troupes chinoises dans une guerre à l'occasion du Thibet, avoit rapporté qu'il avoit parmi les ennemis distingué des chapeaux, et des manœuvres européennes, et comme les possessions anglaises, depuis l'union du Thibet à la Chine, ne sont plus éloignées de ce pays, que d'un degré de latitude, on persuada à l'empereur que l'ambassade anglaise avoit pour objet quelque entreprise secrète contre la Chine, et que dans cette intention elle étoit venue pour examiner le pays, en connoître les places fortes, et les provinces les plus faciles à entamer. Lord Macartney ne connut ces détails qu'à son retour à Canton; ainsi il ne lui fut pas possible de dissiper ces préventions, ou de calculer sa conduite, de manière à les dissiper. Aussi, malgré les honneurs et les civilités dont il fut comblé, pendant sa traversée, jusqu'à Zhé-Holl, et dans son retour à Canton, il fut souvent en butte aux soupçons, au point même que le légat avoit insisté pour éviter la route de Pekin, sous le prétexte de se rendre directement à Zhé-Holl. Telles étoient les circonstances contrariantes où se trouva l'ambassadeur, avant d'arriver à la capitale.

CHAPITRE LXXII.

Ville de Tong-Chou-Fou. Temple de Fô. Conduite de l'Empereur pendant les éclipses. Pagodes et temples des Chinois. La vierge des Chinois et son enfant.

Ce fut à Tong-Chou-Fou qu'on débarqua les présens, et que l'ambassade fut logée dans un temple de Fô, divinité principale du pays. Des douze prêtres qui y demeuroient, il n'en resta qu'un pour soigner les lampes du temple, et prendre les ordres de l'ambassadeur. Il y avoit une figure qui représentoit la Providence, sous la forme d'une femme, tenant dans sa main un plateau rond, au milieu duquel est peint un œil. L'empereur en quelque sorte, se pique d'être la figure de cette providence pour tout l'empire. C'est par ses ordres que les greniers publics se remplissent chaque année, et s'ouvrent dans les temps de disette. Dans les foules immenses qui se sont trouvées sur leur pasage, et dans la traversée du pays, les Anglais n'ont pas eu occasion d'y voir un seul mendiant. Mais les Chinois furent bien étonnés de voir un nègre à la suite des Européens. On pourroit conclure de leur étonnement que jamais ils n'en ont vu.

En parcourant les rues de Tong-Chou-Fou, les voyageurs remarquèrent le type d'une éclipse de lune qui devoit avoir lieu sous peu temps. Elles sont, comme autrefois dans tout le globe, des avant-coureurs de grands événemens, plus ou moins funestes. Le gouvernement chinois a grand soin d'en prévenir le peuple ; et avant l'ère chrétienne, deux astronômes furent punis, pour ne pas avoir prévenu l'empereur qu'il y auroit une éclipse. Comme l'empereur représente la providence, c'est à lui qu'il appartient de prévoir et de détourner les fléaux ; et comme il voit par les yeux de ses Mandarins, il les punit du mal qu'ils ont laissé faire. Le temps d'une éclipse de soleil est le seul où l'empereur invite ses sujets à lui dire librement leur avis. A son approche, il n'entreprend jamais rien d'important ; il affecte, au contraire, de se soustraire à l'œil de ses courtisans, afin d'examiner avec soin l'administration de l'empire, et de corriger les erreurs qui peuvent y avoir été commises, et qu'on suppose avoir occasionné l'éclipse, sans doute d'après ce préjugé, ce sont les fautes de la terre, qui en occasionnent dans le ciel.

Quoique les Mandarins qui étoient avec l'ambassadeur aient assuré qu'il y avoit des Chinois capables d'indiquer le temps des éclipses, il est cependant à présumer, que c'est plutôt par une suite d'observations, que par des calculs astronomiques. A peine y connoît-on, pour le commerce, les opérations ordinaires de l'arthmétique. Les Chinois font leurs calculs, non par des chifres arabes, mais par une machine appelée Swan-pan, qui en imite le système. Ce sont des boules enfilées avec des fils d'archal sur différentes colonnes, dont la première à droite exprime les unités, les autres vont de droite à gauche en progression décuple. Ils suivent le même système de décimales dans la division de leurs poids et mesures, ainsi que pour les monnoies.

A proprement parler, il n'y a qu'une monnoie empreinte qui circule dans le pays, et d'une très-petite valeur, pour les besoins de la multitude. L'argent est une marchandise, et les paiemens se font en lingots qui sont communément de dix onces. La valeur en varie, suivant qu'il est sorti du trésor impérial une plus ou moins grande quantité de ce métal. Il en est de même pour l'or, qu'on emploie aussi à des objets de parure et pour les meubles.

On voit à la Chine, plusieurs édifices élevés et circulaires, que les Européens nomment pagodes. Ils y sont employés à différens usages; mais jamais à aucun culte religieux. Ils sont en grand nombre dans les parties de la Chine où il y a des montagnes, sur le sommet desquelles ils sont souvent placés. Les pagodes ont, en général, depuis cent vingt jusqu'à cent soixante pieds de haut, ce qui fait quatre ou cinq fois le diamètre qu'elles ont à leur base. Le nombre de leurs étages ou galeries est presque toujours impair, de cinq, de sept, et de neuf.

Les temples Chinois ne sont guère plus haut que les maisons ordinaires. On en a un exemple dans celui où logea l'ambassade, à Tong-Chou-Fou. La présence des étrangers n'empêchoit point l'affluence des dévots. L'interprète Chinois, zélé chrétien et prêtre dévot, voyoit à regret les Anglais examiner curieusement les images, et assister aux cérémonies de la religion de Fô. Il craignoit qu'ils ne fussent frappés de la ressemblance qu'il y a entre les formes extérieures de cette religion et celles de l'église romaine. Un Chinois qui entreroit dans une église chrétienne pouroit croire qu'on y adore les divinités de son pays. Les Chinois ont leur Chin-mou, mère sacrée, c'est la vierge marie. Elle tient un enfant dans ses bras, elle a une auréole autour de sa tête, et des cierges brûlent sans cesse devant elle. Les prêtres de Fô, ceinturés comme ceux de saint François, vivent en célibataires comme eux.

Les temples de Fô renferment encore plus d'images que les églises chrétiennes, et la plupart ont plus d'analogie avec la religion des anciens Romains qu'avec celle des nouveaux. On y voit une figure de femme qui a beaucoup de rapport avec celle de Lucine. Elle est invoquée par les jeunes filles qui n'ont point d'époux, par les jeunes femmes qui n'ont point d'enfans.

Il n'y a point en Chine de religion dominante. Les prêtres d'aucun culte n'y sont salariés, préférés ou encouragés par l'état. L'empereur professe une religion, plusieurs Mandarins en ont une autre ; la majorité du peuple en suit une troisième qui est celle de Fô et celle de l'empereur. En général, nul peuple n'est plus superstitieux que le Chinois. Il croit à la transmigration des ames. Leurs ames passeront dans le corps des plus vils animaux, s'ils n'ont pas été vertueux, et les souffrances qu'elles éprouveront seront proportionnées aux fautes qu'elles auront commises sous une forme humaine.

CHAPITRE LXXIII.

Cimetières. Manière de porter les gros fardeaux. Avenue de Pekin. Entrée dans cette ville.

PENDANT que l'ambassade examinoit le culte, les temples et les cimetières des Chinois, elle-même donna à ceux-ci l'occasion d'observer les funérailles d'un Anglais qui mourut à Tong-Chou-Fou. Son corps fut déposé au milieu de plusieurs tombeaux chinois entremêlés de cyprès.

Les cimetières en Chine ne sont sanctifiés que par la vénération qu'on y témoigne pour les cendres de ses pères. Le peuple conserve ces asyles sacrés avec tout le soin possible. On les visite chaque année pour réparer les brêches, en ôter les herbes, et les dégager des ordures. On préfère toujours les endroits où la terre n'est pas propre à la culture, parce qu'alors ces lieux doivent naturellement rester plus tranquilles. Cependant le plus pauvre paysan ne touche point à l'endroit où repose la cendre d'un mort.

Tout le long du Pei-Ho, les habitations des paysans sont éparses, au lieu d'être réunies en villages. Les cabanes sont propres et commodes. On n'y voit ni clôtures ni portes, ni aucune précaution contre les bêtes sauvages et les voleurs. Il est vrai que le vol ne s'y commet que très-rarement. Cependant il n'est pas puni de mort, à moins qu'il ne soit accompagné de quelque violence dangereuse.

On partit de Tong-Chou-Fou, pour se rendre à Pekin par terre. Les plus gros, les plus pesans fardeaux étoient portés par des hommes qui s'arrangeoint de la manière suivante. De chaque côté du fardeau étoit attaché un long et fort bambou, et si deux hommes ne suffisoient pas pour chaque bambou, on mettoit un bambou plus court sous chaque bout des premiers, et alors les bouts des quatre bambous reposoient sur les épaules de huit hommes; en ajoutant de nouveaux bambous à ceux-là, la force d'un plus grand nombre d'hommes pouvoit être appliquée au fardeau, dans une proportion géométrique, chacun enlevant et chariant des fardeaux très-considérables. Il fallut pour le transport des présens et du bagage de l'ambassade, quatre-vingt-dix petits chariots, quarante brouettes, plus de deux cents chevaux et près de trois mille hommes. L'ambassadeur et trois autres Anglais voyagèrent en chaise à porteur : ce sont les voitures les plus en usage pour les gens d'un rang élevé, même lorsqu'ils font de longs voyages. Les soldats chinois marchoient à pied et faisoient faire place. Les chaises à porteur, les chariots, les cavaliers, les présens, le bagage occupoient un grand espace sur la route. Cette route forme pour Pekin une magnifique avenue. Elle est parfaitement unie, le centre d'environ vingt pieds de large, est pavé avec des tables de granit de six à seize pieds de long et environ quatre de large. De chaque côté est un chemin non pavé, assez large pour les voitures. La route est bordée d'arbres, et principalement de saules d'une grosseur considérable.

Bientôt les voyageurs passèrent sur un pont de marbre très-large et solidement bâti ; enfin ils arrivèrent à l'entrée d'un des faubourgs de cette capitale, qu'on dit être la plus grande ville du monde.

L'entrée de Pekin offre un coup-d'œil bien différent de celui des villes européennes, où les rues sont souvent si étroites, et les maisons si élevées, que d'un bout d'une rue on croit voir les maisons qui sont à l'autre bout pencher les unes vers les autres et se réunir. A Pekin la plupart des maisons n'ont qu'un étage, et aucune n'en a plus de deux. Les rues qui les divisent ont beaucoup plus de cent pieds de large ; aussi sont-elles aérées, claires et gaies. Sur le devant de la plupart des maisons, on voit des boutiques peintes, dorées, et ornées avec magnificence. Au-dessous de quelques-unes, il y a de grandes terrasses, couvertes d'arbustes et de fleurs, beaucoup de lanternes devant les portes ; la forme en parut si variée, qu'il semble que les Chinois y aient employé tout le pouvoir de leur imagination.

Après avoir traversé la ville, les Anglais s'arrêtèrent à l'extrémité du faubourg, pour se communiquer réciproquement l'impression que Pekin avoit faite sur leur esprit. Ils savoient bien qu'un coup-d'œil si rapide ne pouvoit pas les mettre en état d'apprécier cette ville ; mais, à l'exception du palais impérial qui est lui-même une ville entière, tout ce qu'ils venoient de voir ne répondoit point à l'idée qu'ils s'étoient formée de la capitale de la Chine. Ils pensèrent qu'un Chinois qui auroit de l'impartialité, seroit plus satisfait en contemplant les vaisseaux, les ponts, les places, les édifices publics, et le déploiement des richesses de la capitale de la grande-Bretagne, qu'ils ne l'avoient été, en voyant Pekin. Au sortir de cette ville, on trouve un chemin de granit, pareil à celui qui y mène, quand on vient de Tong-Chou-Fou. Il y a voit à quelque distance un palais où l'empereur fut logé avec toute sa suite. C'est-là qu'on devoit déposer les présens de l'ambassade.

Il y avoit dans une salle du château un trône impérial. Personne à la Chine ne peut s'en approcher, sans le Ko-teou, acte d'adoration qui consiste en neuf prosternations formelles, à chacune desquelles le front doit frapper la terre. La cour de la Chine exige des étrangers cette marque humiliante de respect, comme des sujets et des vassaux de l'empire, et déja le légat en avoit prévenu l'ambassadeur. Les Hollandais s'y étoient soumis dans le dernier siècle ; outre le danger de choquer les préventions de l'empire, on pouvoit, en s'y refusant, manquer l'objet de l'ambassade, et on y attachoit la plus grande importance. Sans se refuser à ce qu'on lui demandoit, il fit à son tour des propositions ; il demanda qu'un Chinois, d'un rang égal au sien, fît devant un tableau où le roi d'Angleterre étoit peint en habit de cérémonie, les mêmes prosternations qu'on exigeoit de lui, devant le trône impérial.

Pendant la discussion de cette affaire, l'ambassade fut ramenée à Pekin, où elle séjourna jusqu'à son départ pour Zhé - Holl. Dans la soirée qui précéda ce départ, un Mandarin du premier rang se rendit chez lord Macartney, avec un message très-gracieux, de la part de l'empereur. Ce prince ayant su que la santé de l'ambassadeur avoit été altérée, en demandoit des nouvelles, et recommandoit à ce ministre de faire le voyage de la Tartarie, à petites journées, comme il le faisoit lui-même. Il ajoutoit que l'ambassadeur et sa suite seroient logés dans les palais qu'on a construits sur la route pour servir de station à sa majesté impériale, lorsqu'elle se rend à Zhé-Holl. Le 2 septembre 1793, il partit de Pekin, accompagné par le même nombre de Chinois qu'il avoit eus jusqu'alors, et par la plus grande partie des Européens attachés à l'ambassade.

CHAPITRE LXXIV.

Voyage de Zhé-Holl. Muraille de la Chine. Lamas ou prêtres de Fô.

Dans la matinée du quatrième jour de leur marche, les Anglais aperçurent au loin une ligne proéminente, ou plutôt une marque étroite et inégale, pareille à celles qu'offrent quelquefois, mais plus irrégulièrement, les veines de quartz, sur les montagnes de Gneiss en Ecosse, quand on les voit à une très-grande distance. La continuité de cette ligne, sur le sommet des montagnes de la Tartarie, suffisoit pour captiver l'attention des voyageurs ; et ils distinguèrent, en peu de temps, la forme d'une muraille avec des créneaux, dans des endroits où on ne s'attend pas ordinairement à trouver de pareils ouvrages ; où l'on ne croit pas même qu'il soit possible de les construire.

Tout ce que l'œil peut embrasser à-la-fois de cette muraille fortifiée, prolongée sur la chaîne des montagnes et sur les sommets les plus élevés, descendant dans les plus profondes vallées, traversant les rivières par des arches qui la soutiennent, doublée, triplée en plusieurs endroits, pour en rendre les passages plus difficiles, ayant des tours ou de fort bastions, à-peu-près de cent pas en cent pas; tout cela présente à l'ame l'idée d'une entreprise d'une grandeur étonnante. On ne conçoit pas comment on a pu porter des matériaux et bâtir des murs dans des lieux qui paroissent inaccessibles. L'une des montagnes les plus élevées a, d'après une mesure exacte, 5,225 pieds de haut. On dit que cette fortification a quinze cents milles de long. Elle étoit destinée à contenir les tribus vagabondes des Tartares. Elle a été commencée plus de trois siècles avant l'ère vulgaire, et le temps semble l'avoir respectée. Gengiz-Khan franchit cette barrière; un siècle après, ses descendans furent chassés de la Chine. Ce ne fut que 300 ans après, c'est-à-dire sur la fin du dernier siècle, que la violence des guerres intestines les y fit rappeler. Depuis ce temps les Chinois, peuple le plus ancien et le plus civilisé, furent soumis à la domination des Tartares.

A son entrée en Tartarie, l'ambassadeur reçut la visite d'un Mandarin, militaire de race Tartare; il étoit attaché au palais. Quoique Van-ta-Zhin eût le même rang que lui, à peine osoit-il hasarder de s'asseoir en sa présence, tant est grand le respect qu'affectent les Chinois pour les Tartares de la cour. Le dernier des Tartares prend un air d'importance lorsqu'il est sur sa terre natale. L'un d'eux, qui étoit à la suite des Mandarins Chinois, devoit être puni par leurs ordres pour quelques fautes qu'il avoit commises; mais il résista avec audace, prétendant qu'aucun Chinois n'avoit aucune autorité sur lui, lorsqu'il étoit en dehors de la grande muraille.

L'ambassadeur et sa suite s'avancèrent vers Zhé-holl, dans un ordre convenable. Le chemin qui y conduit se découvre aisément du haut d'une éminence, qui est dans le jardin de l'empereur, et d'où ce prince eut la curiosité de contempler la marche des Anglais. Le palais qu'il habite se nomme le séjour de l'agréable fraîcheur; et le jardin, celui des arbres innombrables. L'ambassade fut reçue avec des honneurs militaires, et au milieu d'une foule de spectateurs, dont les uns étoient à cheval, les autres à pied. Plusieurs de ces derniers étoient vêtus de jaune, et coëffés de chapeaux ronds de la même couleur : quelques enfans avoient aussi ce costume. Tous ces gens là étoient des lamas inférieurs, ou moines et novices, dépendans des temples de la secte de Fô, à laquelle l'empereur étoit attaché.

La ville de Zhé-holl, ne renferme que des maisons de Mandarins, et beaucoup de misérables chaumières remplies de monde. Les rues sont tortueuses, sans pavés et couvertes de poussières. Tout à côté, le palais impérial, les temples, les jardins annoncent la grandeur ; là, entre la magnificence et la misère, on ne connoît point de milieu.

Bientôt après que l'ambassadeur fut arrivé, deux des premiers Mandarins se rendirent à son logement, de la part de l'empereur. Un autre Mandarin le complimenta de la part du grand Colao, ou premier ministre. Les sollicitations sur le cérémonial furent différentes fois renouvellées, et sembloient être impérieusement exigées. L'empereur se contenta de la forme respectueuse dont les Anglais ont coutume d'aborder leur souverain; ainsi le jour de son audience fut fixé.

Dans une entrevue qu'il eut avec le premier ministre, il chercha à dissiper indirectement les soupçons qui s'étoient élevés sur les prétendus secours que les Anglais avoient donnés contre un allié de la Chine, pendant la guerre du Thibet. Le premier ministre dissimula comme s'il n'avoit été instruit de rien. Lord Marcatney voulut donner, mais avec beaucoup de ménagement, une idée des avantages que la Chine pourroit recueillir d'un traité de commerce réciproque avec l'Angleterre; c'étoit là le grand objet de son voyage, mais telle est la supériorité que la Chine affecte avec les autres nations, qu'elle n'accorde rien que par grace, ou par condescendance. L'ambassadeur eut volontiers négocié à ce titre, mais le Colao éluda, en lui disant avec honnêteté qu'ils auroient de fréquentes occasions de se revoir.

Le Colao devoit sa fortune et sa faveur aux bontés de l'empereur qui, lui trouvant une physionomie avantageuse et de l'esprit, l'avoit distingué, et l'avoit insensiblement promu aux premières dignités.

Il avoit marié son fils à une des filles de

l'empereur, et sa puissance s'en étoit accrue au point qu'un Chinois crut devoir prévenir l'empereur de se nommer un successeur, pour empêcher le Colao de s'emparer de la couronne. La mort fut le prix de ce conseil : le tribunal qui le jugea mis sa témérité au nombre des crimes les plus odieux. Cependant l'impression fut assez vive sur l'esprit de l'empereur, pour l'engager à publier dans les gazettes de Pékin, les raisons qui l'empêchoient de se choisir un successeur. Elles étoient fondées sur le danger d'exciter une ambition prématurée dans une jeune ame, et de faire naître une faction opposée au souverain qui occupoit le trône, ainsi qu'on l'avoit déjà vu sur la dynastie régnante.

L'empereur avoit résolu que l'héritier de sa couronne resteroit inconnu, pendant qu'il la conserveroit lui-même. Il régnoit déjà depuis un demi siècle, et il annonça que lorsqu'il auroit achevé la soixantième année de son règne, il nommeroit alors son successeur. En Chine le droit de progéniture est inconnu, et l'héritier est celui qui se trouve dans le testament du prince, ou qui est choisi de son vivant.

Le jour que l'ambassadeur Anglais fut présenté à l'empereur, plusieurs princes de la famille impériale étoient autour de lui, mais aucun ne paroissoit obtenir plus de respect que les autres, ni avoir la moindre préférence sur eux.

CHAPITRE LXXV.

Présentation de l'ambassade à l'empereur.

L'AMBASSADEUR et les principales personnes de l'ambassade, se rendirent dans le jardin du palais de Zhé-holl, avant qu'il fut jour, ainsi qu'on les y avoit engagés. Dans le milieu du jardin étoit une tente spacieuse et magnifique, soutenue par des colonnes dorées, ou peintes et vernissées. Il y avoit un trône sous cette tente, plusieurs autres petites en face de cette grande, et une oblongue immédiatement derrière, pour l'empereur, en cas qu'il voulut se retirer en particulier. L'une des petites tentes étoit destinée à l'ambassadeur, pour attendre l'arrivée de l'empereur. C'est dans la grande tente, qu'assis sur son trône, il voulut recevoir l'ambassadeur du roi d'Angleterre, avec une distinction particulière. C'est aussi par égard pour les anciennes mœurs Tartares, que l'empereur préfère de donner audience sous des tentes, parce qu'une tente mobile est une demeure plus agréable pour un souverain Tartare, qu'un palais de pierre ou de bois.

Les princes tributaires, ceux de la famille impériale, et les grands Mandarins de la cour, formoient un groupe très considérable devant la grande tente, et chacun étoit décoré des marques distinctives du rang que lui avoit accordé l'empereur.

Les princes étoient décorés du bouton rouge transparent, marque du premier des neuf ordres. Quelques grands étoient décorés de plumes de paon, placées dans un tuyau d'agathe, et pendantes à leur bonnet. Cette dignité à trois degrés, distingués par le nombre des plumes. Celui à qui l'empereur en accorde trois, se considère comme trois fois grand et trois fois heureux.

Chacun de ces personnages avoit dans son district, un cercle de courtisans qui dépendoient de lui, mais toute leur grandeur se perdoit dans la contemplation de la majesté impériale. Suivant l'étiquette, la manière de prouver son respect à l'empereur est de l'attendre très-long temps. Quelques courtisans passèrent pour cela une partie de la nuit dans le jardin. L'empereur devoit y paroître un peu après l'aube, conformément à l'usage journalier de ce peuple, qui part pour la chasse aussi-tôt que les premiers rayons du soleil lui permettent de distinguer et de poursuivre les animaux auxquels il fait la guerre.

Peu après qu'il fut jour, le son des instrumens annonça l'approche de l'empereur : bientôt il parut venant de derrière une haute montagne, comme s'il sortoit d'un bois sacré, et précédé par un grand nombre d'hommes qui célébroient à haute voix ses vertus et sa puissance ; il etoit assis sur une chaise découverte et triomphale, portée par seize hommes.

En entrant dans sa tente, il monta sur son trône par les marches de devant, sur lesquelles lui seul a droit de passer. Le grand Colao et deux des principaux officiers de sa maison, se tenoient auprès de lui, et ne lui parloient jamais qu'à genoux. Quand les princes de la famille impériale, les tributaires et les grands officiers de l'état, furent placés suivant leur rang, le président du tribunal des Coutumes, conduisit l'ambassadeur Anglais jusqu'au pied du côté gauche du trône; côté qui, d'après les usages Chinois, est regardé comme la place d'honneur. L'ambassadeur étoit vêtu d'un habit de velours, richement brodé, et orné de la plaque de l'ordre du bain, en diamans. Par-dessus son habit il portoit un manteau du même ordre, assez long pour couvrir ses jambes; conformément aux idées que les Chinois se font de la décence.

L'ambassadeur instruit par le président du tribunal des Coutumes, tint avec ses deux mains et leva au-dessus de sa tête la grande et magnifique boête d'or, enrichie de diamans et de forme quarrée, dans laquelle étoit renfermée la lettre du roi d'Angleterre à l'empereur. Alors montant le peu de marches qui conduisent au trône, il plia le genoux, fit un compliment très-court, et présenta la boête à sa majesté impériale. Ce monarque la reçut très-gracieusement dans ses mains, la plaça à côté de lui, et dit qu'il éprouvoit beaucoup de satisfaction du témoignage d'estime et de bienveillance que lui donnoit sa majesté Britannique, en lui envoyant une ambassade avec une lettre et de rares présens; que de son côté il avoit de pareils sentimens pour le souverain de la Grande-Bretagne, et qu'il espéroit que l'harmonie seroit toujours maintenue entre leurs sujets respectifs.

Après quelques momens d'entretien avec l'ambassadeur, l'empereur lui donna pour premier présent une pierre, appellée par les Chinois *pierre précieuse*. Elle étoit d'un pied de long, et on l'avoit curieusement sculptée, dans le dessein de lui donner la forme du sceptre, qui est toujours placé sur le trône impérial, et qu'on regarde comme l'emblême de la prospérité et de la paix.

Durant la cérémonie, l'empereur se montra très-ouvert, gai, et sans la moindre affectation. Loin de s'envelopper d'un air triste et sombre, comme on le représentoit quelquefois, il avoit l'œil brillant, le regard fixe et le maintien aisé. Le page qui accompagnoit l'ambassadeur, n'ayant pas encore trois ans, et le seul qui eut fait quelques progrès dans la langue Chinoise, plût tellement à l'empereur par ses manières et sa contenance modeste, que ce prince tira de sa ceinture une bourse destinée à recevoir des noix d'arèque, et la lui donna.

Après que l'empereur eut cessé de parler aux Anglais, quelques ambassadeurs du Pégu, et des Mahométans des environs de la mer Caspienne, furent présentés à la droite de son trône; ils répétèrent neuf fois leurs humbles prosternations, et furent promptement congédiés. On conduisit l'ambassadeur Anglais, et les trois personnes qui l'accompagnoient vers des coussins, sur lesquels ils s'assirent à gauche du trône. Les princes de la famille impériale, les chefs Tartares des nations tributaires, et les premiers Mandarins de la cour, étoient placés, suivant leur rang, plus près ou plus loin du trône. Il y avoit une table de deux en deux personnes. Aussi-tôt que tous les convives furent assis, les tables furent découvertes, et on les vit chargées d'un superbe repas. Elles étoient petites, mais chacune avoit une pyramide de jattes, contenant une grande quantité de viandes et de fruits. On avoit placé une table devant le trône, et l'empereur fit honneur aux mets qui la couvroient. On servit aussi du thé, et tous ceux qui servoient tenoient les mains hautes, élevées au-dessus de la tête.

Une chose non moins remarquable que ces cérémonies, c'est le silence solemnel qui les accompagne, et qui semble être inspiré par une religieuse terreur. Il n'y a nulle conversation entre ceux qui sont assis, nul fracas parmi ceux qui les servent. Ce qui caractérise le plus une telle scène, c'est cette dignité calme, cette pompe tranquille de la grandeur asiatique, que n'ont point encore égalés les raffinemens Européens.

Cependant l'attention de l'empereur pour ses hôtes Anglais, ne diminua pas ; il leur envoya divers plats de sa table, et quand on eut cesser de manger, il les fit approcher, et leur présenta de sa main un gobelet de vin Chinois, assez semblable à celui de Madère, mais d'une qualité inférieure. Il demanda l'âge du roi d'Angleterre, et quand on le lui eut dit, il s'empressa de souhaiter qu'il vécut un aussi grand nombre d'années que lui, et qu'il se portât aussi bien. L'empereur avoit déjà quatre-vingt-trois ans ; mais il étoit d'un tempérament si sain et si vigoureux, qu'à peine paroissoit-il avoir autant d'années qu'il en avoit régné, c'est-à-dire cinquante-sept ans. A la fin du banquet il descendit du trône, et marcha très-droit d'un pas ferme, et sans la plus légère apparence d'infirmité, jusqu'au siège triomphal qui l'attendoit.

Toutes les relations entre les différentes classes de Chinois, sont accompagnés de présens de la part des inférieurs, et de dons de la part des supérieurs. L'empereur en envoya de superbes à l'ambassadeur, qui lui-même avoit offert son présent lors de sa présentation. Dans une rencontre qu'il fit de lord Macartney, il lui témoigna beaucoup de civilités, et l'invita à voir ses jardins de Zhéholl, où il fut accompagné par les ministres Chinois, et par le général du Thibet ; celui-là même qui avoit élevé tant de préventions contre les Anglais, et qui les haïssoit cordialement.

Après les fêtes de Zhé-holl, l'empereur se prépara à retourner à Pékin, et l'ambassadeur l'y précéda, espérant y avoir plus de facilité de terminer le grand objet de son ambassade ; mais à peine y eut-il passé quelques temps, que la cour s'attendit à son prompt départ. La résidence permanente d'un ministre d'une cour étrangère, choque les idées reçues dans ce pays ; on y considère une ambassade comme visite, à l'occasion d'une fête solemnelle, pendant laquelle on doit défrayer ses hôtes ; et les dépenses faites à l'occasion de celle d'Angleterre, étoient de nature à y mettre un terme le plutôt possible. Lord Marcatney résolu de partir après la grande fête du commencement de l'année Chinoise, c'est-à-dire en février.

CHAPITRE LXXVI.

Retour du lord Marcatney en Europe. Détail sur la population, les officiers civils et militaires de la Chine.

L'AMBASSADE regagna l'escadre pendant que lord Marcatney traversa le pays de Pékin à Canton, toujours aux dépens de l'empereur, avec les mêmes honneurs, et accompagné de Sun-ta-Zhin, chef Tartare, un des six Colaos, ou ministres de l'empereur. Comme il avoit été employé en Russie, dans le temps que lord Marcatney y étoit, il conçut beaucoup d'estime et d'amitié pour lui, trouva les moyens de lui rendre service auprès de l'empereur, dissipa les ombrages qui s'étoient élevés à l'occasion du Thibet, et fit espérer que dans une autre ambassade, que les circonstances n'ont pas encore permise, toutes les difficultés qui avoient fait manquer le but de la première, seroient surmontés. Il voyageoit toujours avec une bibliothèque, et comme il étoit instruit et homme d'État, il donna au lord Marcatney les renseignemens les plus précieux et les plus constatés sur le pays. En voici quelques-uns fournis par le Mandarin Chow-ta-Zhin, autre Chinois fort instruit et attaché au lord Marcatney.

La population de la plus petite province, celle d'Yu-nan, est de 8 millions d'ames. Celle de Pé-ché-lée est de 38 millions. La population de toutes les provinces, non compris la Tartarie Chinoise, est de 33 millions. L'étendue de ces provinces est d'un million deux cents quatre-vingt-dix-sept mille, neuf cents quatre-vingt-dix-neuf mille quarrés, contenant 830,179,360 acres, ou arpens de terre.

Ces provinces payent au trésor impérial 36 millions, 548 mille tahels, ou onces d'argent; en outre 4 millions, 245 mille mesures de riz, et d'autres grains.

Le gouvernement de la Chine entretient onze vice-rois, dont chacun reçoit 20,000 onces d'argent d'appointemens; quinze gouverneurs sous les vice-rois; leurs appointemens sont de 16,000 onces d'argent pour chacun.

Il y a 19 administrateurs des revenus, à chacun 9,000 tahels; 18 présidens des tribunaux criminels, à chacun 6,000 tahels; 86 présidens de plus d'une cité du premier ordre, et des districts adjacens; leur salaire est de 3,000 onces.

Il y a 184 gouverneurs d'une cité du premier ordre, et de ses dépendances avec les appointemens de 2,000 tahels.

On compte 149 gouverneurs d'une cité du deuxième ordre, 1,000 tahels; ajoutez 1,305 gouverneurs d'une cité du troisième ordre, dont chacun perçoit 800 tahels; en outre 17 présidens des sciences et des examens; 117 inspecteurs généraux; pour chacun de ces présidens et inspecteurs, 3,000 onces d'argent.

La somme générale de tous ces appointemens payés par l'État, est de 2,960,000 onces d'argent.

Les principaux officiers militaires sont au nombre de 7,665; la solde générale qu'ils perçoivent est d'un million neuf cents soixante et quinze mille onces d'argent.

L'état approximatif des établissemens militaires de la Chine, est d'un million de fantassins, et de huit cents mille hommes de cavalerie ; l'armée conte à-peu-près 75 millions. L'imagination est effrayée de cette population excessive, et de cette énorme dépense ; que sont auprès de la Chine les pays les plus peuplés et les plus riches de l'Europe ?

Le thé est la production particulière de la Chine ; les Européens s'en sont fait un besoin, et cette denrée seule lui rapporte des sommes immenses ; on en jugera par ce qui suit.

Depuis 1772, jusqu'en 1780 inclusivement, il y a eu une exportation de près de 170 millions de livres pesant de thé ; celle pour les années suivantes est beaucoup plus forte. L'Angleterre en fait la plus grande consommation, aussi est-ce la nation la plus intéressée au commerce de la Chine, et c'est une des raisons principales de l'ambassade qu'elle y a envoyé ; mais son but véritable étoit encore moins le thé, que de lier avec la Chine un commerce plus étendu, et pour ainsi dire exclusif ; soit en exportant les productions de ce pays, soit en y important celle d'Europe. Mais la jalousie naturelle aux Chinois, et particulièrement celle du général du Thibet, obligèrent lord Marcatney, à sortir de l'empire, presque immédiatement après le voyage de Zhé-holl. C'est un usage dans le pays que

MODERNES.

les ambassadeurs ne se rendent en Chine qu'à des époques données, soit pour y porter les tributs des princes vassaux, ou pour rendre hommage à l'empereur au jour de sa fête.

Lord Marcatney ne sut qu'à Canton, qu'elles avoient été les causes qui s'étoient le plus fortement opposées au traité de commerce qu'il espéroit faire entre les deux cours. Le vice-roi qui l'avoit accompagné ayant fait passer à l'empereur les éclaircissemens que lord Marcatney lui donna, de la conduite des anglais à l'égard du Thibet, reçut, avant son départ, de nouveaux complimens de l'empereur, et l'espérance d'un meilleur succès, pour le temps où le roi d'Angleterre se détermineroit à y envoyer une deuxième ambassade. Ce fut après une absence de deux ans que lord Marcatney jetta l'ancre dans le port de Portsmouth.

Comme les îles du Japon sont peu éloignées de la Chine, et qu'elles sont à l'extrémité de l'ancien continent, nous terminerons l'extrait de ces voyages par ce que l'abbé Raynal, et quelques célèbres voyageurs, ont dit de ce pays.

CHAPITRE LXXVII.

Du Japon, de son gouvernement, et du culte des habitans.

Le Japon est un grand empire peut-être le plus ancien après celui de la Chine ; si le peuple nous le cède du côté des sciences, il nous est supérieur en plusieurs objets ; comme nous il a des établissemens utiles et dangereux ; mais presque tout chez lui est immuable. Depuis nombre de siècles le système politique est le même ; les loix sont rarement violées par l'autorité des agens ou par leur protection. Les Japonois plient sous les volontés de leur prince ; mais ses volontés fléchissent devant la loi.

Depuis long-temps en paix, ce pays est dans une abondance régulière ; les différens ordres y sont parfaitement d'accord, la bonne intelligence règne même parmi ceux qui professent différentes religions.

Les annales de ce pays sont mêlées de beaucoup de fable ; mais il paroît qu'en

660, Sin-mu fonda la monarchie qui s'est perpetuée depuis dans la même famille.

Ces rois nommés Daïris, en étoient aussi les pontifes ; ils réunissoient conséquemment dans leurs mains tous les ressorts de l'autorité suprême ; ils étoient comme les représentans des dieux, et la moindre désobéissance à leurs loix étoit un crime digne des plus grands supplices ; la famille du coupable étoit même enveloppée dans le châtiment.

Vers le onzième siècle ces princes, plus jaloux des douces prérogatives du sacerdoce, que des droits pénibles de la royauté, partagèrent l'Etat en plusieurs gouvernemens, dont l'administration fut confiée à des grands seigneurs. Le pouvoir illimité des Daïris, souffrit un peu de ce changement, parce qu'ils négligèrent de tenir avec autant de fermeté les rênes de l'empire. L'ambition de ces lieutenans trouva dans ces circonstances le germe de mille révolutions ; ils se firent la guerre entr'eux, ils la firent à leur chef, et une indépendance entière fut le fruit de ces mouvemens.

Ce peuple est divisé en plusieurs sectes : celle du Sintos est la religion la plus ancienne et celle du pays ; elle reconnoît un Être-suprême, l'immortalité de l'ame, et rend un culte à une multitude de divinités qui sont les ames des grands hommes qui ont illustré la patrie.

On célèbre trois fois par mois des fêtes consacrées à passer la journée en festin avec des amis. Les prêtres de ces sectateurs disent que les plaisirs innocens des hommes sont agréables à l'Être-suprême, et que pour honorer les *Camis*, divinités dont nous venons de parler, il faut imiter leurs vertus, et jouir dans ce monde des plaisirs dont ils jouissent dans l'autre; conformément à cela ces sectateurs, après avoir fait la prière dans des temples toujours situés au milieu d'agréables bocages, se livrent au plaisir de l'amour.

Buds fonda au Japon une autre secte beaucoup plus rigide; on appelle ceux qui la professent *Budoïste*. Ils adorent, outre la divinité des *Sintoïstes*, un *Amida*; sorte de médiateur entre Dieu et les hommes; et encore des divinités médiatrices entre les hommes et leur *Amida*.

C'est par la multitude de ses préceptes, et par l'excès de sa bisarre austérité, que cette religion à cru mériter la préférence sur la plus ancienne.

Cette secte se représente ses dieux toujours avides de vengeance, et toujours offensés. On peut s'imaginer combien cette superstition a rendu austère le caractère de ces sectateurs.

A la Chine on met, entre les mains des enfans, des livres didactiques qui les instruisent de leurs devoirs, en leur démontrant les avantages de la vertu. Aux enfans Japonois on fait apprendre par cœur des poëmes où sont célébrés les vertus de leurs ancêtres; on leur inspire le mépris de la vie et le courage du suicide. Ces chants, ces poëmes enfantent l'enthousiasme. L'éducation des Chinois règle l'ame, la dispose à l'ordre; celle des Japonois l'enflamme et la porte à l'héroïsme. On les conduit toute leur vie par le sentiment, et les Chinois par la raison et les usages; tandis que ceux-ci ne cherchent que la vérité dans les livres, et se contentent du bonheur qui naît de la tranquilité. Les Japonois, avides de jouissances, aiment mieux souffrir que de ne rien sentir; il semble qu'en général les Chinois tendent à prévenir la violence et l'impétuosité de l'ame; les Japonois son engourdissement et sa foiblesse.

CHAPITRE LXXVIII.

Découverte du Japon par les Portugais. Son commerce et sa position actuelle.

Les Portugais furent les premiers qui découvrirent le Japon, vers l'an 1542 ; ils y furent parfaitement bien reçus par ce peuple avide de nouveautés ; tous les ports leurs furent ouverts ; chacun des princes qui avoient partagé l'autorité civile du Daïris, chercha à les attirer dans ses États, et offroient à l'envie l'un de l'autre plus d'avantages aux Portugais ; ils y firent pendant près de cent ans un commerce immense, que les Espagnols partagèrent ensuite avec eux.

Les Anglais commercèrent aussi pendant quelques temps avec ces îles lointaines ; mais par un traité passé en 1601, entre l'empereur du Japon et les Hollandois, ceux-ci supplantèrent tous leurs rivaux, et conservèrent comme Européens, la possession exclusive du commerce du Japon. Ils en tirèrent dans le commencement un profit considérable ; mais on l'a ensuite tellement reserré, qu'il se réduit maintenant à bien peu de choses.

Les Chinois font le commerce du Japon depuis un temps immémorial, et sont peut-être les seuls asiatiques commerçans admis dans cet empire; privilège que les Hollandais partagent avec eux. Autrefois les Chinois abordoient à *Osakka*, malgré les rochers et les bancs de sables qui en rendent l'accès dangereux; les Portugais leur ayant montré le chemin de *Nagasaki*, ils préférèrent ce dernier port, et l'autre leur fut interdit. Leur commerce a été aussi bien restreint que celui des Hollandais, depuis qu'on les a soupçonnés d'être les agens des missionnaires de *Pékin*, à l'effet d'y introduire des livres de la religion catholique, imprimés à la Chine.

Les Japonois surveillent toujours avec le soin le plus scrupuleux, qu'il ne s'en introduise aucun dans leur pays. C'est en grande partie cette exportation qui causa la disgrace des Portugais; la religion catholique qui commençoit à s'y insinuer, à occasionné de grands troubles. Quand il arrive quelques voyageurs on fait d'abord la visite dans leurs vaisseaux, dans leurs chaloupes et même sur eux. On enferme dans des caisses clouées, tous les objets dont l'exportation n'est pas permise; on les garde dans les magasins du port, et on ne les leur rend qu'au moment de leur départ.

CHAPITRE LXXVIX.

Du sol du Japon; ses productions; nourriture des habitans.

Le Japon est en général montueux et pierreux; le sol y est bon; mais ce qu'il donne de riz, d'orge, de froment, etc. ne suffiroit pas à la prodigieuse population qui le couvre, si une mer extrêmement poissonneuse n'y suppléoit pas. Les Japonois ont aussi des oiseaux domestiques ou sauvages, qui servent à leur nourriture; ils récoltent des patates, des haricots, des pois, des lentilles, des choux, des oignons, des carottes, etc.

Le bambou est le bois le plus abondant.

Ils élèvent peu d'animaux domestiques; il n'y a guères que les princes qui entretiennent quelques chevaux, à l'exception de ceux qu'on emploie au transport des voyageurs et de leurs bagages; on en voit fort rarement. Les vaches et les bœufs y sont encore plus rares, parce qu'ils n'en mangent pas la viande, et ne savent tirer aucun parti du lait, ni du suif. On attèle quelquefois ces animaux aux charettes, ou bien on s'en sert pour labourer les champs.

Ils préfèrent le poisson aux viandes les plus exquises, et leur industrieuse avidité va chercher les habitans des mers jusqu'au fond de ses abîmes.

On ne voit de cochons qu'à Nagasaki, et qui y ont certainement été apportés par les Chinois. Ils n'ont ni moutons, ni chèvres : celles-ci ne serviroient qu'à dévaster leurs champs, et ils peuvent aisément se passer de la laine des premiers, par le moyen de la soie et du coton qu'ils ont en abondance.

Ils n'élèvent pas d'autres volailles que des poules et des canards.

Les chiens sont les seuls animaux inutiles du pays; on les nourrit par superstition.

Les chats servent à l'amusement des femmes, elles en ont par ton.

La boisson ordinaire des Japonois, est le thé et la bierre de *Sakki* (1). Ils ne

───────────────

(1) Espèce de bierre préparée avec du riz, cette

paroissent pas très-amateurs du vin ni des liqueurs, et ne connoissent même qu'indirectement le café ; ils sont dans l'usage, ainsi que les Chinois, de ne boire et de ne prendre que des bains chauds. Il ont des plantations de tabac ; les hommes et les femmes fument indistinctement ; les accessoires de la pipe font partie du luxe des grands.

Ils se servent beaucoup plus de lampes que de chandelles qui sont faites avec une huile exprimée par la pression ou la cuisson de l'arbre à vernis, et qui se fige à l'air jusqu'à la consistance du suif ; la mèche est de papier roulé recouverte avec un plus fin.

CHAPITRE LXXX.

Des Japonois ; leur physionomie, leur caractère, leurs costumes, leurs mœurs et leurs usages.

LES Japonois sont en général bien faits, alertes, musculeux, et d'une forte corpulence. Ils sont d'une taille ordinaire, ont le

---

liqueur ressemble un peu au vin, sans en avoir le goût agréable.

teint basané, brun ou blanc. Les habitans de la campagne, qui ne se couvrent pas la partie supérieure du corps en été, sont très-hâlés; mais les femmes aisées qui ne sortent presque jamais sans voile, ne le cèdent pas pour la blancheur à nos plus belles Européennes.

Ils ont, ainsi que les Chinois, les yeux d'une forme oblongue, très-enfoncés et toujours clignotans; la prunelle brune, le sourcil haut, le regard perçant, la tête grosse, le col très-court, les cheveux noirs, épais et luisans, le nez gros et épatté.

Leur caractère est moins original que leur physionomie; ils ont plus de bonnes que de mauvaises qualités; ils savent allier l'esprit à la prudence, la docilité à l'amour de la justice; mais ils sont ordinairement vindicatifs, sans emportement. En général ils rachètent par des vertus, la superstition, l'orgueil et la méfiance souvent bien fondés, qu'on pourroit leur reprocher.

Les modes ne varient pas chez les Japonois, ils ont un costume vraiment national, depuis les empereurs jusqu'aux derniers sujets; il n'est point changé depuis plusieurs siècles. Tant pour les hommes que pour les femmes, il consiste en une ou plusieurs longues robes de même forme, avec de larges manches et point de colets ; pour tous les états et tous les âges. Les riches en ont d'étoffes de soie très-fine ; celles des pauvres sont en toiles de coton. Les robes des femmes leur tombent sur les talons ; les plus élégantes y ajoutent une queue ; celles des hommes leur couvrent seulement le gras de la jambe ; ils prennent des étoffes unies ; mais les femmes préfèrent celles à fleurs, tissues en soie ou or. On distingue les femmes mariées d'avec celles qui ne le sont pas, par une ceinture d'une demie aune, que celles-ci nouent en rosette par-derrière ; les femmes mariées l'attachent par-devant. Elles se distinguent encore plus aisément par la noirceur de leurs dents ; elles attachent un grand mérite à ce genre de beauté. Certaines filles se les noircissent dès qu'elles ont un amant et qu'elles sont fiancées.

Les gens riches portent dessous leurs robes de larges pantalons d'une toile fort mince et serrée ; elle est faite d'une espèce de chanvre. En général l'habit Japonois est ample et commode ; il dispense de porter des bas. Leurs souliers sont faits de paille de riz, ou de brins de joncs fendus, sans empeignes, ni quartiers, et seulement attachés avec un ruban de paille doublé de toile.

Leur coëffure est fort simple; les hommes se rasent jusqu'à la nuque, et laissent un rond de cheveux tout autour de la tête; ils pommadent bien ces cheveux et les lient sur le sommet avec un cordon de papier végétal: l'extrémité des cheveux qui excèdent cette ligature est taillée de la longueur du doigt; ils la graissent avec de l'huile, et la laissent flotter. Les prêtres et les médecins ne gardent pas du tout de cheveux, ce qui les fait aisément reconnoître; les femmes les conservent à l'exception de celles qui sont séparées de leurs maris. Elles les relèvent ordinairement autour de leur tête avec de la pommade, et les assujettissent par un peigne de bois ou d'écaille; quelquefois elles portent des chapeaux de pailles où s'ornent les cheveux de fleurs.

L'éventail est un des objets qu'ils portent toujours avec eux; chacun a le sien passé dans sa ceinture quand il ne s'en sert pas. Les hommes qui portent tous des sabres, portent également leur éventail à gauche, passé derrière le sabre, et renversent le manche en haut.

Un homme ne doit avoir qu'une femme, et n'en peut avoir plusieurs comme à la Chine; mais il ne la tient pas enfermée comme font les Chinois et autres peuples de l'Asie. Les femmes ont la liberté de sortir et de fréquenter les sociétés d'hommes. Le Daïris, ou pontife des différentes sectes, à douze femmes, dont une légitime qui a le nom d'impératrice. Il ne sort jamais de l'enceinte de son palais, mais il se fait quelquefois porter dans son jardin par des esclaves, ses pieds ne devant pas toucher terre. Cet homme est considéré et se croit un descendant de Dieu. Il ne porte la même robe qu'une fois, et toutes les assiettes qui lui servent à un repas, sont brisées aussi-tôt après, dans la crainte qu'elles ne tombent entre des mains impures.

Les noces et les enterremens des Japonois, ne sont pas aussi pompeux que ceux des Européens.

Pour la bénédiction nuptiale, ils choisissent un site pittoresque, et élevé hors de l'enceinte des villes. Les jeunes époux, suivis de leur famille, s'avancent vers un autel fait exprès, tenant un flambeau à la main, tandis que le prêtre récite quelques prières. La jeune fille, placée à sa droite allume son flambeau à une lampe; le jeune homme, allume ensuite le sien à celui de son épouse. Après cette courte cérémonie, les assistans leur font leurs complimens de félicitations.

Quoique le divorce y soit permis il s'en fait très-rarement; la pudeur n'est pourtant pas une des qualités distinctives de cette nation; des voyageurs Hollandais ont souvent vu des femmes honnêtes se baigner nues dans les bains publics, sans se déconcerter ni se cacher à leur approche. Un mari se croit déshonoré par l'inconduite de sa femme; s'il en a des preuves évidentes, il a le droit de la poignarder, et se défait quelquefois lui-même. En général, ces usages rigoureux ne peuvent qu'affliger le beau sexe, car les hommes sont plus indulgens pour leurs propres foiblesses.

Ils brûlent où enterrent leurs morts. Le premier de ces deux usages n'est que pour les gens de qualité; ils dressent le bûcher, soit en plein air, soit dans une petite maison de pierre, où y il a une cheminée destinée à cet usage. La veuve et les enfans portés dans un *Norimon* (1); des prêtres, et une foule de

---

(1) Espèce de palanquin porté par des hommes sur des bâtons de bambous.

personnes des deux sexes, suivent le convoi. Un prêtre, après avoir chanté un hymne, secoue trois fois sur le tombeau un flambeau qu'il jette aussi-tôt par terre; le plus proche parent du mort le ramasse, et met le feu au bûcher: on recueille ensuite la cendre dans un vase précieux, que l'on conserve quelque temps chez soi, et que l'on enfouit ensuite dans la terre.

Les cadavres de ceux que l'on enterre sans les brûler, sont placés dans un cerceuil comme s'ils étoient assis sur leurs talons à la manière des Chinois et de leur pays. La tendresse des enfans envers leurs parens se manifeste encore après leur mort; ils brûlent des parfums pendant tout le temps de l'enterrement, et plantent des fleurs sur le tombeau, qu'ils viennent visiter au moins une fois par an, le jour de la fête qui se célèbre en l'honneur des ancêtres.

CHAPITRE LXXXI.

Productions commerciales du Japon; Manufactures, sciences et arts; commerce intérieur.

Les richesses les plus précieuses que possède le Japon, et dont nous n'avons pas encore parlé, sont des mines abondantes en or, argent et cuivre. Les Hollandais et les Portugais ont été quelquefois assez heureux pour en obtenir de riches cargaisons. Mais les Empereurs ayant depuis long-temps pour principes de resserrer plutôt que d'étendre le commerce à l'extérieur, et voulant prévenir les inconvéniens inséparables de la trop grande abondance du numéraire, il n'est permis de tirer des mines qu'une certaine quantité de matière. On ne peut en exploiter sans les ordres de l'Empereur; il prélève les deux tiers du produit, l'autre tiers appartient au prince de la province où est située la mine. On emploie les métaux à battre monnoie, à faire des galons et des étoffes; mais on n'en exporte pas de lingots. Dans certains endroits, le sable est mêlé de particules d'or, mais particulièrement de cuivre.

La mine d'or qui produit en même temps l'or le plus fin et en plus grande abondance, est située dans la plus grande des trois îles de *Nipon*, près de *Sado*.

Le Japon possède aussi quelques mines de fer, mais non pas en grande quantité; on s'en sert pour faire des armes, des ciseaux, des couteaux, etc.

Ce peuple n'a pas fait de grands progrès dans les sciences : il s'en occupe cependant. Il a quelques connoissances d'architecture, de physique, de chymie, et principalement d'astronomie. Sa langue est très-ancienne, elle diffère de toutes celles connues jusqu'à présent; elle est riche et énergique. Ceux qui se livrent aux lettres, apprennent la langue Chinoise, quelquefois un peu de Hollandais et de latin. L'écriture des Japonois resremble à celle des Chinois, en ce qu'elle se fait du haut en bas; les lignes sont perpendiculaires et se suivent de droite à gauche.

L'art de l'imprimerie ne datte pas d'une époque bien reculée chez eux, et n'a pas fait plus de progrès que chez les Chinois. Ils impriment avec des planches de bois, gravées en relief. Ils ne connoissent pas nos caractères mobiles, et n'impriment que sur un côté du papier, parce qu'il est trop mince pour supporter la réimpression.

La gravure ne leur est pas absolument inconnue; ils ne dessinent que des objets réels, comme des animaux, des plantes, etc.

Ils possèdent assez de géométrie et de géographie pour dresser des cartes et des plans.

Ils aiment la musique et la poésie. Ils les cultivent principalement pour honorer leurs dieux et leurs grands hommes.

La médecine y est cultivée sans y faire de grands progrès.

L'art nautique n'est pas avancé dans ses découvertes, parce qu'il leur est défendu, sous peine de mort, de sortir du royaume, ni même de s'éloigner des côtes, au point de les perdre de vue. Cependant ils connoissent l'usage de la boussole.

Leurs manufactures sont en grande activité; les ouvrages en fer et en cuivre sont fort bien travaillés. Leurs étoffes de soie et de coton ne le cèdent pas à celles des Indiens. Aucun peuple n'a encore pu égaler la beauté de leur laque. Ils font des miroirs et même des télescopes, et sont parvenus, avec l'aide des Européens, à faire des montres et à les raccommoder.

Ils fabriquent beaucoup de papier à écrire, à imprimer, à tapisser, etc. Ils en font qui leur sert de mouchoirs et autres usages ; ce papier végétal est fait avec l'écorce d'un mûrier appelé *morus papyrifera*.

Le commerce intérieur y est très-florissant et libre de toutes espèces d'entraves, les transports se font aisément et à bon compte. On tient dans plusieurs villes, et principalement à Miaco, des foires considérables, qui sont le rendez-vous des gros négocians. La soierie forme une branche de commerce immense. Mais en général le défaut de largeur de leurs étoffes ne permet pas aux Européens d'en faire usage.

On exporte aussi fort peu de porcelaine, quoiqu'il s'en fasse un très-grand commerce avec les habitans. Elle est d'une très-belle pâte, mais trop épaisse et trop inférieure pour la forme et les couleurs à celle de la Chine.

FIN.

TABLE DES CHAPITRES

CONTENUS DANS LE TOME SECOND.

CHAPITRE PREMIER. Naufrage de l'Antelope aux îles Pélew, aux mois d'août 1783. Page 1

CHAP. II. L'antelope fait voile de Macao, et touche quelque temps après sur un roc. 2

CHAP. III. Découverte d'une île à la pointe du jour. 7

CHAP. IV. Visite du roi de Pélew ; manière dont il est reçu ; sa conduite. 23

CHAP. V. Visite du capitaine Wilson à Pélew ; détails sur les habitans. 33

CHAP. VI. De la bataille d'Artingall. 42

CHAP. VII. Mort et funérailles du fils de Raa-Cook. 44

CHAP. VIII. Cobbing. Espèce de châtiment usité dans la marine. 51

CHAP. IX. Abba-Thulle fait une visite aux Anglais avec sa femme et sa fille. 52

CHAP. X. Lancement du Schooner à la mer ; résolution de Blanchard qui veut rester dans l'île. 57

CHAP. XI. Départ du capitaine Wilson avec Leeboo, second fils du roi. 60

CHAP. XII. Caractères d'Abba-Thulle et de Raa-Kook. 71

CHAP. XIII. Description générale des îles Pélew ; leurs productions, habitans, dispositions, mœurs, religion, gonvernement, etc. 75

CHAP. XIV. Passage de l'Antelope en Angleterre : anecdotes du prince Leeboo. 92

Chap. XV. Mort de Leeboo ; son épitaphe. Page 107
Chap. XVI. Voyage de Hunter au royaume de Pégu : détail sur ce pays. 113
Chap. XVII. De la situation et du climat de Pégu. 115
Chap. XVIII. Description des habitans de Pégu. 117
Chap. XIX. Dispositions, mœurs, religion et arts des habitans de Pégu. 119
Chap. XX. Objets qui entrent dans leur commerce. 123
Chap. XXI. Mœurs et usages des Arabes. 126
Chap. XXII. Mœurs et caractères des Turcs, par un Français, en 1784. 150
Chap. XXIII. Description du même auteur de la ville du Caire en Egypte, etc. Cérémonies qu'on observe au départ de la Caravane pour la Mecque. 154
Chap. XXIV. Relation du naufrage et de la captivité de M. Brisson, en 1787. 159
Chap. XXV. Le docteur Sparman rend visite à notre auteur. 160
Chap. XXVI. Le vaisseau donne sur un banc de sable et fait naufrage. 161
Chap. XXVII. M. Brisson tombe entre les mains d'un Talbe. 164
Chap. XXVIII. Manière de voyager dans les déserts. 168
Chap. XXIX. On essaye de faire changer M. Brisson de religion. 175
Chap. XXX. Comment M. Brisson recouvra sa liberté. 184
Chap. XXXI. Fatigues de M. Brisson dans son voyage à Maroc. 188

Chap. XXXII. M. Brisson est présenté à l'empereur de Maroc. Page 190

Chap. XXXIII. Sentimens de M. Brisson sur l'empereur de Maroc, et la conduite des consuls. 192

Chap. XXXIV. De l'ignorance des Arabes. 195

Chap. XXXV. Instruction sur la Barbarie, envoyée au docteur Forestier, à Rome, en 1785. 196

Chap. XXXVI. Aventure singulière. 198

Chap. XXXVII. Du commerce de la Barbarie. 202

Chap. XXXVIII. M. Poiret sort de la calle pour aller chercher des fleurs et des plantes. 207

Chap. XXXIX. De l'habillement des Maures et des Arabes Bedouins. 212

Chap. XL. De la politesse et des coutumes des Maures. 220

Chap. XLI. Relation abrégée du voyage du gouverneur Philip, à Botany-Bay, et de l'établissement des Colonies au port Jackson, et à l'île de Norfolk. 223

Chap. XLII. Du port Jackson et des habitans du pays. 225

Chap. XLIII. Remarques sur le pays. 228

Chap. XLIV. Les habitans ont quelques idées de sculpture. 230

Chap. XLV. De l'île Norfolk ; exécution de l'un des condamnés. 231

Chap. XLVI. On sème de l'orge et du froment ; perte de quelques vaches qui s'égarent ; rapport de l'officier de santé, des morts et des malades. 232

Chap. XLVII. Du premier acte de déprédation commis par les naturels du pays. 234

Chap. XLVIII. Du climat et du sol de la crique de Sidney. Page 232.

Chap. XLIX. Des découvertes du lieutenant Shortland, qui retourna de Botany-Bay en Angleterre, par la voie de Batavia. 236

Chap. L. Relation du lieutenant Watts, du retour du vaisseau de transport *lady-Penrhyn*, du port Jackson à Canton, par la voie d'Otaheite. 239

Chap. LI. Relation du capitaine Marshall, de la traversée du Scarborough, de conserve avec la Charlotte, capitaine Gilbert, du port Jackson à Canton, par la voie de Tinian. 243

Chap. LII. Espèce particulière de poisson trouvé dans le port Jackson, par le lieutenant Watts, et nommé de là, poisson de Vatts. 245

Chap. LIII. Du chien de la nouvelle Galles méridionale. 246

Chap. LIV. Expédition du lieutenant Paterson dans le pays des Caffres. Relation d'un allemand qui a vécu plusieurs années avec les hottentots, en 1777, 1778 et 1779. 247

Chap. LV. De l'hospitalité des Caffres; leurs mœurs, leurs coutumes, leurs loix. 254

Chap. LVI. Des fatigues que M. Paterson et sa suite eurent à supporter. Description du Cameloparladis. 267

Chap. LVII. Du nid du Loxia. 277

Chap. LVIII. Expédition de M. Consett en Suède, dans la Laponie Suédoise et en Finlande. 278

Chap. LIX. Voyage dans l'intérieur de la Chine et en Tartarie, fait en 1792, 1793, 1794, par le lord

Marcatney, ambassadeur du roi d'Angleterre auprès de l'empereur de la Chine. Motif de ce voyage. Madère. Isles Canaries. Pic Ténériffe. 284

CHAP. LX. Isles du Cap-Verd; famine; sécheresse du sol; ses productions. 293

CHAP. LXI. Passage des îles du Cap-Verd au Brésil. Requin monstreux. Observation sur les vents. 296

CHAP. LXII. Description de Rio-Janeiro; les édifices. Mœurs des habitans; maladies qui y règnent. Manufactures; pêcheries, traite des Nègres. Population du Brésil des naturels du pays; importance politique du Brésil. 299

CHAP. LXIII. Des îles d'Acunha et d'Amsterdam. Rencontre d'un Français dans cette dernière. Chasse prodigieuse de veaux marins et de lions de mer. Oiseaux. 305

CHAP. LXIV. Traversée des îles d'Amsterdam à Batavia. Isles de corail. Description de Batavia; son climat. Chinois nombreux dans cette ville. Massacre horrible qui se fit en 1740 des Javanais; leur caractère, despote de cette île. Grand commerce de Batavia. 312

CHAP. LXV. Isles du Bouton et du Bonnet. Cavités profondes dans leurs montagnes. Nids d'hirondelles qui s'y trouvent. Commerce qui s'en fait à la Chine. Les Malais, leurs pirateries, leurs armes. Isle de Banca; son étain. De Pulo-Condor. Conduite de ses habitans. Arrivée de l'escadre à la Cochinchine. 318

CHAP. LXVI. De la Cochinchine. Description des mœurs du pays; ses productions, ses arts. Comment on dresse l'éléphant à la guerre. Insecte qui produit la cire. Importance politique et commerciale de la Cochinchine. Page 324

CHAP. LXVII. Des îles Larrons, des îles Qué-san et Chu-san ; leur population. 331

CHAP. LXVIII. Description de Chusan; pieds et vêtemens Chinois. Audience donnée par le gouverneur. Arbres nains, lanternes, terrasses, toits des maisons, distinctions Chinoises. 333

CHAP. LXIX. Etendue des côtes de la mer rouge. Rencontre de l'Eudeavour. Nouveaux détails sur les îles Pélew. 341

CHAP. LXX. Arrivée à Ten-Chou-Fou, ville du premier ordre. Immenses provisions envoyées à l'escadre par le gouverneur. Lord Marcatney complimenté par ordre de l'empereur. 344

CHAP. LXXI. Ville de Ta-Cou. Le Neptune chinois. Loo, instrument destiné à donner les signaux. Pyramides de sel. Soldats Chinois avec des éventails. Ville de Tien-Sing. Oppositions que lord Marcatney rencontre dans ses projets. 348

CHAP. LXXII. Ville de Tong-Chou-Fou. Temple de Fô. Conduite de l'empereur pendant les éclipses Pagodes et temples des Chinois. La vierge des Chinois et son enfant. 356

CHAP. LXXIII. Cimetières. Manière de porter les grands fardeaux. Avenue de Pékin ; entrée dans cette ville. 361

CHAP. LXXIV. Voyage de Zhé-holl. Muraille de la Chine. Lamas, ou prêtres de Fô. 367

Chap. LXXV. Présentation de l'ambassade à l'empereur. Page 373
Chap. LXXVI. Retour de lord Marcatney en Europe. Détails sur la population, les officiers civils et militaires de la Chine. 381
Chap. LXXVII. Du Japon, de son gouvernement et du culte des habitans. 386
Chap. LXXVIII. Découverte du Japon par les Portugais ; son commerce ; sa position actuelle. 390
Chap. LXXIX. Du sol du Japon ; ses productions ; nourriture des habitans. 392
Chap. LXXX. Des Japonais ; leur physionomie, leur caractère, leurs costumes, leurs mœurs et leurs usages. 394
Chap. LXXXI. Productions commerciales du Japon ; manufactures, sciences et arts ; commerce intérieur. 401

Fin du la table du Tome Second.

ERRATA DU TOME SECOND.

Page 98, ligne 10, à son monde, *lisez* à son monde.
Page 156, ligne 16, s'apinoient, *lisez* s'appuioient.
Page 160, ligne 22, et Boudou, *lisez* et Bondon.
Page 181, ligne 13, M. Aaboin, *lisez* M. Raboin.
Page 218, note, ligne 3, carinæ suut, *lisez* carinæ sunt.
Page 228, ligne dernière, Damper, *lisez* Dampier.
Page 232, ligne 12, capitaine Gibert, *lisez* capitaine Gilbert.
Page 243, ligne 14, isles Larrones, *lisez* isles Larrons.
Page 244, ligne 9, de leurs cancts, *lisez* de leurs canots.
Page 313, ligne dernière, il a en, *lisez*, il y en.

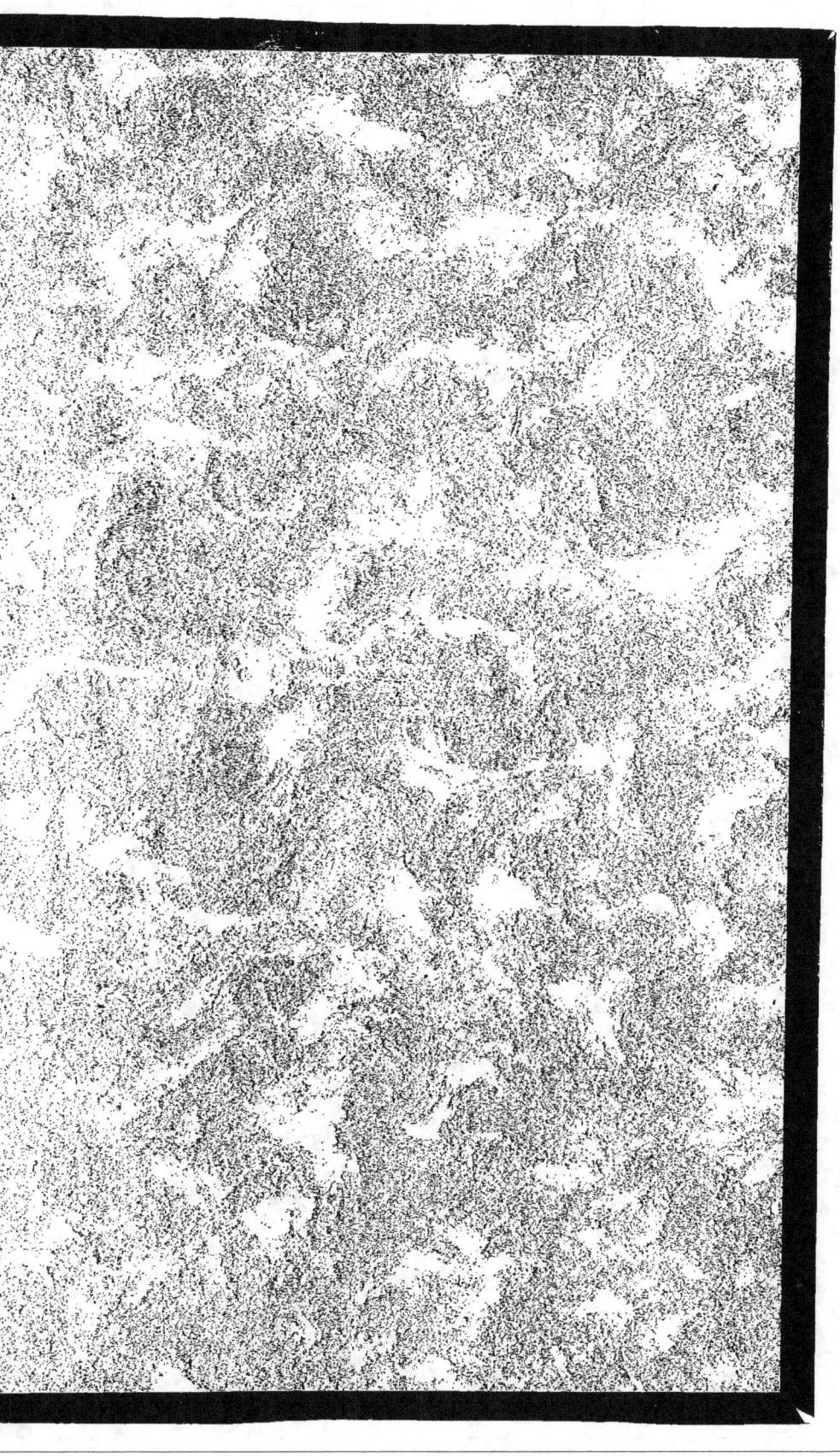

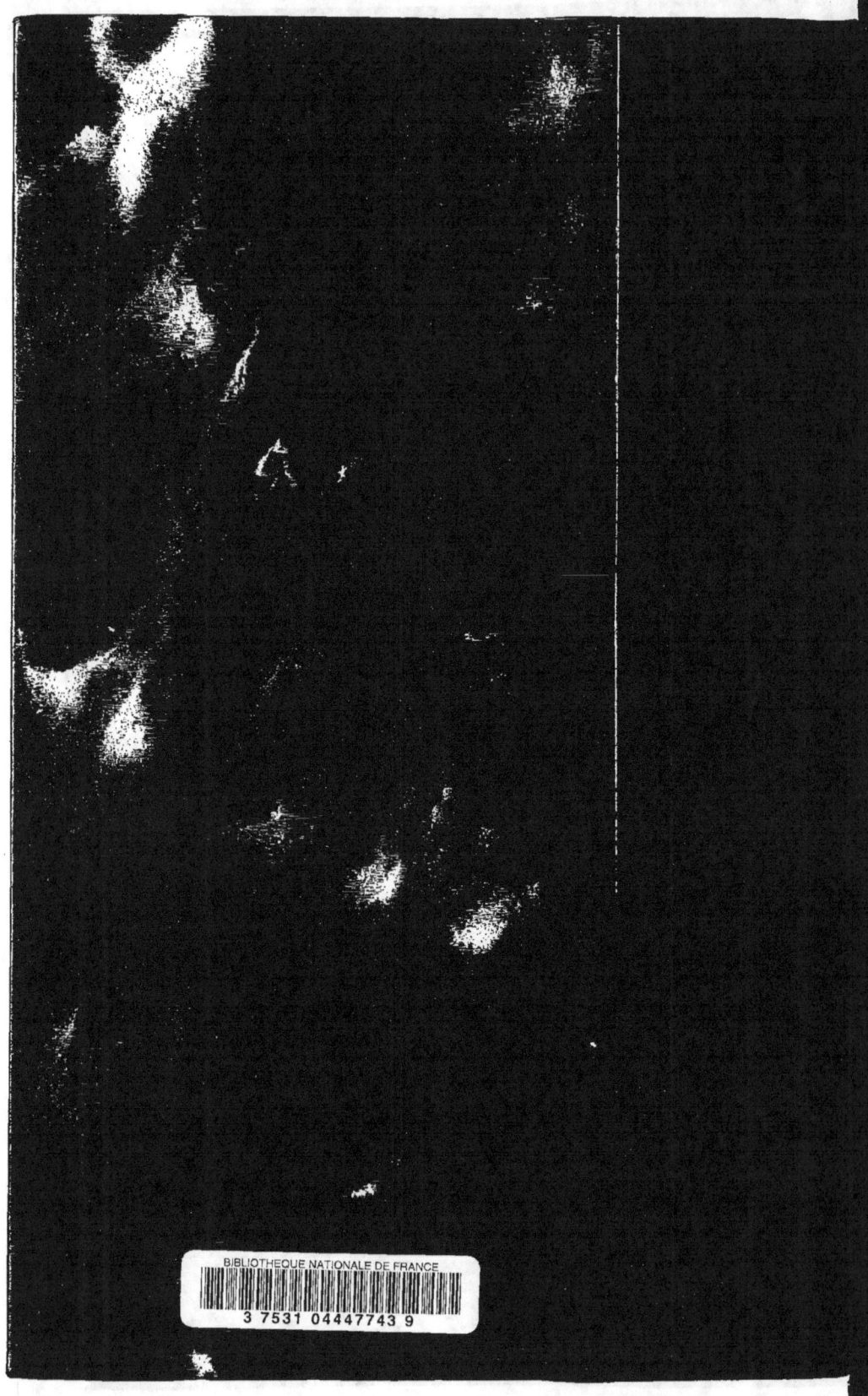

www.ingramcontent.com/pod-product-compliance
Lightning Source LLC
Chambersburg PA
CBHW072216240426
43670CB00038B/1549